中國第一歷史檔案館

明清宮藏中西商貿檔案（三）

乾隆二十四年起
乾隆四十七年止

中國檔案出版社

目录

第三册

二四四　閩浙總督楊廷璋奏折

浙省商人實無與洋人勾結

(乾隆二十四年八月初四日)

楊廷璋　覆奏洋商委無內地奸徒勾引由

九月初四日

奏

浙閩總督臣楊廷璋謹

奏為欽奉

上諭事。乾隆二十四年八月初二日承准

廷寄乾隆二十四年七月十四日奉

上諭：楊廷璋奏據定海鎮總兵[illegible]羅英笏[illegible]

望生遠颺，無[illegible]然查洪任輝所投呈詞，察其字跡語句，斷非番

二四四　閩浙總督楊廷璋奏折

浙省商人實無與洋人勾結
（乾隆二十四年八月初四日）

人所能辦必有內地奸徒爲之串商捉筆是否奸謀隨卽提到寧
紹陳永敘面加查訊屢屢究詰實係洪任先任寓撰備帶來浙寺
省所寫呈詞上時名呈控文陳永敘彼因時急因該船回棹不得已任
其逗留下乎後止此後將呈詞撤並無情弊至番船停泊雙嶼港
係屬大洋距定海尚隔洋面二百里民人不能前往且番船寄碇僅
止一日當經驅逐耳目衆多亦無內地奸民附近番船查浙實無應
行解質之人是以卜乎舉摺
奏覆一面將查訊緣由專差備細知會將軍新柱移咨東粵就近
查究此時洪任既經解粵一經詰訊卽可得商僕主使奸徒爲之捉
法嚴治以杜刁風至此次到浙番船已在具奏向通接將等
新柱制府兩廣督李侍堯咨開七月初一日有嘆咭唎番船一隻到

二四四 閩浙總督楊廷璋奏折

浙省商人實無與洋人勾結

（乾隆二十四年八月初四日）

粵省泊洋因不肯遵者亦要往寧波貿易于初三日揚帆南去於為

飭查如有到浙之船即行押送回粵等因又照臣飭定海鎮遵將

番船主人押送回粵查咈哂番船所領印票係自粵開行之船尤

不容貨少為迭為發送竊計在浙惟有禁其不許進港嚴行驅逐

使之永絕希冀則海疆日寧不特商人一二奸人縱借事處固墨執

而政體肅然矣

諭旨理合恭摺覆

奏伏乞

皇上睿鑒謹

奏

乾隆廿四年九月初四日奏

硃批：知道了。欽此

八月初四日

二四五　欽差大臣新柱奏折

會審英商洪任輝控告粵海關監督李永標各款(乾隆二十四年八月十九日)

臣新柱朝銓李侍尭等謹

奏為遵

旨審明定擬具

奏事竊臣等欽奉

諭旨會審暎咭唎番商洪任輝投遞呈詞一案業將

臣新柱朝銓前後到粵日期及集犯會訊請將

監督李永標革職究審緣由於七月二十二日

具

奏在案茲會同按款逐一研訊如洪任輝呈稱關

口勒索陋規每船放關總巡口索禮十兩黄埔

口索禮十兩東砲臺口索禮五兩充每船買辦總巡口索禮五十兩黄埔口索禮一百兩充每船通事總巡口索禮五十兩黄埔口索禮三十兩每船驗貨總巡口索足費一百兩每日家人驗貨索轎金七錢俱通事買辦經手又一船除貨税外先繳銀三千三四百兩不等等因一款審訊得夷船進口同出口向有各項歸公規禮銀兩每船原繳番銀一千九百五十兩折實紋銀一千七百餘兩不等又有㯓頭正銀一項每船徵銀一千一百七八十兩至一千三四百兩

二四五 欽差大臣新柱奏折

會審英商洪任輝控告粵海關監督李永標各款(乾隆二十四年八月十九日)

不等兩項合算原有三千一百餘兩但無三千三四百兩之數俱係則例開載應徵之項並非李永標額外加徵其勒索放關陋規一項訊據總巡黃埔東砲臺三口書辦家人巡役水手潘富等同供番船回國放關出口從前總巡黃埔二口每船原有陋規花錢十三員東砲臺原有花錢六員半以爲飯食燈油等項費用向俱在口家人書役水手分得皆係通事經手總巡口書辦潘富供得過十四員家人七十三即王管供共得過二百餘員陳其策供得過八十餘員

巡役陳元鳳供得過三員水手劉朝顯等十三人各分得番銀七錢七分五釐零黄埔口書辦朱鵾供得過十八員家人三什哈高洪各得過三十六員天吉得過三員巡役謝得裕得過十八員水手何盛等十一人各分得花錢四員零五錢二分三釐東砲臺口書辦余禮供得過一員半范昌供得過十八員家人吳順供得過一員巡役廖文進得過十二員李洪發得過一員水手李德高等八人各分得花錢四員半俱各供認不諱又驗貨疋費一項訊據行商蔡國輝

二四五　欽差大臣新柱奏折

會審英商洪任輝控告粵海關監督李永標各款(乾隆二十四年八月十九日)

等同供此項規禮皆係伊等所給只花錢一百員有疋頭紬緞下船方給若沒有下船即便不給無論船隻多寡只給一百員緣番人性情躁急放關即要開行不過要總巡口查驗爽快之意其來已久並非勒索質訊家人七十三供認約得過七百員陳其策供認約分過一百二三十員是實其驗貨轎銀七錢訊據家人書辦七十三等僉供驗貨之日或遇天雨通事代僱轎子每頂轎子用銀一錢二分共用銀六七錢是有的等語至呈稱每船買辦索禮五十兩及一

百兩通事索禮五十兩三十兩之處訊據買辦
張宏超供稱當過暎咭唎國買辦五年兩年得
過銀五十兩有三年没有得陳新供充當買辦
四年前兩年鬼子謝銀一百兩八十兩不等近
年止謝三四十兩俱是給伊等做工食的出口
時總給没有分與別人又訊據通事林成供稱
放關陋規是伊經手每船鬼子謝花邊錢一百
員原算工食皆伊自已收用並非陋規等語此
款除買辦通事所收訊非陋規外其餘均已供
認明確李永標到任以來毫不實力查察以致

二四五　欽差大臣新柱奏折

會審英商洪任輝控告粤海關監督李永標各款(乾隆二十四年八月十九日)

家人書役恣意濫索咎實難辭又呈稱關憲不循舊例俯准夷商稟見致家人吏役勒索之苦使下情不能上達等情一款審訊得每年夷船進口李永標親往黄埔丈量一年内或三四次五六次不等夷人皆在船上相見又會同總督傳見及獨見亦有數次並無吝惜一見之事且夷商例禁入城兼之語言不通有應稟之事自當令保商通事代為轉遞此款似無屈抑無庸置議又據呈稱資元行故商黎光華拖欠公班衙貨本銀五萬餘兩伊子黎兆魁藉父身故究

二四五　欽差大臣新柱奏折　會審英商洪任輝控告粵海關監督李永標各款(乾隆二十四年八月十九日)

吞揹價赴臬閥憲不恤赴臬督憲不憐仍出示
不許再賣等情一款查夷商赴粵貿易與內地
行舖交易多年難免無貨賬未清之事向來俱
係自行清理資元行商黎光華在粵開張洋行
年久夷商信服向與暎咭唎各商交易往來彼
此交好貨賬未清拖欠亦非一日光華生前並
不控追緣上年咈囒哂夷商吡哇呍有胡椒等
貨寄貯黎光華行內於該商病故後發賣吡哇
呍索價無償於九月內控追到　臣李侍堯因查
吡哇呍係寄貯之貨於黎光華故後發賣明係

二四五　欽差大臣新柱奏折

會審英商洪任輝控告粵海關監督李永標各款(乾隆二十四年八月十九日)

該故商子弟私行盜賣非欠項可比是以批准追給迨本年三月内暎咭唎商人六嚬洪任輝等藉詞稟追舊欠 臣李侍堯因其所控銀兩俱係黎光華生前欠項從前既未控追而故商財産業因欠帑變抵因批令向黎光華子弟自行清理懸牌諭知並未出示不許再償該夷商等亦未赴監督李永標衙門具稟訊據洪任輝供稱原不曾在監督處控告係牽連寫在呈上等語 臣新柱朝銓等吊查案卷黎光華雖經身故欠銀屬實伊子黎兆魁因病已回福建晋江縣

原籍傳訊黎光華之堂弟黎啓及幼子黎捷同
供在粤房屋俱已變賣完官無力清還　臣等恐
原籍尚有貲產藏匿現已飛咨福建督撫轉飭
地方官查明黎兆魁家產確數俟移覆到日再
照黎光華生前所欠各夷商銀數按股匀還以
示平允又據呈稱隨帶日用酒食器物苛刻徵
税之苦一來一回逐一盤驗徵税使各船不敢
多備糧食等因一款審訊得夷商食物餘剩仍
帶出口如洋酒麪頭乾牛奶油番蜜餞等物查
條則例開載皆應徵税至於米麥雜糧牛羊猪

二四五 欽差大臣新柱奏折 會審英商洪任輝控告粵海關監督李永標各款(乾隆二十四年八月十九日)

鵞雞鴨各項蔬果向都寬免其呈稱不敢多帶糧食一語實屬虛妄訊據洪任輝供稱出口食物亦知例應徵收不過希圖寬免的意思是此款在李永標實係循例辦理並無苛刻重徵之弊應無庸議又據呈稱夷商往來澳門勒索陋規批手本關吏索銀四兩總巡口索銀五兩四錢西砲臺口索銀四兩四錢紫泥口索銀二兩二錢香山索銀二兩五錢二分防廳書吏索銀二兩二錢關閘口索銀一兩五錢澳門口索銀

三兩二錢四分等因一款審訊得書辦王曉供
稱夷船往來粵門原有批手本的花錢幾員自
總督會同本官嚴禁以來如有給的也收下没
有給的就不敢要該書實得過花錢二十八員
是實復訊之總巡口家人七十三供認得過六
十員家人陳其策供認得過三十員西砲臺口
書辦朱德供認得過六員家人吳柱巡役雷成
三陳先芳各得過三員水手石勝鳳等八人各
分得花錢二員零一錢八分紫泥口長隨周省
木供認得過七員巡役盧贊京得過四員水手

二四五　欽差大臣新柱奏折

會審英商洪任輝控告粵海關監督李永標各款(乾隆二十四年八月十九日)

王安等六人各分得番銀八錢四分關閘口巡役王偉功堅供並未得受巡役湯明德得過花錢七兩水手楊保等五人各分得番銀七錢與門口家人孫信供未得收家人劉輔臣得過五員巡役張文鑑傳元魁杜遠各得過二員鄧孔光得過三員水手容天生等五人各分得番銀二錢八分八釐又水手張亞忠等五人各分得花錢一員與防廳書辦區榮差役伍連各得過四員香山縣書辦鄧智得過八員梁魁得過四員差役高朋得過二員現已病故差役毛昌並

未收受查此款及放關一款內得受陋規之書
辦家人巡役水手所供收受銀數　臣等恐尚有
不實不盡之處再四駁詰加以嚇問矢口不移
似無隱飾惟家人七十三在總巡口辦理稅務
並取各項陋規恐另有需索情事復加刑訊供
有向泰和義豐達豐三行賒買紗緞嗶吱等物
共短發價銀五百四十五兩五錢六釐所買各
物陸續帶京又李永標生日七十三打造金杯
二隻並漳絨四疋呈送不收私行藏匿寄京種

二四五　欽差大臣新柱奏折

會審英商洪任輝控告粵海關監督李永標各款(乾隆二十四年八月十九日)

徵行私賣屬不法李永標既不能約束於事前又不能懲究於事後不獨昏憒顯係縱容罪無可逭又據呈稱勒補平頭從前兑餉惟照庫平遞年兑餉每百兩加平三兩名曰解京補平額外加增剝削遠處等因一款臣等查得粵海關稅餉從前每百兩收平餘三錢年遠無案可稽乾隆九年經原任督臣策楞管關任內奏明請將關稅零封併兑平餘銀兩與罰料截曠一體備充公用年滿如有餘剩另立一條報解經部覆准遂於大關稅銀內每百兩又另收充公平

餘三錢其餘各口多寡無定收支數目節年奏銷在案乾隆十年因部頒海關法馬較落庫新法輕重不符策楞行司另製繳關備用每百兩關法較司法實加五錢又照向例收銀三錢共成八錢一總裝入正稅原封年滿解部又乾隆十五年原任監督唐英任内奉准部文解部添平必須備帶足數不准掛批復於大關稅銀内加收平餘五錢五分以為帶京添平之用以上共添平一兩六錢五分查李永標到任後均係備照辦理惟乾隆二十一年起解二十年盈餘

二四五　欽差大臣新柱奏折

會審英商洪任輝控告粵海關監督李永標各款(乾隆二十四年八月十九日)

銀兩到部兑少二千五百六十兩掛批回粵行
令補解被時乾隆二十一年分錢糧尚未奏銷
李永標遂約計所短平餘之數於二十一年起
大關稅銀内每百兩加收平餘八錢其餘各口
止加收補平四錢合之在前各款平餘之數實
只二兩四錢五分並無三兩訊之行商庫吏供
吐如一　臣等會同將未經起解乾隆二十三年
貯庫盈餘銀兩抽兑十封照海關法馬每封實
係多有八錢所有乾隆二十一二十二兩年加
收平餘均已解部添平　臣等查其批迴併存案

印簿數目悉屬相符是此款李永標並無侵收
入己情弊但事關錢糧未經
奏明亦屬不合又據呈稱自設保商受累多端入
口貨餉統歸保商輸納保商任意挪移將伊貨
銀轉塡關餉又關憲取用物件短價千發無百
百發無十保商賠辦不前即延擱耽船遲誤風
信等因一款查外洋夷船到粵貿易言語不通
凡
天朝禁令體制及行市課稅均未諳曉向設行商代
爲管理由來已久後因行商內有資本微薄納

二四五　欽差大臣新柱奏折

會審英商洪任輝控告粵海關監督李永標各款(乾隆二十四年八月十九日)

課不前者乾隆十年經原任督臣策楞管關任內於各行商內選擇殷實之人作為保商以專責成亦屬慎重錢糧之意未便因該夷商一面之詞遽易成規惟是行商共有二十餘家保商現只五家一切貨物各行商俱得分領售賣及至完納課銀各行商觀望躭延勢不得不令保商代為先墊暫挪番商貨銀情或有之臣李侍堯現在詳籌辦理以除積弊至所稱監督取用物件短價千發無百百發無十之處訊據李永

二四五　欽差大臣新柱奏折

會審英商洪任輝控告粵海關監督李永標各款（乾隆二十四年八月十九日）

標供稱採辦官用品物實照定價給發其餘買用物件都照價現給並無絲毫短少等語質之行商蔡國輝等並經手承買之書吏黃棟等同供洋貨物件從前關部俱有定價惟新興的物件照時估計給發李監督取辦官用物件實照價發給並無短少隨時具有領狀可據等供隨弔取報銷底冊並行商領狀核對價值均屬脗合查夷商洋貨賣與行舖轉售於官於夷商本無干涉所控實屬憑空無據之詞至呈稱移淺放關遲誤風信之處雖訊據行商蔡國輝等同

二四五　欽差大臣新柱奏折

會審英商洪任輝控告粵海關監督李永標各款(乾隆二十四年八月十九日)

供夷船出口必須驗明有無私貨方始放行但
李永標不能隨時體察究係辦理不善亦難辭
咎以上各款 臣等公同推鞫反覆究詰似無遁
情查例載衙役犯贓本官知情故縱者革職又
律載監臨官吏求索借貸所部內財物計贓准
不枉法論又律載監臨官吏家人於所部內求
索借貸財物依不枉法本官知情與同罪又例
載文武職官索取土官外國猺獞財物犯該徒
三年以上者俱發邊衛充軍又律載無祿人不

二四五　欽差大臣新柱奏折

會審英商洪任輝控告粤海關監督李永標各款（乾隆二十四年八月十九日）

枉法贓一百二十兩以上罪止杖一百流三千里各主者通筭折半科罪各等語今監督李永標雖訊無違例濫徵加平入已短發價值諸情弊但身任監督自應實力稽察剔除積弊撫恤夷商以肅榷政乃家人書役得受陋規賒欠客貨贓私纍纍李永標到任日久豈竟毫無聞見未便諉爲不知除縱役犯贓各輕罪不議外合依監臨官吏家人於所部内求索財物係不枉法本官知情者同罪律問擬查家人七十三贓適一百二十兩以上李永標知情同罪應照不

二四五　欽差大臣新柱奏折

會審英商洪任輝控告粵海關監督李永標各款(乾隆二十四年八月十九日)

枉法贓杖一百流三千里係旗人照例折枷六
十日鞭一百解部發落七十三即王管在關口
驗放船隻收受陋規花錢一千餘員核實紋銀
七百餘兩贓適一百二十兩以上除隱匿衆家
人禮物及買貨短發價值各輕罪不議外合依
監臨官吏家人於所部内求索財物依不枉法
贓一百二十兩以上杖一百流三千里但事涉
夷商蕪之擾累行舖婪受多贓實屬不法合比
依文武職官索取土官外國財物犯該徒三年
以上發邊衛充軍例應發邊衛充軍係旗奴照

例鞭一百改發邊遠省分駐防兵丁爲奴陳
其策供認收受放關足費及批手本各項陋規
共花錢二百四十員折實紋銀一百六十二兩
四錢三分二釐係各主者通筭折半科罪合依
不枉法贓八十兩杖九十徒二年半無祿人減
一等律杖八十徒二年係旗奴折枷號三十日
滿日折責三十板黄埔口家人三什哈高洪各
得受放關陋規花錢三十六員折實紋銀二十
四兩三錢六分四釐八毫清書王曉得受批手
本陋規花錢二十八員折實紋銀一十八兩九

錢五分零四毫黄埔口書辦朱鼎巡役謝得茂東砲臺口書辦范昌各得受放關陋規花錢一十八員折實紋銀一十二兩一錢八分二釐四毫總巡口書辦潘富得受放關陋規花錢一十四員折實紋銀九兩四錢七分五釐二毫東砲臺口巡役廖文進得受放關陋規花錢一十二員折實紋銀八兩一錢二分一釐六毫關閘口巡役湯明德得受批手本陋規花邊銀七兩折實紋銀六兩五錢八分香山縣書辦鄧智得受驗船陋規花錢八員折實紋銀五兩四錢一分

二四五　欽差大臣新柱奏折
會審英商洪任輝控告粤海關監督李永標各款(乾隆二十四年八月十九日)

四釐四毫紫泥口家人周省木得受批手本陋規花錢七員折實紋銀四兩七錢三分七釐六毫西砲臺口書辨朱德得受批手本陋規花錢六員折實紋銀四兩六分八毫壆門大馬頭家人劉輔臣得受批手本陋規花錢五員折實紋銀三兩三錢八分四釐黄埔口水手何盛陳勝何德成呂升王佐王楚王舉文超鍾玉楊貴王二連各得過放關并洋船出口陋規花錢四員零五錢二分三釐六毫零折實紋銀三兩一錢九分九釐四毫零東砲臺水手李德高李和陳

二四五　欽差大臣新柱奏折

會審英商洪任輝控告粵海關監督李永標各款(乾隆二十四年八月十九日)

文楊明陳昌進黄起全陳廣連黄陞各得過放關陋規花錢四員半折實紋銀三兩四分五釐六毫海防廳書辦區榮差役伍連香山縣書辦梁魁紫泥口巡役盧賛京各得過出口船隻陋規花錢四員折實紋銀二兩七錢零七釐二毫黄埔口家人天吉得受放關陋規花錢三員折實紋銀二兩零三分零四毫西砲臺口家人吳柱巡役雷成三陳亮芳澳門口大馬頭巡役鄧孔光各得受扰手本陋規花錢三員各折實紋銀二兩三分零四毫均合依不枉法贓折半科

罪一兩以上至一十兩杖七十無祿人減一等
律杖六十各折責二十板王曉等係書吏仍加
一等杖七十各折責二十五板西砲臺水手石
勝鳳吳廣雄梁亞二周能高黄信廷梁松張阿
養馮興各得過批照陋規花錢二員零一錢八
分折實紋銀一兩五錢二分二釐八毫總巡口
巡役陳元鳳得受放關陋規花錢二員墨門口
巡役傅元魁張文鑑墨門口大馬頭巡役杜遠
各得受批手本陋規花錢二員各折實紋銀一
兩三錢五分三釐六毫東砲臺口書辦佘禮得

二四五　欽差大臣新柱奏折　會審英商洪任輝控告粤海關監督李永標各款(乾隆二十四年八月十九日)

受放關陋規花錢一員半折實紋銀一兩零一分五釐二毫東砲臺口家人吳順巡役李洪發各得受放關花錢一員折實紋銀六錢七分六釐八毫總巡口水手劉朝顯陳進陳聚楊貴明陳亞泰張文陳永茂何德溫棨林惠宗梁亞喬盧明賢鄭社各得放關陋規花錢銀七錢七分五釐三毫折實紋銀七錢二分八釐八毫零棨泥口水手王安王勝蘇瑞際陳爵民伍允祿譚彥各得過放關陋規花錢銀八錢四分折實紋銀七錢八分九釐六毫大馬頭水手張亞惠韋

亞華鄭忠鄧亞三王勝全各得過批手本陋規花錢一員折實紋銀六錢七分六釐八毫闕開口水手楊保黃受梁俊連成戎彜亞珍各得過放船陋規花錢銀七錢折實紋銀六錢五分八釐澳門口水手容天生彜裕黃亞社劉德李華各得過批手本陋規花錢銀二錢八分八釐折實紋銀二錢七分七毫均合依不枉法贓折半科罪一兩以下杖六十律無祿人減一等笞五十折責二十板余禮係書吏仍加一等杖六十折責二十板各書吏清書巡役人等均仍行革

二四五 欽差大臣新柱奏折

會審英商洪任輝控告粵海關監督李永標各款(乾隆二十四年八月十九日)

役各犯所得贓銀均照追入官家人七十三等
贓銀如勒追不完仍於監督李永標名下追繳
香山縣差役高朋已經病故毋庸議所得贓銀
照律勿徵通事林成經手過交放關銀兩查係
相沿之陋規與因事行賄有間應與致送足費
之商人蔡國輝等均毋庸議番商洪任輝所控
各款雖未盡實均屬有因並免置議訊未得贓
之香山縣差役毛昌關閘口巡役王偉功澳門
口家人孫信及海關書吏黃棟袁坦在署家人
七十四買辦張宏超陳新資元行故商黎光華

二四五　欽差大臣新柱奏折

會審英商洪任輝控告粵海關監督李永標各款(乾隆二十四年八月十九日)

之子黎援弟黎啓概行省釋七十三所欠泰和
各行貨價銀兩應於七十三名下照追給領驗
貨輸金係通事林成情願備辦毋庸追給關口
陋規飭行永禁夷商出口毋許延擱笞杖人犯
照例先行分别發落所有失察書役犯賍之大
關委員鑲黃旗防禦李英茂塞門口委員鑲黃
旗防禦李德昌前任廣州府病故海防同知魏
綰前任香山縣知縣今陞雲南羅平州知州彭
科前署香山縣事花縣知縣王壂例有處分相

二四五　欽差大臣新柱奏折

會審英商洪任輝控告粵海關監督李永標各款(乾隆二十四年八月十九日)

恩開報統候部議再臣李侍尧奉
命兼管關務於監督李永標家人及各書役挟收陋
規未能察出負咎實深仰懇
聖恩將臣一并交部嚴加議處臣等謹將審明定擬
緣由繕摺具
奏并另繕供单恭呈
御覽伏乞
皇上聖鑒謹
奏
該部核擬具奏侍堯寬議
乾隆二十四年八月　十九　日

二四六　欽差大臣新柱清單

番商洪任輝呈控粤海關監督李永標案供單(乾隆二十四年八月十九日)

供单

臣新柱朝銓李侍堯謹

奏今将會審過番商洪任輝呈控粤海關監督李

永標等一案犯証供詞開具清单恭呈

御覧

計開

第一款

原呈内開關口勒索陋規每船放關總巡口

索禮十兩黃埔口索禮十兩東砲臺口索禮

五兩充每船買辦總巡口索禮五十兩黃埔

二四六　欽差大臣新柱清單

番商洪任輝呈控粵海關監督李永標案供單(乾隆二十四年八月十九日)

口索禮一百兩充每船通事總巡口索禮五十兩黃埔口索禮三十兩每船驗貨總巡口索延費一百兩每日家人驗貨索轎金七錢俱通事買辦經手又一船除貨稅外先繳銀三千三四百兩不等等因

問據李永標供標係正白旗漢軍包衣西哥佐領下人年六十二歲各夷船進口出口各項歸公規禮銀兩並批照押船按計日子等各規銀每船原繳番銀一千九百五十兩折實紋銀一千七百餘兩不等又有樑頭一項每船徵銀一千一百七八十兩至一千三四百兩不等兩項合算原有三千一百餘兩卻沒

有三千三四百两都是從前報部歸公則例開載應徵的並不是標濫徵的

又供標到任後惟恐各口家人書役有需索情弊屢次會同總督出示嚴禁各有案卷可查但人役衆多或内有不遵法度私自收受的標實在不知道只求訊問各口人役便明白了

問據潘富供小的是浙江山陰縣人年四十九歲充當粵海關書辦上年蒙派在總巡口辦事向来番船放關通事送花錢十三員為飯食燈油等用内守口家人得七員水手分二員巡役分二員小的分二員在口一年共得

二四六 欽差大臣新柱清單

番商洪任輝呈控粵海關監督李永標案供單(乾隆二十四年八月十九日)

過十四員是實

又供近年陋規奉禁若有得給時小的們分了

不給亦未敢要

問據七十三即王管供小的年六十歲係監督

李永標家人主兒差小的在總巡口辦差有

四五年了每隻番船放關向有陋規花邊錢

十三員為衆人飯食燈油費用內書辦巡役

水手各分二員尚剩七員是小的家人們分

得的小的共得過二百多員是實

問據陳其藻供小的年五十歲是李永標家人

前年六月內主兒派小的在總巡口與七十

三同辦事分過放關花錢八十多員餘與七

二四六 欽差大臣新柱清單 番商洪任輝呈控粵海關監督李永標案供單(乾隆二十四年八月十九日)

十三供同

問據陳元鳳供小的是東莞縣人年四十九歲充總巡口巡役是本年三月到口的每船放關向有陋規花邊銀十三員是家人書辦水手同小的們分的小的放過船一隻分過花銀二員是實

問據劉朝顯陳進陳聚楊青明陳亞泰張文陳永茂何德溫榮林惠宗梁亞喬盧名賢郭社等同供小的們都是總巡口水手每船放關有陋規花銀十三員內小的們得二員該銀一兩四錢四分十三人分用每人分銀一錢一分零自上年至今共放過船七隻共得過

花錢十四員十三人分用小的們每人名下
分得銀七錢七分五厘三毫零是實
問據朱罚供小的是浙江山陰縣人年三十五
歲是黃埔口書辦謝德茂供小的是南海縣
人年四十六歲是黃埔口巡役又同供每船
放關向有陋規花錢十三員為衆人飯食燈
油費用內監督家人們得六員水手人多分
得四員小的們各得一員半共放過船一十
二隻小的們每人名下各分得花錢一十八
員是實
問據三什哈供小的是李監督家人年五十六
歲高洪供小的是杭州人投在李監督衙門

充長隨年四十六歲又同供小的們家主兒派在黃埔口共驗放過船十二隻每人名下各分得花錢三十六員是實餘與書辦朱鵬等供同

問據天吉供小的是順天府人年四十二歲投在李監督處當長隨今年二月主兒總派小的在黃埔口辦事小的止驗放過船一隻得過花錢三員是實

問據何盛陳勝何德成呂升王佐王楚王舉文趙鐘王楊貴王二連等同供小的們都是黃埔口水手充當有年了每船放關有陋規花錢十三員內家人得六員書辦巡役各得一

二四六　欽差大臣新柱清單

番商洪任輝呈控粵海關監督李永標案供單(乾隆二十四年八月十九日)

員半小的們得四員上年放過船一十二隻小的們共得過花錢四十八員十一人分用每人分得花錢四員零二錢六分一厘八毫零本年五月内洋船出口小的們又得過花錢四員十一人分用每人分得銀二錢六分一厘八毫零是通事林成蔡廷助們過付的

問據范昌供小的是浙江山陰縣人年二十六歲余禮供小的是浙江山陰縣人年三十八歲又同供小的們是東砲臺口書辦小的范昌是上年二月到口小的余禮是今年二月纔到口的因東砲臺向有陋規每船放關送花錢六員半以為飯食之用内水手八名得

二四六　欽差大臣新柱清單　番商洪任輝呈控粤海關監督李永標案供單(乾隆二十四年八月十九日)

花錢二員半水手內瞭望的人另得半員家人巡役各得花錢一員書辦得花錢一員半小的范昌在口一年放過船十二隻共得過花錢十八員小的餘禮止放過船一隻得花錢一員半是實

問據吳順供小的是李監督家人年五十歲本年三月內主兒總派小的到東砲臺口止放過洋船一隻分得花錢一員是實餘與書辦范昌等供同

問據李洪發供小的是番禺縣人年二十四歲廖文進供小的是南海縣人年四十七歲又同供小的們是東砲臺巡役每船放關向有

二四六　欽差大臣新柱清單　番商洪任輝呈控粵海關監督李永標案供單(乾隆二十四年八月十九日)

陋規六員半是家人書辦水手同小的們分的小的李洪發今年四月到口放過出口船一隻分得花錢一員小的廖文進是上年四月到口放過出口船十二隻共得過花錢十二員是實餘與書辦范昌等供同

問據李德高李和陳文揚明陳呂進黃起全陳廣連唐陞等同供小的們都是東砲臺口水手每船放關有陋規花錢六員半內家人得一員書辦得一員半巡役得一員小的們得二員半又小的們衆水手內輪流瞭望得半員總是歸入一處均分的共放過船一十二隻小的們共得過花錢三十六員八人分用

二四六 欽差大臣新柱清單

番商洪任輝呈控粵海關監督李永標案供單(乾隆二十四年八月十九日)

每人名下分得花錢四員半是實

問據蔡國輝等同供小的們都是行商那總巡口原有疋貲花錢一百員却沒有一百兩銀子這項陋規也不知是何年起的番船業有紬緞疋頭下船總送這陋規其餘貨物是沒有的節年以來皆係保商公出並不與鬼子相干

又同供鬼子性情躁急於關時即要開行不過要總巡口驗得爽快些的意思其來已久實不始于商人們每年不論保認一船或六七隻船如有疋頭紬緞下船只給一百員花錢

二四六　欽差大臣新柱清單

番商洪任輝呈控粵海關監督李永標案供單(乾隆二十四年八月十九日)

是商人們情願出的並不是口子上勒索的

問據七十三供番船裝了緞疋等貨過關有疋費花錢一百員這項陋規不知何年起的小的在口上驗放船隻隨到隨驗從不留難刁蹬故此保商們情願送的並不是勒索他的有疋頭紬緞下船總有這陋規其餘貨物都沒有的每年或一二次或竟沒得收都是論不定的小的名下通共得過疋費七百多員也有分與陳其藂的是實

又供每日小的們同書辦巡役驗貨如遇下雨通事們雇轎承值每頂轎子用銀一錢二分共使銀六七錢是有的

二四六　欽差大臣新柱清單
番商洪任輝呈控粵海關監督李永標案供單(乾隆二十四年八月十九日)

問據陳其策供小的通共得過足賞花錢一百
三十多員都是七十三分給的是實
問據張宏超供小的香山縣人在總巡口充當
嘆咭唎洋船買辦已五年了兩年得過銀五
十兩有三年沒有給那鬼子船過關有無陋
規是通事們經手小的們不知道的小的們
不過每日替鬼子買些食物米薪之類其餘
的事與小的無涉小的們充當買辦也是鬼
子各人情願雇的並不是關口上壓派他們
何用出銀送給關口呢至鬼子洪任輝告的
出銀五十兩這是給小的工食拏回家裡養
活家口用的與關上何涉求詳察

二四六 欽差大臣新柱清單

番商洪任輝呈控粵海關監督李永標案供單(乾隆二十四年八月十九日)

問據陳新供小的番禺縣人在黄埔口充當暎咭唎國買辦四年了從前原有謝小的們銀子一百兩或八十兩不等近年只肯謝銀三四十兩但那宗銀子原是小的們分的工食並不是交給關上陋規出口時總給並不分與别人的如何牽扯得去呢求詳察

問據林成供小的是香山縣人充當暎咭唎國洋船通事有四年了每年每船謝小的花邊錢一百員算作每年的工食小的自己收用並不是送給關口上的那番船收關向來原有陋規總巡口送花錢十三員黄埔口送花錢十三員東砲臺口送花錢六員半都是小

的道事們經手送與書役家人等為飯食歷油等項費用的由來已久了至起貨驗貨如遇天雨書辦巡役家人難走小的們雇轎承值每轎一乘用銀一錢二分共用六七錢是有的也是小的們捐備不干鬼子的事那總巡口並沒有要銀五十兩黄埔口也沒要銀三十兩是實

第二款

原呈內開關憲不循舊例俯准夷商稟見致家人吏役勒索之苦使下情不能上達等情

問據李永標供外國夷人言語不通不曉

天朝禮法兼且性情蠻野貪利酗酒最易生事向例

二四六 欽差大臣新柱清單

番商洪任輝呈控粵海關監督李永標案供單(乾隆二十四年八月十九日)

只許其居住洋行不准出入禁城如果有要事必欲進城面見則先著通事預期報明分派弁役緊隨防護方令進見標到任後遇有夷商禀見即商同督院于公堂傳見即如從前楊督院任內曾同見過兩次今年同李督院見過一次又獨自見過一次凡有面禀各事立為查辦並無遲滯偏私况且每年夷船進口都是標親身前往黃埔丈量各國夷人皆在船上聚集相見一年之內或三四次五六次不等何謂各皆相見或有時因伊等貿易小事亦要進城面見派差官弁諭令各夷

特懇稟之事詳細具稟封交保商通事代遞
即為批斷此乃遵奉成例慎重防關的意思
豈肯為守口人役作勒索地步乞詳察

第二款

原呈內開資元行故商黎光華拖欠公班衙
貨本銀五萬餘兩伊子黎兆魁藉父身故覺
吞精償赴稟關憲不恤赴稟督憲不准仍出
示不許再瀆等情

問據李永標供資元行商黎光華上年病故遺
欠關餉并各公項隨于伊子黎兆魁名下嚴
追完項因黎光華開行年久素與各夷交易

二四六　欽差大臣新柱清單

番商洪任輝呈控粵海關監督李永標案供單(乾隆二十四年八月十九日)

相信或有彼此賬目未曾結算亦未可定但
該國夷人實無赴關稟請追欠的事現有行
商可訊
問據黎啓供小的是福建晉江縣人黎光華是
小的哥子所有哥子在日與鬼子交易銀錢
貨物數目都是哥子經手的哥子歿後是姪
子黎兆朋黎兆魁經手今兆朋已死了兆魁
得病回福建去了今看哥子原揭欠數字迹
却是哥子筆迹沒有清還是真通共欠銀五
萬六千二百餘兩這些欠銀內有公班衙貨
銀也有各船主借的并有夷商將未賣完的
貨物作銀亦有大班二班的也有把利息算

二四六　欽差大臣新柱清單

番商洪任輝呈控粵海關監督李永標案供單(乾隆二十四年八月十九日)

作本銀的總不全是洪任輝一人賬目哥子
因拖欠了官餉把在廣置買的房屋二所并
福建開的當鋪都變賣了實在無力還他了
問據黎捷供小的今年十六歲資元行商人黎
光華是小的父親父親于乾隆二十三年八
月内死的大哥子黎兆朋今年又死了尚有
哥子黎兆魁因生蠱脹病症本年正六月回
福建晋江縣原籍去了小的向在書房讀書
父親欠兇子多少銀子小的不知道也沒有
留下賬目兒子昔發總曉得的餘與黎啓供
同
問據商人蔡國輝等同供資元行商人黎光華

二四六　欽差大臣新柱清單

番商洪任輝呈控粵海關監督李永標案供單(乾隆二十四年八月十九日)

問據孫信供小的是李監督家人上年十二月內主兒派小的到澳門守口從前夷船往來澳門原有陋規現奉督院同小的主兒禁革之後就沒有收了今年有起夷們拏兩個花錢與小的小的說這是革過的陋規我如今正要來查察這弊端你如何反拏銀錢來給我叫他快些拏去還了夷船他方纔退還了那關閘口陋規一兩五錢小的不知道從沒有收什麼三兩二錢四分的陋規是實

問據劉輔臣供小的係監督李永標家人撥守澳門大馬頭口子是上年三月到口的兒子船進澳門每船有批手本花錢四員共批過

七隻内咈囒哂一船他没有得給又一船因初到口子時奉主子嚴諭不敢要他的實得過五隻船共花錢二十員大家分用小的名下分得五員是實

問據博元魁張文鑑同供小的們是澳門口巡役共驗過兜子船三隻一隻是在省回澳的領有牌照没有得他銀子還有兩隻每隻花錢四員共得八員小的巡役二人得了四員内司得二員水手得二員是實

問據鄭孔光杜遠同供小的們是澳門大馬頭口巡役夷船過澳門原有批手本花錢四員向來的舊規内水手得一員家人得一員小

二四六　欽差大臣新柱清單

番商洪任輝呈控粵海關監督李永標案供單(乾隆二十四年八月十九日)

的們各得一員小的鄭孔光驗過船四隻內
除咈囒哂一船沒有銀子其餘三隻船分得
三員小的杜遠驗過船二隻分得花錢二員
是實

問據容天生韋裕黄亞社劉德李華等同供小
的們都是嶴門口水手每船批手本有陋規
花錢四員家人得一員巡役二人各得一員
小的們得一員共放過批手本船三隻內一
隻是在省回嶴的領得牌照沒有得他銀子
其餘兩隻每隻得花錢四員共花錢八員小
的們共得過花錢二員五人均分小的們每
人名下分得銀二錢八分八厘是實

二四六 欽差大臣新柱清單

番商洪任輝呈控粤海關監督李永標案供單（乾隆二十四年八月十九日）

問據張亞惠韋亞華郭忠鄧亞三王勝全等同供小的們都是澳門大馬頭水手放過船五隻共得花錢五員五人均分每人名下分得花錢一員是實餘與水手容天生等供同

問據區榮供小的是海防廳書辦伍連供小的是海防廳差役小的們奉差查過鬼子船四隻每隻花錢二員小的們每人得過花錢四員是實

問據鄧智供小的是香山縣書辦鬼子往來澳門有報單到縣小的同差役到船查驗每船向有規禮花錢二員小的共驗過四個船得過花錢八員這鬼子船上省方有銀子若在

二四六　欽差大臣新柱清單

番商洪任輝呈控粵海關監督李永標案供單(乾隆二十四年八月十九日)

省來墺領有牌照就不敢問他要銀子了上
年九月小的有病本官調回另派梁魁項辦
的
問據梁魁供小的是香山縣書辦上年九月經
到廠辦事的小的上年只驗過船一隻得過
花錢二員今年又驗過七隻内有二隻係在
墺上省共得花錢四員小的與差役高朋分
的每人得花錢二員又有五船係在省住墺
領有牌照不敢問他要銀的差役高朋今年
二月已死了這差役毛昌是高朋死後頂充
他並沒有驗過在墺上省的船隻故此沒有
得受銀子是實

二四六　欽差大臣新柱清單

番商洪任輝呈控粤海關監督李永標案供單(乾隆二十四年八月十九日)

問據毛昌供小的是香山縣差役今年二月内
總到廠辦事小的到廠後驗過船五隻都係
在省往婁領有牌照故此不敢問他要銀子
是實
問據七十三供小的得收隨規外並不敢另有
需索的事只泰和義豐達豐三行内前後共
賒取大絨羽緞嗶嘰等物所該價銀除完過
外尚欠五百三四十兩是有的
又供也有將完清的也有尚欠一二百兩及二
三百兩的細數記不清了賒的物件主兒實
在不知道的小的隨時買了這些東西陸續
帶往京裡或送人或變賣了想賺些銀子使

二四六　欽差大臣新柱清單

番商洪任輝呈控粤海關監督李永標案供單(乾隆二十四年八月十九日)

用也有親戚朋友託買的今年
貢船進京帶了五百多花螋叉箱子三隻内裝的
衣服記得是灰鼠藍面袍一件灰鼠元青褂
一件羊皮灰色緞袍一件羊皮元青緞褂一
件黑羊皮青緞面褂一件草狐狸青緞褂一
件舊羊皮灰色綿紬袍一件葛布袍三件葛
布大衫四件单紗褂子三件青色綿紬夾袍
二件綿紬夾褂二件紬緞八疋内醬色緞一
疋寶藍緞一疋元青緞二疋牛郎醬色紬二
疋牛郎元青紬二疋潮紗四疋内灰色一疋
醬色一疋元青二疋南京紗二疋寶藍一疋
元青一疋嗶嘰二疋大哆囉呢一疋各色綾

二四六　欽差大臣新柱清單

番商洪任輝呈控粵海關監督李永標案供單(乾隆二十四年八月十九日)

子八疋錫酒壺二把還有幾個小木桶菜的
是醃魚鰕米乾餅鉄鍋等物這些衣物帶進
京去原想分送親戚并留在家裡使用的小
的從前在八條衚衕買有房屋一所共十三
間價銀三百兩又在六條衚衕買有房屋一
所共十二間半價銀三百五十兩都是二十
家現在窮苦他欠的官餉還是商人們代填
的是實
又供黎光華欠暎咭唎鬼子銀子一事實沒有
在監督衙門告過是實
第四款

二四六　欽差大臣新柱清單

番商洪任輝呈控粵海關監督李永標案供單(乾隆二十四年八月十九日)

原呈内開隨帶日用酒食器物苛刻徵税之苦一來一回逐一盤驗徵税使各船不敢多備糧食等因

問

據李永標供夷船隨帶食物餘剩仍載出口如洋酒麵頭乾牛乳油番蜜餞等類都是盈千累萬則例開載應收的並非始于標任標實不敢違例私免至如米豆雜糧牛羊猪鵝鷄鴨并各項蔬果本係日用所需向來都是寛免的現有單票印簿可查何至不敢多備糧食乞詳情

問

據黎豊行商蔡國輝義豊行商邱坤達豊行商陳正廣源行商葉泚儀逢源行商蔡泚興

二四六　欽差大臣新柱清單

番商洪任輝呈控粵海關監督李永標案供單(乾隆二十四年八月十九日)

隆順行商陳應節廣順行商陳起鳴泰和行
商顏時瑛晋元行商陳文斐裕源行商張世
勲等同供夷船進口每罎酒徵銀四厘出口
亦徵銀四厘係正稅出口另分頭每兩徵銀
五分每罎酒估價三錢該分頭銀一分五厘
麵頭乾每担徵銀五分醃肉每担徵銀一錢
奶酥油每担徵銀一錢俱有則例可查其餘
牛羊牲畜鷄鵝米豆雜糧俱是免稅向不徵
收的

第五款

原呈內開夷船往來澳門勒索陋規批手本
關吏索銀四兩總巡口索銀五兩四錢西砲

二四六　欽差大臣新柱清單

番商洪任輝呈控粵海關監督李永標案供單(乾隆二十四年八月十九日)

臺口索銀四兩四錢紫坭口索銀二兩二錢香山索銀二兩五錢二分防廳書吏索銀二兩二錢關閘口索銀一兩五錢澳門口索銀三兩二錢四分等因

問據李永標供夷商往來澳門向係行商代請批照因恐前途守口人役或有索取陋規的每年會同督院嚴查禁革至二十一年內訪聞得各口還有暗中收受的即同楊督院列示革除近年凡遇夷船進口又同李督院嚴切示禁一面密訪不許藉端刁難各有案卷為據今實在有無索取只求訊問各口人役便知道了

二四六 欽差大臣新柱清單

番商洪任輝呈控粵海關監督李永標案供單(乾隆二十四年八月十九日)

問據黃標袁坦同供小的們是粵海關書吏浙江山陰縣人潘富供小的是總巡口書辦又同供夷船批照往澳向係行商代為赴關禀請領出轉交夷商的書吏並不與夷商見面焉能索取陋規假有收受必有行商經手求問行商就知道了倘書吏果有收受情事察出願甘加倍治罪

問據王曉供小的是粵海關清書那夷船往來澳門每隻批手本有花錢四員此向來的陋規小的經手批過七隻共得花錢二十八員自己收用了經承黃標等實不知情不敢妄供

二四六　欽差大臣新柱清單

番商洪任輝呈控粵海關監督李永標案供單(乾隆二十四年八月十九日)

問七十三即王營供夷船往來澳門總口只有花錢三員半並沒有得五兩四錢的事小的在總巡館幾年共得過批手本花錢六十員是實

問據陳其策供兒子往來澳門原有批照陋規花錢三員半大家分用小的共得過批手本花錢三十員統計小的在總巡館時連第一款得過疋買花錢一百二三十員放關得過花錢八十餘員共得過花錢約有二百四十員都是瞞著主兒的主兒不知道的

問據朱德供小的是浙江山陰縣人充西砲臺書辦那兒子往來澳門每船批照有陋規花

二四六　欽差大臣新柱清單

番商洪任輝呈控粵海關監督李永標案供單（乾隆二十四年八月十九日）

銀六員其來已久內水手八名得三員口書
得一員巡役家人各得一員小的放過船六
隻得花銀六員是實

問據吳柱供小的是李監督長隨今年二月內
主人派小的去守西砲臺口子那夷船往來
澳門向有規禮每船送花銀六員小的自二
月至今驗過三隻船分得花銀三員是實

問據雷成三陳堯芳同供小的們都是西砲臺
的巡役那兒子往來澳門向來有陋規花銀
六員自今年二月到口放過三隻船小的二
人每人各分得花銀三員

問據石勝鳳吳廣雄梁亞二周能高黃信廷梁

二四六　欽差大臣新柱清單

番商洪任輝呈控粵海關監督李永標案供單(乾隆二十四年八月十九日)

松張阿養馮興等同供小的們都是西砲臺口水手每放船批照有陋規花錢六員家人得一員書辦得一員巡役得一員小的們得三員共放過批照船六隻小的們共得過花錢一十八員八個人分用小的們每人名下分得花錢二員零一錢八分是實

問據周省木供小的是浙江紹興府人投充李監督衙門作長隨上年七月内主兒派小的去守紫坭口每隻夷船過口有花錢三員内小的得一員巡役得一員水手得一員前後共驗過夷船七隻小的名下分得花錢七員是實

問據盧贊京供小的是東莞縣人當紫坭口埠役每隻夷船過口有陋規花錢三員家人埠役水手各得一員小的在口前後共驗過船四隻分得花錢四員是實

問據王安王勝蘇瑞際陳蔚民伍允禄譚彦等同供小的們都是紫坭口水手每船放關有陋規花錢三員内家人得一員埠役得一員小的們得一員共放過船七隻小的們共得過花錢七員六人分用每人名下分得銀八錢四分是實

問據王偉功供小的是東莞縣人當關閘口埠役今年五月纔到口的有夷船一隻過口他

二四六　欽差大臣新柱清單　番商洪任輝呈控粵海關監督李永標案供單(乾隆二十四年八月十九日)

給小的花錢二員小的不敢收就還他了到七月初一日小的因染病就回省了是實

問據湯明德供小的是南海縣人充關閘口巡役向來每隻夷船過口有陋規花錢二員重一兩五錢內小的得銀一兩水手得銀五錢小的在口前後共驗過夷船七隻分得花錢七兩是實

問據楊保黃受梁俊連成茂韋亞珍等同供小的們都是關閘口水手每船一隻過口有陋規花錢二員重一兩五錢巡役得一兩小的們得五錢共放過船七隻小的們共分得銀三兩五錢五人分用小的們每人名下分得銀七錢是實

二年買的此外並沒置有别樣産業小的跟
隨主兒在外二十多年原陸續積了幾兩銀
子並不是全在關口上賺的
又供還有漳絨四疋金杯二隻計重七兩前年
正月主兒六十歲衆家人長隨每人出了一
兩多銀子湊交小的打了金杯二隻計重七
兩又買了漳絨四疋替主兒做生日送進去
被主兒喝罵了一番吩咐變了價散還衆人
小的因人多難分遂收起了今年一同帶了
京裡去再小的在京置有兩所房屋已經供
明别無别的隱匿了
又供小的諸事實在瞞著主兒的收受各項陋

二四六 欽差大臣新柱清單

番商洪任輝呈控粵海關監督李永標案供單(乾隆二十四年八月十九日)

規賒欠行商的貨物賬未還清主兒一些不知道的小的負了自己的主兒犯了法悔恨無及若再誣賴主兒越加該死了就爽死也没别的供了

問據李永標供標前年六十歲生日時節七十三送小紙匣子一個内裝金杯二隻外漳絨四疋他説衆家人長隨們公湊製辦與我祝壽的我説從不做生日你們家人都是知道的怎麽敢拏東西來送即時喝罵了一番令他將杯絨變了價分發衆人不許留存不想他竟自己留下我實不知道但標受

皇上天恩父任監督家人七十三在總口收受陋
規與行商買物件短發價值并寄京的銀兩
物件我俱不能查出這是我的糊塗就是我
的罪還有何辯呢

問據陳其策供小的跟隨主兒多年各處出差
辦公積有幾百兩銀子並不是止在關上賺
的小的在京裡國子監照壁後典有房子一
所共十二間價銀一百二十兩又在東四牌
樓六條衚衕買有房子一所舖面房共六間
價銀一百六十兩此外並無別的產業其餘
銀兩是做衣服等項用去了今年

二四六　欽差大臣新柱清單

番商洪任輝呈控粵海關監督李永標案供單(乾隆二十四年八月十九日)

貢船進京並不曾帶有物件是實

問據泰和行商顏時瑛義豐行商邱坤達豐行商陳正同供監督家人王管向小的等三行内取過公共什物該價銀共一千零六十二兩六錢三分零除已交七百兩外尚欠銀三百六十二兩六錢三分零又乾隆二十一年取過小的泰和行絨緞嗶嘰各項除交銀三百八十七兩五錢五分七厘實只欠銀二兩一分六厘又乾隆二十二年取過小的義豐行絨緞各項該銀五百五十二兩八錢六分四厘除先交銀三百兩經行内七觀收了續又交銀七十二兩尚實欠銀一百八十兩八

錢六分零以上共短發價銀五百四十五兩
五錢零是實

第六款

原呈内開勤補平頭從前兌餉惟照庫平過
年兌餉每百兩加平三兩名曰解京補平額
外加增剥削遠夷等因

問據李永標供兌收關餉標自乾隆十六年十
二月内到任之初查得從前兌收銀兩都是
按照部頒法馬每百兩加平八錢兌入正税
封内另又例收正項平餘銀三錢充公于
奏銷時與罰料截曠二項收支數目一同造冊報
部又每百兩另收補平銀五錢五分另封貯

庫起解時隨帶添平以上共加平一兩六錢五分此向來徵收之舊例標接任仍照舊收解至乾隆二十一年起解二十年分稅銀赴部彈兑除照前補平之外復又短平銀二千五百六十兩掛批回廣奉文補解以後約計掛批短少之數每百兩隨于大關稅銀內加收補平銀八錢其餘各口只加收補平銀四錢與前收之五錢五分一總歸入庫簿登記于起解時盡數交與解餉員役帶京補平是前後共計實收平餘補平等銀二兩四錢五分俱係按照近年部平收解的並無加收三兩之數再乾隆二十一年分解部盈餘銀脩

二四六　欽差大臣新柱清單　番商洪任輝呈控粵海關監督李永標案供單(乾隆二十四年八月十九日)

帶補平銀三千一百六十二兩七錢零盡數添補外尚不敷補平銀三千六百三十二兩二錢零除于水脚項下貼補不敷補平銀二千八百三十七兩二錢零連倫帶補平實共短平銀六千兩尚掛批銀七百九十五兩俱奉文并掛批有案又現有實存乾隆二十三年二十四年分各項錢糧數目爲據只求吊查就明白了

問據書吏黃棟袁坦同供關稅向收平頭銀三錢其來已久乾隆十年策督院任內因海關部頒法馬與藩庫新頒正法馬較兑輕重不符行司照依藩庫法馬另鑿一副繳關應用

二四六 欽差大臣新柱清單 番商洪任輝呈控粵海關監督李永標案供單（乾隆二十四年八月十九日）

查藩庫法馬與海關奉頒部法比兌部法每
平應加銀五錢方得兌準又每百兩照向例
加法三錢入鞘統計部法每百兩應收補法
銀五錢加法銀三錢是以共銀八錢兌入正
税封内年滿解部大關各口一體如此徵收
又每百兩收并封克公平餘銀三錢與罰料
截曠收支數目年底造冊報解亦是策督院
任内奏明的内大關核收三錢各口多寡不
一相沿舊例按存解數目解繳並稱克公平
餘至每平加增五錢五分乾隆十五年奉准
部文以後解交餉銀務將補平銀兩帶足不
准掛批前任唐監督始于大關税内加增共

二四六　欽差大臣新柱清單　番商洪任輝呈控粵海關監督李永標案供單（乾隆二十四年八月十九日）

餘各口並無加收到年滿解餉時隨帶赴部
添平乾隆二十一年起解二十年分錢糧赴
部彈兌短少平頭銀二千五百六十兩本官
繳于二十一年起每百兩加收補平銀八錢
共前五錢五分設立印簿一總登記統計每
平照部法共收加平銀二兩四錢五分這八
錢平餘只有大關加收的其零星折票担銀
向來不收平餘的並未加收三兩那各口每
百兩止加收補平銀四錢是實
問據行商蔡國輝等同供從前餉銀每百兩加
平頭銀一兩六錢四分乾隆二十一年掛批
回來又加銀八錢共加二兩四錢五分這都

二四六 欽差大臣新柱清單 番商洪任輝呈控粵海關監督李永標案供單(乾隆二十四年八月十九日)

是保商交納夷商並不經手的

又同供夷商所交係番銀市平商人們代納的係紋銀庫平傾銷折耗算來只有二兩四錢五分之數這是可質對的

問據七十四供小的是李監督家人在主兒衙門經管簽押那平頭每百兩只加有二兩四錢五分並沒有加至三兩是實

第七欵

原呈內開自設保商受累多端入口貨餉餽歸保商輸納保商任意那移特伊貨銀轉填關餉又關憲取用物件短價千發無百百發無十保商賠辦不前即延擱該船遲悞風信

等因
問據李永標供各國夷船到廣貿易因番商言
語不通凡
天朝禁令及一切行市課程都不諳曉勢難令夷人
自核稅鈔親身交納故選擇殷實能通番語
之人充當行商又多設行口任聽各夷自擇
熟識深信之人作為保商緣進口貨稅出在
買貨之行店出口貨稅出在賣貨之行店原
非夷人自出稅餉都是責成行保總理其事
查係從前策楞院管關任內始行設立歷任
相沿據係循照辦理今稱因設保商致多受
累實係藉詞控飾再歷年夷船進口貨物都

二四六　欽差大臣新柱清單

番商洪任輝呈控粵海關監督李永標案供單(乾隆二十四年八月十九日)

是各行店承買內若有官用品物可以採辦
得的舊例俱向行商取出驗看如果合用即
令估計實價核定開報標即照依所開之數
入冊報銷並將價銀照數支給行商收領從
不短發現有各年黃冊底稿并行商領狀為
據其餘凡有買用物件都是照依時價給發
現銀從無絲毫短少只求訊問各行商就明
白了再夷船因載滿稟請移淺放關向來都
是立刻批照并填給紅牌令其出口並無延
擱阻滯之事現有行商可以訊問續乞詳察
問
據蔡國輝等同供從前夷船入口原係投寓
相好的行商與他貿易名為主家後改主家

爲保家到策督憲任内時改保家爲保商自
改保商後該船凡有大小事情都是責成保
商因夷人久在内地熟識情形結交多人遇
船到時授受紛紛竟至保商毫無生理及到
有事就貽累保商即應徵餉項亦歸保商名
下完納故此各行店向夷人承買貨餉就任
意拖延甚至潛匿不出及到
奏期逼迫保商不得不代賠墊這未免貽累今現
蒙督憲洞燭保商艱苦出示禁飭凡與夷人
承買入口貨物應納餉稅就在各行承買名
下徵收這實是良法行商們得免賠墊如今

二四六 欽差大臣新柱清單

番商洪任輝呈控粵海關監督李永標案供單(乾隆二十四年八月十九日)

行商們實是感激各人都踴躍承保了至洋貨物件從前俱定有官價李監督買用物件俱照官價發給並無短少經商人們隨時具有領狀可據的那有千發無百百發無十的事呢這是夷人誣控的了

又同供李監督實皆照價給發並無短少可以出得結的

又供那鬼子船放關出口時因他有紅單報驗必須驗明有無私貨與各行商有無未清賬目總放他出口故此就要躭擱數日並非故意延擱的

問據書吏黃棟袁坦同供本官任內每年向各

二四六 欽差大臣新柱清單

番商洪任輝呈控粵海關監督李永標案供單(乾隆二十四年八月十九日)

行採辦官用物件應給價值銀兩俱係照依
核准報銷數目取具各行領狀當堂給發並
無短發價值銀兩的事自用物件均照時價
現給實無短發所供是實

問據洪任輝即洪任供我是嘆咭唎國人在廣
做買賣因負屈今年五月在廣起身至浙
江寧波地方要遞呈子不准停泊立即驅逐
曾晋給呈子一紙交付彼處營員即往天津
控告的天津的路原不認得在洋内只順風
向北走遇有漁船問明港路方得到的坐的
是本國帶路船一起十二人都是番人並無
一個内地人

二四六　欽差大臣新柱清單

番商洪任輝呈控粵海關監督李永標案供單(乾隆二十四年八月十九日)

天朝

皇帝聖明最體恤我們外夷我們外國的人無有不知道的這回我是到寧波遞呈子並不是去做買賣的如今又有一隻船到寧波去是國王打發去的今大人們吩咐不准前往我們稟知國王即可不去

又供黎光華拖欠我們銀子原不曾在監督衙門控告這是牽連寫在上面的

又供出口食物則例內要徵稅亦知道的想不過喫剩食物要求寬免的意思

又供呈內所告有不是的所在很知道不是了

這呈子是煩內地人林懷寫的他是福建人在噶喇吧住久了已蓄了頭髮用銀三百兩雇倩他在海船上寫的呈子今年五月內坐喊啨咟船回噶喇吧去了實係他寫的不敢誣扳別人

又供如今呈內的事都蒙
欽差大人審明我們外夷人無不感激
皇上天恩

二四七　欽差大臣新柱奏折

請豁免洋商食物出口税銀并粤海關監督李永標採買官物情形(乾隆二十四年八月十九日)

臣新柱朝銓李侍堯等謹

奏為據實密

奏事竊照番船來粤貿易所帶食物如牛奶油番
蜜餞洋酒饅頭乾番小菜醃肉醃魚等物進口
之日俱各照例徵收税銀其食用餘剩出口之
日例仍輸税臣等查乾隆二十一至二十三等
年經徵底册每年出口所徵核税四百二十餘
兩至七百六十兩不等可否仰邀
皇上殊恩俯念番商食用所需已徵進口所有出口
税銀

二四七　欽差大臣新柱奏折

請豁免洋商食物出口稅銀并粵海關監督李永標採買官物情形（乾隆二十四年八月十九日）

特頒諭旨准予豁免則凡屬番商均沐
皇仁於無既矣再粵海關監督每年採辦官物如紫
檀花梨烏木羽紗大絨花氈洋金銀線等物向
來定有官價較之市價未免減少臣等詢之年
老行商及書吏人等官定之價始自何年僉供
由來已久等語查以上洋貨向係買自內地行
商即李永標到任以來亦係循照舊例辦理所
有臣等查明實在情節相應一併密行
奏明伏乞
皇上聖鑒謹

二四七　欽差大臣新柱奏折　請豁免洋商食物出口税銀并粤海關監督李永標採買官物情形(乾隆二十四年八月十九日)

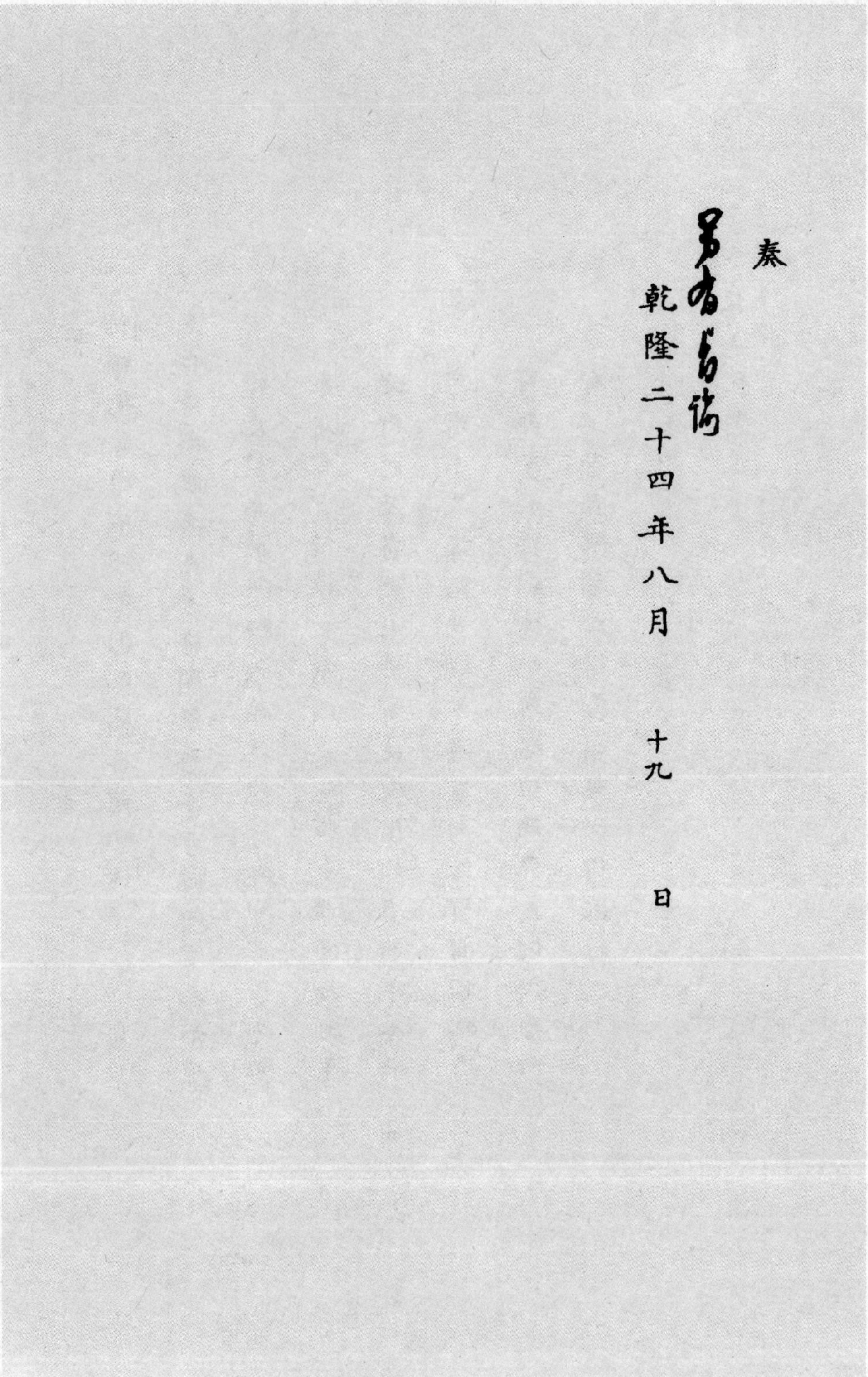
奏

另有旨諭

乾隆二十四年八月　十九　日

二四八　欽差大臣新柱奏折　請除洋船進出口規禮并呈粵海關征收洋船規禮則例清單(乾隆二十四年八月十九日)

臣新柱朝銓李侍尭等謹

奏爲請除外洋夷船規禮之名色以杜弊混以協

體制事臣等欽奉

諭旨查審監督李永標一案檢閱粵海關則例内開

外洋番船進口自官禮銀起至書吏家人通事

頭役止共規禮火足開艙押船丈量貼寫小包

等名色共三十條又放關出口書吏家人等共

驗艙放關領牌押船貼寫小包等名色共三十

八條頭緒棼如實屬冗雜臣等查直省各關從

二四八　欽差大臣新柱奏折

請除洋船進出口規禮并呈粵海關征收洋船規禮則例清單(乾隆二十四年八月十九日)

無規禮名色載入則例獨粵海關存有此名者
因從前此等陋規皆係官吏私收入己自難正
四年起管關巡撫及監督等節年奏報歸公遂
同正稅刊入例冊循行已久自當仍舊徵收但
存此規禮名色在口人役難免無藉端需索情
弊應請
皇上勅交新任監督尤拔世會同督撫將前項規禮
等名目一槩刪除合併核筭改刊每船進口歸
公銀若干出口歸公銀若干俾歸一定既於體
制相協蠹役奸胥亦不能藉端舞混矣抑臣等

更有請者外洋夷船既經更定則本港洋船及
別省至粵船隻一切規禮名色均請刊歸公
二字以臻畫一再則例內開載瑣碎各口參差
不齊易啓在口人役高下其手之弊亦請
勅交監督會同督撫詳加核定以垂永久所有外洋
夷船進口出口規禮名目謹照則例繕具清單
恭呈
御覽是否有當伏乞
皇上聖鑒謹
奏

二四八　欽差大臣新柱奏折

請除洋船進出口規禮并呈粵海關征收洋船規禮則例清單(乾隆二十四年八月十九日)

李侍堯會同尤拔世詳議具奏

乾隆二十四年八月十九日

二四八　欽差大臣新柱奏折

請除洋船進出口規禮并呈粵海關征收洋船規禮則例清單(乾隆二十四年八月十九日)

清单

謹將粵海關徵收外洋番船進口出口各項歸
公規禮名色查照現行則例開具清单恭呈
御覽

計開

丈量洋船收大尺雇船銀三十二兩
官禮銀六百兩（法蘭西加一百兩　嗹喇減一百兩）
通事禮銀一百兩

管事家人丈量開艙禮銀四十八兩 小包四兩

庫房規禮銀一百二十兩 貼寫十兩 小包四兩

稿房規禮銀一百一十二兩 掌按貼寫四兩 小包二兩八錢 內八錢掌按小包

单房規禮銀二十四兩 貼寫二兩 小包一兩

船房丈量規禮銀二十四兩 小包一兩

總巡館丈量接梯銀六錢 又規銀一兩

二四八　欽差大臣新柱奏折

請除洋船進出口規禮并呈粵海關征收洋船規禮則例清單(乾隆二十四年八月十九日)

東砲臺口收銀二兩八錢八分　小包七錢二
分
西砲臺口收銀二兩八錢八分　小包七錢二
分
黃埔口收銀五兩　小包七錢二分
虎門口收銀五兩　小包一兩三錢二分
押船家人銀八兩
四班頭役銀八兩三錢二分
庫房照鈔銀每兩收銀一錢
兵房照鈔銀每兩收銀二分

以上紋銀九折庫平進口規禮

放關出口

管事家人收驗艙放關禮銀四十八兩　小包四兩

庫房收禮銀一百二十兩　貼寫二十四兩　小包四兩

稿房收禮銀一百一十二兩　貼寫二十四兩　小包二兩

稿房收領牌銀一兩　小包二錢

承發房收禮銀四十兩　小包一兩四錢四分

单房收禮銀二十四两　貼寫十二两　小包一两

船房收禮銀二十四两　貼寫八两　小包一两

票房收禮銀二十四两　貼寫六两　小包一两

算房收禮銀一两　小包五錢

柬房收禮銀十六两　貼寫一两五錢　小包七錢二分

僉押官收禮銀四两　小包二錢

押船家人收銀八兩

總巡館水手收銀一兩

虎門口收銀五兩　小包一兩三錢二分

東砲臺口收銀二兩八錢八分　小包七錢二分

西砲臺口收銀二兩八錢八分　小包七錢二分

黄埔口收銀五兩　小包七錢二分

以上紋銀九折庫平出口規禮

二四九　欽差大臣新柱奏折

召集英法荷瑞等國大班重申貿易禁令(乾隆二十四年八月十九日)

新柱等　曉諭各番商由

奏　九月初四

臣新柱朝銓李侍堯等謹

奏為奏

聞外夷情形事竊照嘆咭唎番商洪任輝即洪任于乾隆二十年至二十二年前赴

浙省寧波貿易業[illegible]另開港照例禁

[illegible]聞遠近

二四九　欽差大臣新桂奏折

召集英法荷瑞等國大班重申貿易禁令(乾隆二十四年八月十九日)

諭令商與洋商等俱已曉諭該商不准再往寧波貿易洪任輝外借通事之名陰
面試探之計仍於譯出認附帶即行驅逐不准逗遛遂遣赴天津投遞呈
詞上諭
勅交臣等前查審臣等伏思
皇上柔懷撫綏柔遠恤商之至意事事推誠撫恤聽其情願貿易皆出李永
標及其家人隨從之家人索取等弊律分別嚴辦並奏請
聖鑒在案內地奸民難保無嗜捏作呈詞列狀控訴情弊現在審鞫
諭旨於浙粵兩省嚴審根究惟該番商慶恐越寄貿易今又有呼喊一辦控訴
前往浙省自當配逐押回
天朝禁令不得不再明白宣諭臣等已在各商同樓通事蔡逢時等會集英國
番商均於本年先遠來朝於八月初六日在臣李侍堯衙門逐一傳喻而英咭喇
佛蘭西嗹國暹羅瑞典國頭目人大班二班三班六僚等共二十六人臣新桂
等諭以

二四九　欽差大臣新桂奏折

召集英法荷瑞等國大班重申貿易禁令（乾隆二十四年八月十九日）

皇帝待我人的恩典太寬，即如洪任輝所述之事，
皇上惟其情有屈抑，差遣我們來審問，可見無一不體恤你等的了。你等居處安
靜，守法不可聽人引誘唆擾，你等蒙　恩育
皇上所以恩待遠人，我們亦不免遠(?)[illegible]纖微的事都審(?)問，而大班嗎嘰喋唎大班
洪任輝二人而遠差了。另等捏(?)同告洪任輝呈內情節大概相同，隱諱以
天朝的事一概同洪任輝所告的事已經出了。你們係各一樣，不必為(?)遠寓嘰
等延(?)慕(?)皆無錢文，論你等各國向有繳送的一次，乾隆元年
特恩寬免，每年免銀四萬餘千兩，至十二(?)[illegible]你等二千(?)餘年來共免過
一百八十七萬三千餘兩，你等已沾
恩不少了。據眾番商自己等，這是實在感戴
皇上天恩的。又傳諭你們番商，因他貨物你等需用，茶葉你等外洋物件
天朝都是有的，你等所以來貿易。你等安靜守法，華民買賣亦不拘禁(?)
寧波地方甚多，不准再去。今既(?)經通(?)商(?)，然仍不遵禁令，是自取禁(?)
了。據此洪任輝回(?)今年又有船去，是國王所發去的，只(?)嘗(?)味(?)對(?)不准
再往寧波，國王所不遵(?)，又諭一切隨從誘你們等情(?)間，以再無需禁可以
安心在此貿易了。據眾番商自今這是

二四九　欽差大臣新桂奏折

召集英法荷瑞等國大班重申貿易禁令(乾隆二十四年八月十九日)

皇上仍照以大家恩不咸徵仍洪任輝乃等
皇上天恩我還要到天津叩謝隨諭內地洋商不許拖欠你們銀子爾等都
要小心安靜做買賣嚴禁各番商感頌謝你皆不敢乃等查洪任輝在粵貿
易年久通曉漢語內地商民及通事買辦熟識多人亦往往作寃番人無
俯
不敢從伊乃任性在此呈控牘節為唐突因何狡黠以罪名乃奉侍
上諭
准
順者交結地方文武時刻稽查嚴加防範若伊安靜守法仍准照常貿
易如有交通內地奸民不肯恪守之重懲究即將洪任輝驅逐回國
則寃番商亦不敢再萌違例另開港口之心矣所有查明情形理合奏
聞伏乞
皇上睿鑒謹
奏

二四九　欽差大臣新桂奏折

召集英法荷瑞等國大班重申貿易禁令（乾隆二十四年八月十九日）

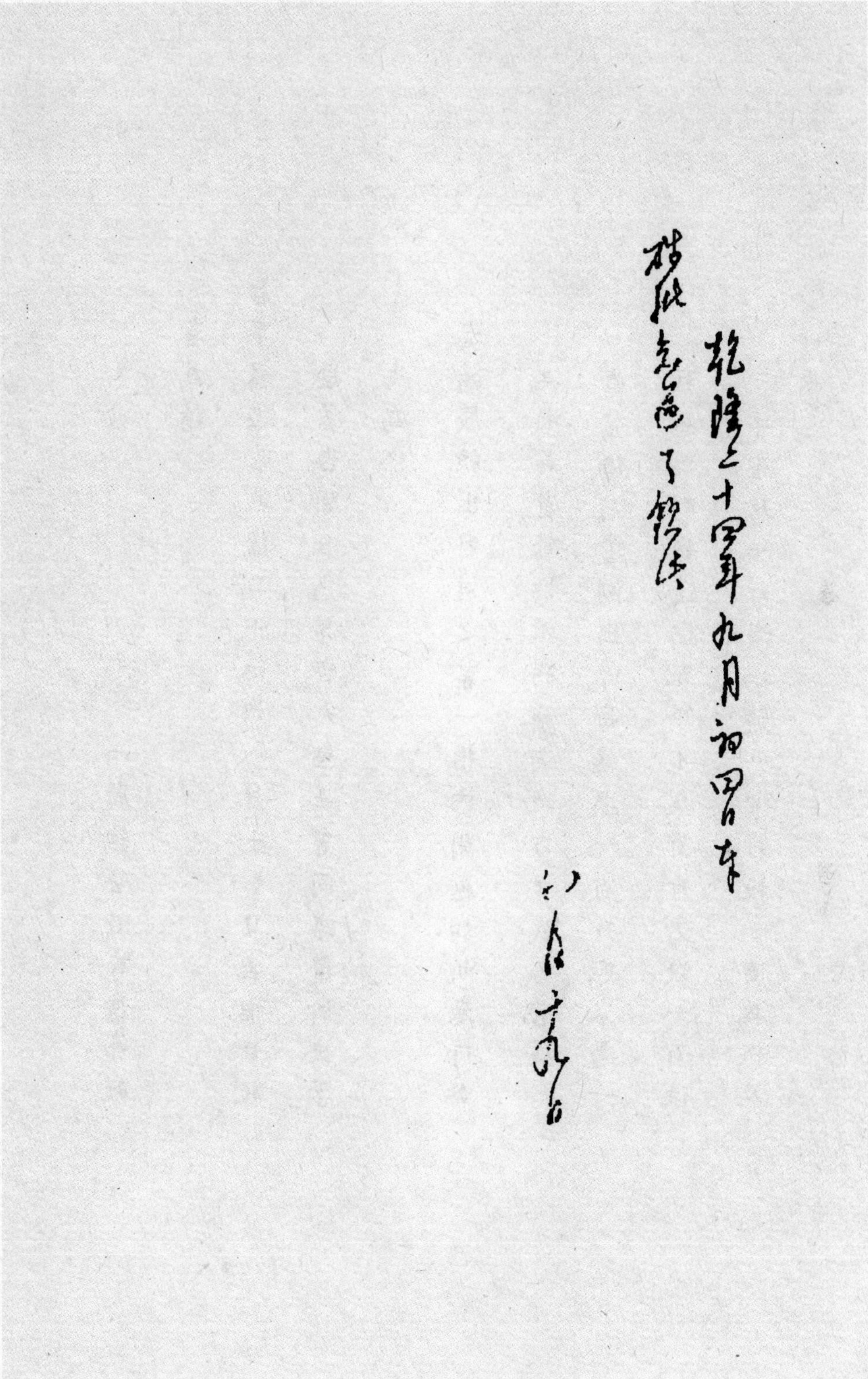
乾隆二十四年九月初四日奉
硃批知道了欽此
八月十九日

二五〇　兩廣總督李侍堯奏折

請準外商買絲貨出口

（乾隆二十四年八月十九日）

兩廣總督臣李侍堯謹

奏為請

旨事竊臣於乾隆二十四年八月十七日准撫臣託

恩多咨開准戶部咨大學士會同議覆御史李

兆鵬條

奏請嚴絲出外洋之禁一摺内開應如所奏行令

江浙各省督撫轉飭濱海地方文武各官嚴行

查禁倘有違例出洋每絲過一百斤照米過一

百石之例發邊衛充軍不及百斤者杖一百徒

三年不及十斤者枷號一個月杖一百為從及

船户知情不首告者各減一等船隻貨物俱入
官其失察之汛口文武各官亦請照失察米石
出洋之例分别議處等因奉
旨依議欽此欽遵咨會到臣伏查粵東地處邉海向
為外洋商舶雲集之所如本港船係内地商民
前往噶喇吧等處貿易其載運出口貨物亦有
攜帶絲貨者今既奉文飭禁自應以文到之日
為始凛遵實力嚴查務無透漏惟外洋各國夷
船到粵販運出口貨物均以絲貨為重每年販

二五〇　兩廣總督李侍堯奏折
請準外商買絲貨出口
(乾隆二十四年八月十九日)

買湖絲并紬緞等貨自二十萬餘斤至三十二三萬斤不等統計所買絲貨一歲之中價值七八十萬兩或百餘萬兩至少之年亦買價至三十餘萬兩之多其貨均係江浙等省商民販運來粤賣與各行商轉售外夷載運回國向無禁令且經分立規條按則收稅相沿已久今絲貨禁止出洋亦應一體曉諭各夷商毋許再行收買攜帶出口且查絲貨為外夷必需之物歷年來至内地販運經營其仰賴於
天朝普沾

惠澤者本自不少乃近年𠸄咭唎夷商屢次抗違禁
令必欲前赴寧波開港情殊可惡今絲貨禁止
出洋不特有裨内地民用并可阻抑外夷驕縱
之氣俾知儆戒尤爲妥協惟是外洋夷船向係
五六月收泊進港至九十月出口回帆遲則風
信不順難以歸棹本年陸續進口夷船共計二
十三隻除𠻬嚂唓一船原係上年壓冬之船已
於五月内出口外其餘二十二船各夷商已將
出口貨物漸次收買齊足或已駁運下船或貯
行館待運若必令其將所買絲貨退出在售賣

之客販已經得銀回籍行商資本微薄無力墊
還價本而粵東僻處一隅價值數十萬金之絲
貨一時無從銷售必致各夷船不能乘風起帆
歸國似又無以仰體我
皇上柔遠恤商至意臣不揣愚昧恭摺
奏明可否仰邀
聖恩外洋夷船絲禁以乾隆庚辰年為始其本年各
夷商已買絲貨准其載運出口遠夷不致守候
變售貽悞歸棹咸沐

二五〇　兩廣總督李侍堯奏折

請準外商買絲貨出口
（乾隆二十四年八月十九日）

德澤於無旣矣至洋船出口之期已迫若專差馳
奏往返計需兩月有餘恐致辦理不及是以冒昧
附入海關審案彙封由驛賫遞合并陳明臣謹
會同廣東撫臣託恩多合詞恭摺具
奏伏乞
皇上睿鑒訓示謹
奏

如所議行該部知道

乾隆二十四年八月十九日

二五一 廣東巡撫托恩多奏折

粤海關關税盈餘短少缘由

(乾隆二十四年八月二十二日)

廣東巡撫臣託恩多謹

奏爲查明據實

奏覆事竊照粤海關乾隆二十二年分徵收關税

盈餘銀兩較乾隆二十一年分短少一案於乾

隆二十四年四月二十日准到部咨行令臣遴

委幹員赴關確勘短少情形并嚴查逐日經徵

底簿出結具詳由臣據實確查如果查無侵隱

情弊加具保結聲明覆奏到日再議等因行因

臣進京

陛見於閏六月十二日回任檄委廣東高廉道王槩赴關確查短少緣由具結詳覆去後玆據王槩詳稱遵即親自赴關將關口底簿月冊逐細嚴查委係儘收儘解並無侵隱情弊出結詳覆前來臣復細加查核粵海關乾隆二十二年分所到洋船比乾隆二十一年少到八隻計少收船鈔規項銀一萬三千五百一十一兩零又洋船進口出口貨物比較乾隆二十一年分如檀香番錫湖絲磁器土夷茶土松茶各色紬緞零星雜貨等項共少收銀八萬五千五百四兩六錢

二五一 廣東巡撫托恩多奏折

粵海關關稅盈餘短少緣由
(乾隆二十四年八月二十二日)

零惟胡椒黑鉛哆囉絨羽紗羽緞等項多收銀
四千七百五十九兩八錢零以盈補絀仍實少
收銀八萬七百四十四兩八錢零合計船鈔規
項及洋船貨物二共少收銀九萬四千二百五
十五兩零又乾隆二十二年所到本港船隻比
較乾隆二十一年分多到十隻共多收鈔税銀
一萬二百兩四錢零惟貿易船鈔税及各口報
收正雜等項少收銀四百二兩八錢零以盈補
絀尚實多收銀九千七百九十七兩零今以本
港船之盈補外洋船之絀通計實少收銀八萬

四千四百五十八兩零緣該關每年所收稅銀惟視洋船之多寡以定盈絀所有乾隆二十二年分缺少銀兩經臣覆加查核乾隆十九年共到洋船二十七隻乾隆二十年共到洋船二十二隻乾隆二十一年共到洋船一十五隻乾隆二十二年共到洋船七隻實因洋船遞年少到以致盈餘稅銀遞年減收並無侵隱情弊除加結咨送户部外理合恭摺具

奏伏乞

皇上睿鑒

二五一　廣東巡撫托恩多奏折　粤海關關稅盈餘短少緣由

(乾隆二十四年八月二十二日)

二五一　廣東巡撫托恩多奏折

粵海關關稅盈餘短少緣由
（乾隆二十四年八月二十二日）

勅部核覆施行謹
奏

該部核議具奏

乾隆二十四年八月　二十二　日

二五二　浙江巡撫莊有恭奏折
查英商船到浙緣由及催飭回棹
（乾隆二十四年八月二十六日）

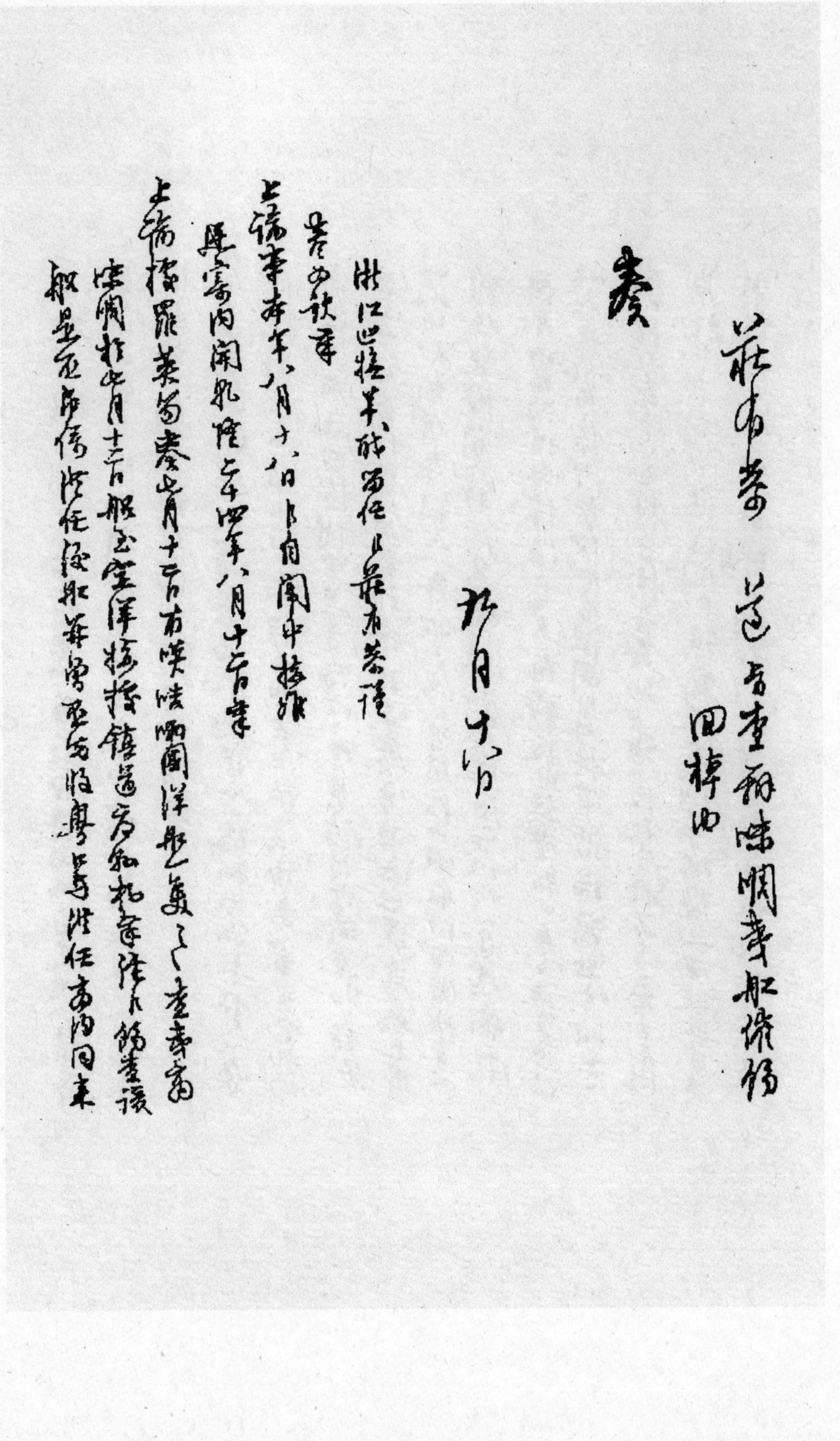

臣莊有恭 謹奏 為查明咭唎番船緣飭回棹由

奏

八月廿六日

浙江巡撫臣莊有恭謹
奏為欽奉
上諭事。本年八月十八日，臣自閩中接准
廷寄內開：乾隆二十四年八月十二日奉
上諭：據楊廷璋奏，本月十二日有英咭唎國洋船一隻，已查拏商
洪任輝於本月十二日船出定洋，據探據鎮道稟知，現在飭查議
擬，是否即係洪任輝原船，並查有無粵人與洪任輝內同來

二五二　浙江巡撫莊有恭奏折

查英商船到浙緣由及催飭回棹

（乾隆二十四年八月二十六日）

一面札會鎮臣協同道府嚴加防範，毋許內地奸民人等私上夷
船，亦不許防守兵役私與往來，務即催押回棹。並將該夷
船到境日期及辦理情由，於八月初四日恭摺
奏聞在案。茲准鎮臣羅英笏札會，據定海縣知縣吳林據稟
稱：據到之日，臣札飭，據稱現在查詢該夷商，要買食物均
由該知縣委員經代買，並交防守營員轉付。文武互相稽察，
並無額外代買貨物情弊。現在廣東兵船已運夷貨，亦有
人已赴船，該夷船經稱催貨至浙，有價給收，仰向港哨，是
催促趕緊開行。該夷商仍復遷延，稱候船隻綵繪
風帆，始得回棹。詎日久未據稟覆，延而該營知縣再三諭飭
此稱，該船即係洪任輝坐船，有彼國公司托帶玻璃器皿等
貨，洪任輝來浙交付等情。查洪任輝於五月二十四日
自粵起程，約計本月延至開船，該商隨有代帶玻璃上京赴粵交
收，何得停泊守候？況洪任輝前到定海不時即係洪任輝船隻

二五二　浙江巡撫莊有恭奏折

查英商船到浙緣由及催飭回棹
(乾隆二十四年八月二十六日)

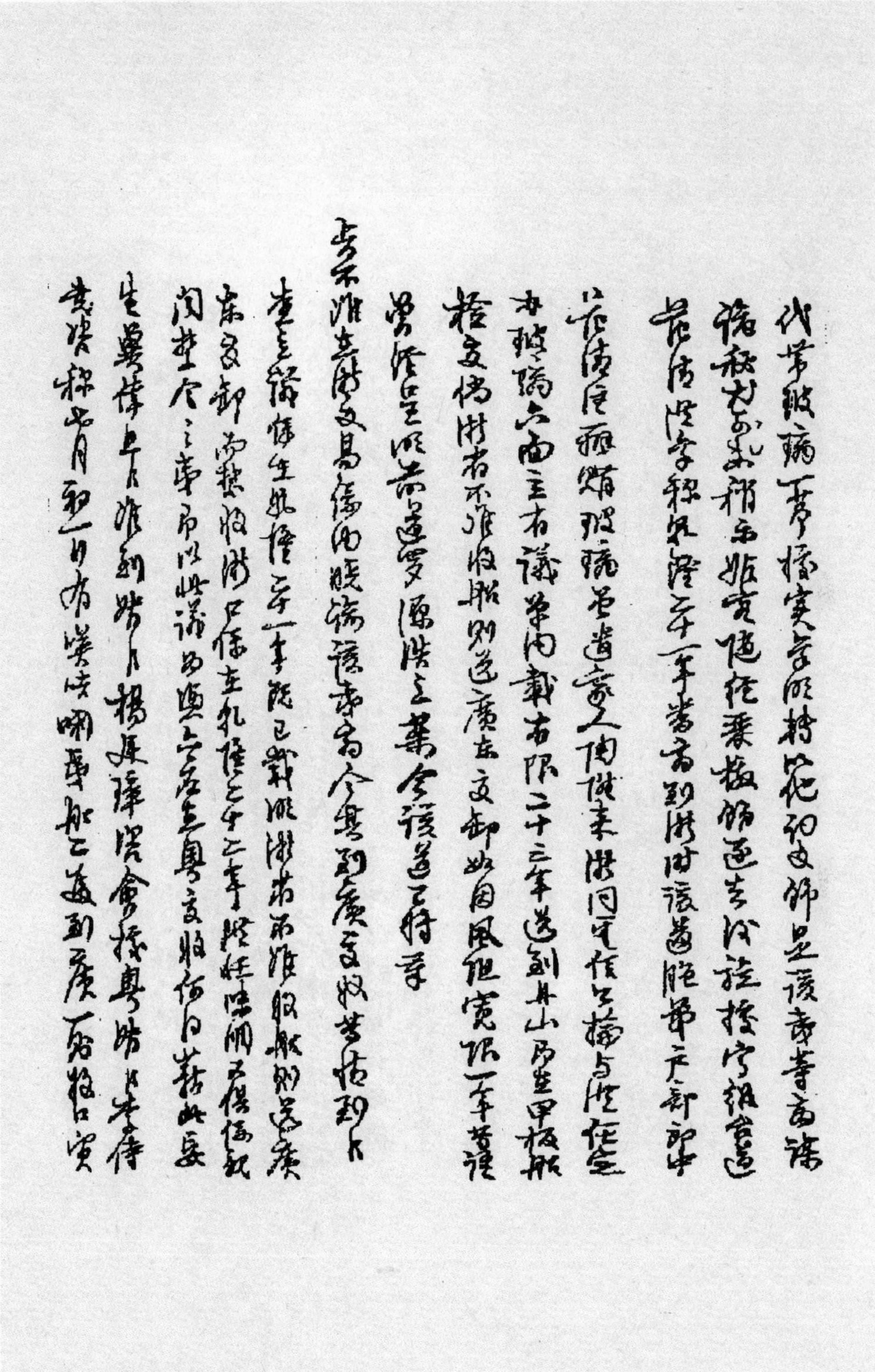

二五二 浙江巡撫莊有恭奏折

查英商船到浙緣由及催飭回棹

（乾隆二十四年八月二十六日）

易為報傳之三日等語據出報事件官津進若爾泊乃
至寧波停泊該船初三日揚帆開出南駛去等語是已自七
月初間一船于初七月初三日去廣開行之船乃係洪任輝
於五月即在該國前來不知已往寧波來浙並不詳洪任輝
船自認即係洪任輝舩夜以換節催回請以洪任輝回廣東如
不復來則又自云晚仍洪任輝天津該以無他決來舟山亦仍
該地不來亦在此間且恨而因他人來載貨物各個情願駛海而抛
泊並不敢在浙生事等語是該番商之狡情詭詐方計曾
經以國書與稱謝情詳而遣大不可稽留實係番是以批檄
欽仰無庸准將番稱延請探會一體會飭嚴行該地方文
武將會同員赴於十八日起程
該處文武即日赴寧波會同稽查外駛請會同該地文武帶赴該
番船將洋行開來謝稱欲禁再行棄而收帆船諭以近日洪任
輝各密探告所營
皇上天高地厚之恩不能即將其留越浙事宜之衆

二五二　浙江巡撫莊有恭奏折

查英商船到浙緣由及催飭回棹

（乾隆二十四年八月二十六日）

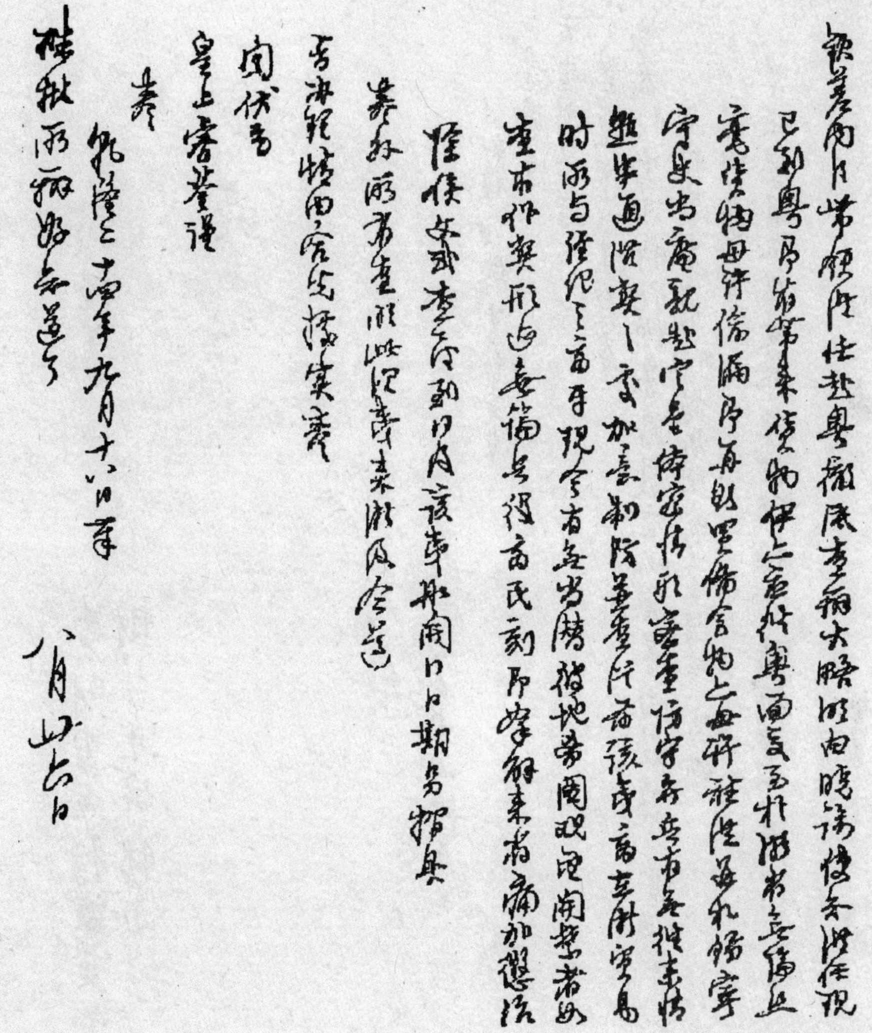

二五三　欽差大臣新柱奏折

查明李永標貲財并無寄頓

（乾隆二十四年八月三十日）

新柱等

查明李永標貲財并無寄頓由

奏

九月十二日

臣新柱、朝銓、李侍堯謹

奏為遵

旨查辦摺

奏覆事。臣等欽奉

諭旨將李永標任内家產嚴查入官等因。欽此。欽遵。臣等

隨將貲財情形併須訊明有無隱匿寄頓

緣由先行具

奏在案。茲訊據李永標供稱：標愚憒糊塗，上負

二五三　欽差大臣新柱奏折

查明李永標貲財并無寄頓
（乾隆二十四年八月三十日）

皇上天高地厚之恩理該罪譴何敢隱匿貲財再取重罪如蒙
寬情甘加倍領罪又訊之家人楊七兒等同供小的主兒卸
事日即吩咐內外家人不許拿一點東西出外並把賬簿抓
了官兵前後看守甚是嚴緊實沒有隱匿寄頓的事如
查出時小的們情願領從重治罪等語復加嚇問矢口不
移又詢之看守李永標之巡檢劉湛等同供我等奉委
以來晝夜巡邏李監督寔無私自運出絲毫包裹在外
寄頓情弊出具甘結前來臣等細加體察似無隱遁
情隨將查出李永標貲財衣物今同逐一核點另繕解
京陸續二單恭呈
御覽其貲財衣物應請解交崇文門稅課盡查收其破舊什物
及粗重銅錫磁木器皿馬匹等項應請就粵估變容臣

二五三　欽差大臣新柱奏折

查明李永標貲財并無寄頓
（乾隆二十四年八月三十日）

李侍堯委員將估變價銀一併解交粵海關稅課處查收
其李永標名下家屬奴男婦名口應請另行造冊解交內務
府查收辦理所有臣等查辦緣由合謹恭摺
奏覆伏乞
皇上聖鑒謹
奏
乾隆二十四年九月十六日奉
硃批已覽欽此
八月三十日

新柱等

減辦洋貨及評查代寫

呈詞由

慶

九月十二日

二五四 欽差大臣新柱奏折

查辦替英商代寫呈詞之内地商人

（乾隆二十四年八月三十日）

臣新柱、朝銓、李侍堯跪

奏為欽奉

硃批祇遵辦理恭摺

聖訓事。本年七月二十二日臣等

具覆查辦李永標家人七十三一摺，八月二十二日奉到

硃批：惟廣東公存固皆為要，督同之人非其擾可比，一意秖錄

二五四 欽差大臣新柱奏折

查辦替英商代寫呈詞之内地商人

(乾隆二十四年八月三十日)

務勢不得不用家人，家人親事即主人親事也，不可以失察開脱
其罪。至外夷撞價居奇，亦不可聽其逗留内地，又代寫呈詞
尚太苛嚴實害。今諸凡擇正酌中辦理，以防將來。汝等甚勉之。
欽此。臣等跪讀之下，仰見
皇上整飭紀綱、蠲弊除奸之至意，自當一體欽遵外。
同查辦所有
勅審奏承辦一案，臣等業已審定，擬于八月十九日繕摺具
奏在案。至外夷撞價居奇一節，查外洋尋常貨物賣與
内地行鋪者，不能增長價值，惟一二新巧之物，挾以居奇。
底遵
聖諭嗣後量從減辦，商人等不向爭購，一二年後彼知内地不用
新巧之物，勢必減價求售，自不敢撞價居奇。是其作呈之人
雖曾據洪任輝供係在噶喇吧住之福建人林懷所寫，疑担
飭復傳該商人及伊大班味啫等六人嚴加詰訊，據供林懷

二五四　欽差大臣新柱奏折

查辦替英商代寫呈詞之内地商人
（乾隆二十四年八月三十日）

噶喇吧住了三十二年，留頭髮已作鬼子打扮，頭髮是剃去的。年
三十一二歲，臉面比鬼子白些，現住噶喇吧城裡。我們公班衙今
年三月替謄了稿，到這邊海口，我們遂同到船上，將要告的
情事說明，請代寫這呈詞，給了他三百兩銀子。五月內搭噉
嗒哩船同噶喇吧去了，並無內地人唆使。這都是實話，不
敢謊供等語。臣等細察供詞，並無証據，殊難憑信。覈
訊得在廣與洪任輝來往之買賣人陳祖觀、羅彩章、
劉亞匾、蔡惠等同供，伊等在廣居住，只賴鬼子在廣
貿易可以覓利，實無勾引洪任輝到寧情事。訊以唆控作呈之
人，隨則研鞫，堅供實不知情。惟供有徽商汪聖儀同子汪
蘭秀，曾借洪任輝資本作買賣，與洪任輝前在寧波之
年，伊父子俱代為包攬生理，又替往寧波。汪聖儀仍
來廣東，彼此極其親密，近又往江蘇代買洪貨物。汪聖
儀原是婺源縣生員，或係是他指使告狀等語。臣等察核
情節，本屬可疑，復據眾口供指，必須提究，庶可訊
明虛實。公同商酌，一面飛諮江省督撫轉飭查拏，一面

差員前赴江蘇協同拘緝，併搜查字跡，俟押解到日，審明唆控作呈實情，再行具
奏。臣等現在恪遵
諭旨，嚴密查辦，併嚴飭地方官廣爲訪緝，務期究出實情，在唆控作呈之人，重治其罪，庶中外商民知所畏服，將來沿海奸民亦不敢再爲勾引滋事。所有臣等遵
硃批現在辦理情形，合謹恭摺具
奏，伏乞
皇上聖鑒訓示遵行。謹
奏。　　乾隆二十四年九月十六日奉
硃批：另有旨諭。欽此。

八月三十日

二五五 閩浙總督楊廷璋奏折

英商船到浙停泊及逐令回粵

(乾隆二十四年九月初四日)

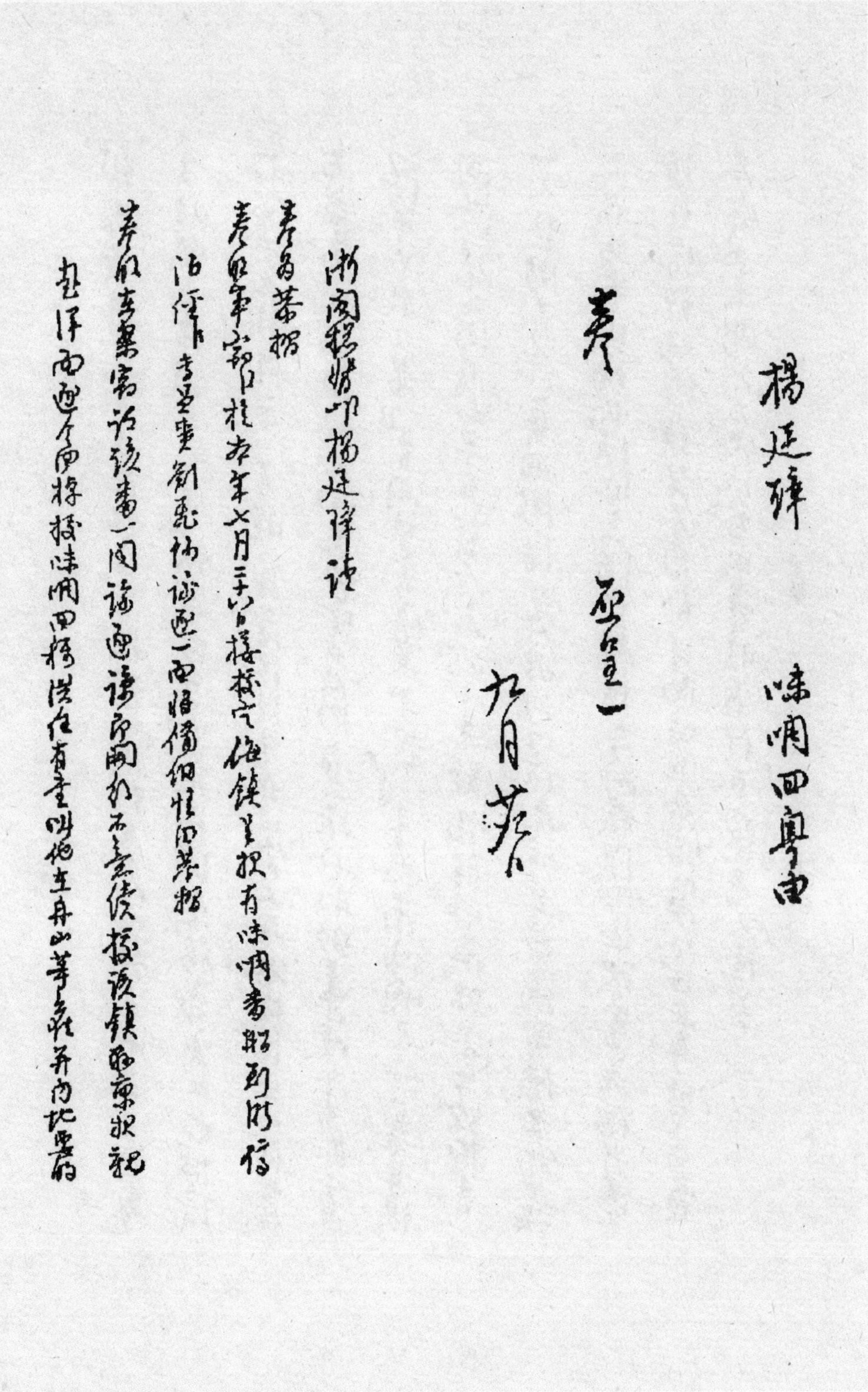
楊廷璋 咪唎回粵由

奏 原[illegible]一

九月[illegible]

浙閩總督臣楊廷璋謹

奏為[illegible]

奏臣[illegible]本年七月二十六日接[illegible]鎮呈報有咪唎番船到[illegible]

泊[illegible]

奏[illegible]該番一聞諭[illegible]

[illegible]咪唎回[illegible]

二二五五　閩浙總督楊廷璋奏折

英商船到浙停泊及逐令回粵
(乾隆二十四年九月初四日)

玻璃幾件，要向文洪住前去，隨諭以洪任來之廣，不許來浙，只可赴粵
交付。該番堅執必需并投寧紹台道范清洪稟稱，該商所稱玻璃
一節，查係乾隆二十一年船泊定海，范清洪處並無實人來浙，協同兵役僱船
與番商當搬玻璃至兩先於定口，後浙省不准收泊，即送廣東交郭等
認番甲呈收無案。查閱檔卷亦無案卷。查該商洪任二十一年曾來浙候
回，洪任來浙，彼知早有檔冊，今次又來，欺伊能此商係一人出頭擔當
一人赴浙，彼於英國浙港並無船到，以後病時候，要備買備食物，延挨
誑稱尚有玻璃，必須向交洪任稽核，轉交師船，詐已極，現又為差標并廣
稽查，定該嚙該鎮并會同赴伊面諭，開導諭以洪任已在粵，該番留在
不容其來浙，亦不容與民人等暗通，行查內地，民人勾串

二五五　閩浙總督楊廷璋奏折

英商船到浙停泊及逐令回粵

（乾隆二十四年九月初四日）

天朝法度，要求人於向來商販之寧波[illegible]，若[illegible]期滿仍不[illegible]，即刻現在押

嚴飭文武員弁將夾板船隻先派官兵前回內地押解赴粵，飭[illegible]

若再延挨，不肯開即出境，揚帆[illegible]威，使知所畏懼，自可望其即行回棹，理

合先將番船籍詢通事擬立設法驅逐緣由據實奏

聞，并錄[illegible]及該年恭呈

御覽。伏乞

皇上聖鑒。謹

奏。

乾隆二十四年九月初四日

朱批：知道了。該已另有旨。欽此。

九月初[illegible]

二五六　浙江巡撫莊有恭奏折

查明牙行無人勾引英商船

（乾隆二十四年九月初十日）

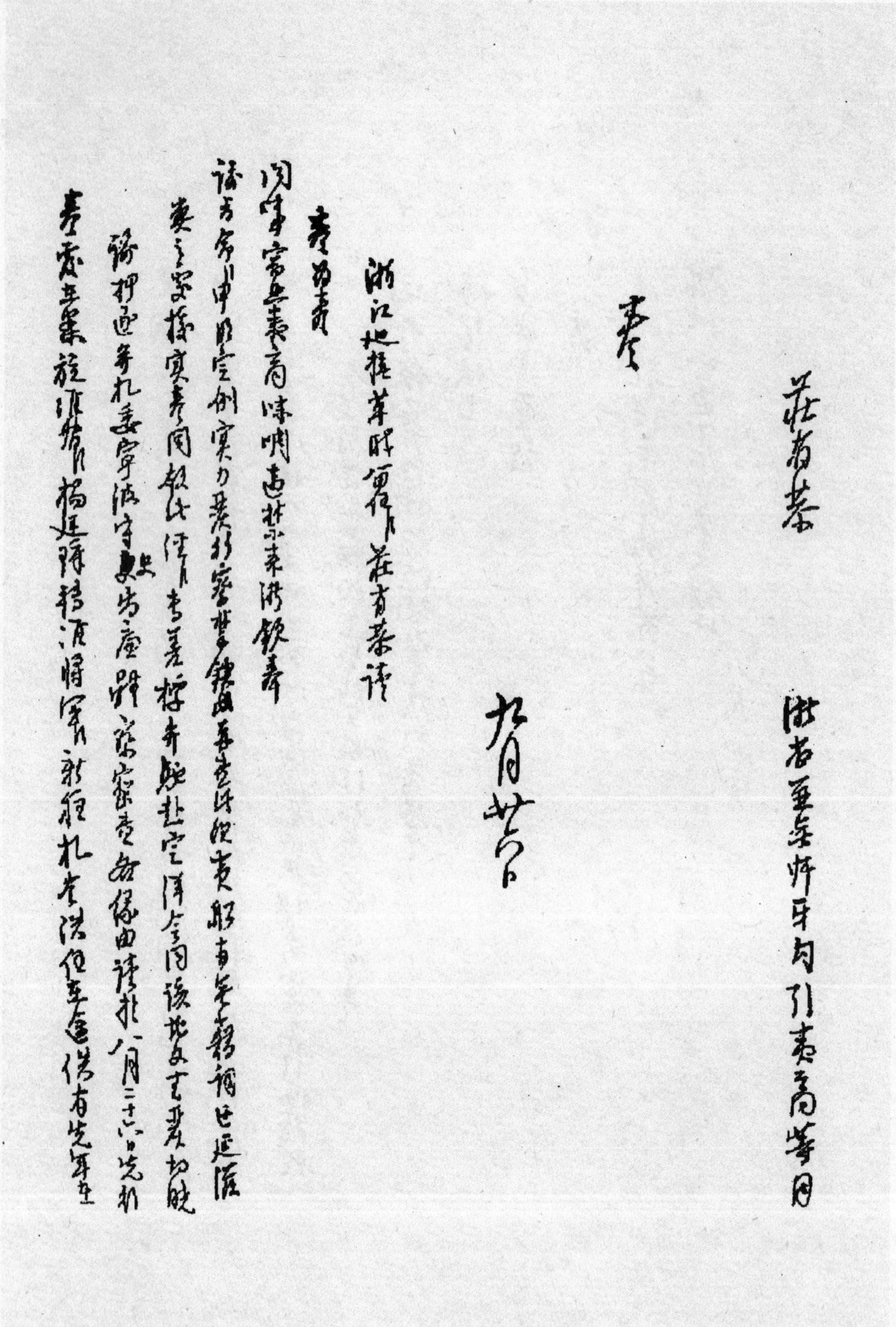

莊有恭

浙省並無牙行勾引夷商等因

奏

九月廿日

浙江巡撫革職留任臣莊有恭謹

奏爲奏聞事

[illegible]

二五六　浙江巡撫莊有恭奏折

查明牙行無人勾引英商船

(乾隆二十四年九月初十日)

外貿易曾經浙江郭李兼三姓者有通行店々陳太占嗣查出寧
勾引貿易後經撫台及行店並不准數等情詳明一併全飭查辦
日查二十二年奉到飭々因洪任在寧貿易點後住寓人字一揭隨即面呈設
納內有商牙係各稱係經特列名互結驅札南府移牽耽即係依字
了訊隨即密諭寧波府指名傳拘同郭李等牙一併查辦嚴審
加訊究並非勾引據寧波府道定海縣及鎮海縣羅英會等報
定洋船據係通事洪任及該道府同知等前委撫備同知至寧波縣八
月十六日同定海縣於二十九日會同鎮海縣羅英會航追隨往洋面
傳喚夷商味啁陸藹等過船查詰據味啁供稱我們於本國開行
只因有書一封吩我們交洪任帶首於五月一日行到廣東舟山洋面當我因
在廣東貿易的大班稱九善思子先來這住說明因那已往知洪任回
他先到舟山要請文書若不許就要到天津去係們要出等語
以我們在此等候今奉傳諭不准在寧波貿易也不許在此就攔我們
今當這樣開行但於九月初六係是個好日子我們就動身起程再求諸

二五六　浙江巡撫莊有恭奏折

查明牙行無人勾引英商船

（乾隆二十四年九月初十日）

一洪任供小的暎咭唎國人同東洋貨船於二十一年來浙貿易曾與本地
商牙郭惠陸李元祚往來嗣即下年回國至今年七月纔來定
設有與他們只向新[illegible]洪任七[illegible]年不曾回國並無[illegible]往來商
的內們情事若係隨經該道范清洪同鎮臣羅英笏會傳諭盤並
將呈稿錄送到小的查稿內中所控年例禁本貿定行該國商屬的件
並據該府史書處提集牙商郭惠陸李元祚等逐一訊鞫實無商人
勾引情事惟去冬行屋久經拆毀係為攜即係延英已於二十一年中間病
故查有去年織錦繡時廣東前後委員程錦棧訊伊常係紹勞即係
延英接僕與夷商交易物為伊兄坐每購國貨物拆寧郡玻璃的內
添列伊名以作交卸點按的內載明浙省不准收船仍赴廣東交卸按月
二十二年奉禁之後伊等俱已改業再不料只仍來浙那時之約事來
經奉禁之前並未有何引來浙情事新不將浙省不准收船仍赴廣東交
卸的話致先開載入約了等語查其所供之約及伊兄之病故日期俱屬相
符似無捏飾等情除飭到日查此次洪任泊船洋面離定海縣城二百里一

而即有兵船防範，並無夷人一船敢與往來。所據郭益隆等供無勾串情弊
之處，似尚屬信，然究屬一面之詞，是以仍飭文武各官嚴行訪察[illegible]
[illegible]
[illegible]
[illegible]
[illegible]
另案具奏請該夷船回棹日期另案稟[illegible]
奏。
聞。伏乞
皇上睿鑒。謹
奏。
乾隆二十四年九月廿六日奉
硃批：知道了。欽此。

九月初十日

二五六　浙江巡撫莊有恭奏折

查明牙行無人勾引英商船

（乾隆二十四年九月初十日）

二五七 兩廣總督李侍堯奏折

粤東各商拖欠銀兩定期催完

(乾隆二十四年九月十三日)

兩廣總督臣李侍堯謹

奏為奏

聞事竊照粤東鹽務前因辦理未善催徵不力以致

各商積年掛欠價羨銀一十五萬九千七十餘

兩經臣會同部臣吉慶於清查鹽務案内

奏准分别勒限二年一年半一年完繳并將鹽運

使范時紀運同馬兆登等查叅經部議以降級

督催在案兹未及一年之限各商踴躍輸將已

將前項掛欠價羨銀兩全數通完除將原叅各

二五七　兩廣總督李侍堯奏折

粵東各商拖欠銀兩定期催完
（乾隆二十四年九月十三日）

官另疏
題請開復外所有粵東省商欠已完緣由理合恭
摺奏
聞伏乞
皇上睿鑒謹
奏

知道了

乾隆二十四年九月　十三　日

二五八　兩廣總督李侍堯奏折

暫管粤海關關務免征補平銀兩（乾隆二十四年九月十三日）

兩廣總督臣李侍堯謹

奏為

奏明事竊照粤海關徵收稅銀先於乾隆十年因

部頒海關法馬較藩庫新法輕重不符經前督

臣策楞行司另製緞關備用每百兩關法較司

法實加五錢又照向例加收銀三錢共計每百

兩收銀八錢俱係歸入正稅原封年滿解部又

乾隆十五年前監督唐英任內准部咨行解部

添平必須備帶足數不准掛批復於大關稅銀

二五八　兩廣總督李侍堯奏折

暫管粤海關關務免征補平銀兩

（乾隆二十四年九月十三日）

内每百兩加收銀五錢五分另款存貯以為帶
京添平之用其不敷銀兩均於水脚銀内添補
迨乾隆二十一年起解二十年盈餘銀兩到部
共彈兌短少銀八千五百兩除將備帶徵收補
平銀一千七百七十八兩零並水脚節省銀四
千一百六十一兩零儘數添補外尚掛批銀二
千五百六十兩前監督李永標因無項可以支
解於乾隆二十一年為始收大關稅銀每百兩
又加收補平銀八錢其餘各口每百兩加收補
平銀四錢湊同原徵五錢五分之數一并帶京

二五八　兩廣總督李侍堯奏折

暫管粵海關關務免征補平銀兩
（乾隆二十四年九月十三日）

添平自此每年仍多不足均以水脚彌補俱經
部臣於批内註明彈兌短少添補數目李永標
實無侵漁入己情弊經臣會同福州將軍新柱
給事中朝銓於審案内聲明恭摺具
奏在案惟是夷商既以加增補平具控彼時審案
未定若照舊徵收似無以折服其心是以臣於
接管稅務時將李永標任内加收之大關每百
兩八錢各口每百兩四錢暫行免徵俟將來解
部時飭委妥員令其將水脚銀兩加意樽節湊
補如已足敷兌應即可免其加徵倘仍有不足

容臣會同新任監督尤拔世將如何酌定加收
之處定議具
奏外所有臣暫管稅務免徵補平銀兩緣由理合
恭摺奏
聞伏乞
皇上睿鑒謹
奏
知道了
乾隆二十四年九月　十三　日

二五九 欽差大臣新柱奉上諭著派員押解與英商洪任輝往來有素之徽商汪聖儀父子到粵（乾隆二十四年九月十六日）

大學士公傅 大學士来 字寄

欽差給事中朝 將軍新 兩廣總督李 乾隆二十四年

九月十六日奉

上諭據新柱等審據夷商洪任輝供稱作呈之人係在噶喇吧住久之福建人林懷所寫等語所供殊未足憑信林懷既在噶喇吧住居三輩蓄髮已作鬼子焉得復能熟習漢字且前閱原呈字跡並不類外夷揣摩書寫此中情節必須詳悉根究不得因該商等一面之詞草率了事至徽商汪聖儀父子既與洪任輝往來有素或代為寫呈亦未可

定已有旨傳諭尹繼善陳宏謀令其委員押解來粵即交
與朝銓李侍堯等詳細研鞫務得實情完結定案朝銓現
有應行查訊之事可仍留粵會同李侍堯辦理新柱業已
丁憂即著先回京將此一併傳諭知之欽此遵
旨寄信前來

二六〇　閩浙總督楊廷璋奏折

英商船開行并審訊商人郭四觀等無勾引英商情事(乾隆二十四年九月十九日)

楊廷璋

番商咪唎開船日期并

審訊郭四觀等無勾

引等情

奏

九月十四日

浙閩總督臣楊廷璋謹

奏爲奏報番船開行日期仰乞

聖鑒事竊照紅毛番商咪唎船隻停留浙海經臣節次嚴飭驅

逐緣該番商藉詞延挨臣又飭委寧紹台道范清洪督

率會同鎮將向咪唎等宣示威令迫之使開斷絶接濟

奏明在案嗣准撫臣莊有恭劄會亦專員諭委寧波府

二六〇　閩浙總督楊廷璋奏折

英商船開行并審訊商人郭四觀等無勾引英商情事（乾隆二十四年九月十九日）

知府史尚確一并赴寧，會同稽查，旋據鍾道、府縣會稟：
八月二十九日齎赴定洋双嶼港番船停泊處所，傳喚大班味
啲、二班陸麟、副船將等，逐一嚴諭明白，內曉予催令開行。
隨據回稱：既奉督撫嚴切諭催，不准在寧躭延，當擇
于九月初六日開船，仍回廣東。但我船係公司派令來浙，今
仍赴廣東，必須求給不准收船执照，以便回國時呈明公
司，免致見罪等語。并據投具番押限狀，該鎮道亦即將西
洋貿易口岸已奉旨定於廣東，不准再收浙港，并洪任輝之事，
先後來浙，俱諭令回粵赴廣，係由會衙經官押出，給予咪
唎柞回國時呈驗。一面嚴催依限開行。茲於九月十七日接據京
報：番船已於初六日早起碇回棹，經該鎮委令遊擊李雄率帶兵
船押出風燒。查此次番船在浙進口已久，不能遂其奸計，該
番商又奉有不准收浙之諭，回棹該國，自必備細出陳，自可冥其

二六〇 閩浙總督楊廷璋奏折

英商船開行并審訊商人郭四觀等無勾引英商情事(乾隆二十四年九月十九日)

不復再來浙省夷商番船開行日期理合恭摺奏
聞再臣前有奉旨查辦勾引番船一案雖經臣屢次查
奏但此案自我省查辦又密遣誠實之人赴寧細訪并諭寧紹鎮道
加意查察本年洪任輝船隻始到寧實係停泊大洋距
定海尚遠甚無晝夜防範極為嚴密並無一人一船附近番船與
之見面交通臣又據准
欽差將軍臣新柱等咨會因原參洪任輝供稱在寧曾見舊
設洋行商人郭四觀李受觀辛文觀等三人為番勾引唆使
情事咨令臣查究臣亦飭據道府將三人提訊查辛姓並無其人係
原係郭文觀已於二十年病故祇有弟郭在隨提究
並隨李受觀并郭姓之弟郭武觀暨李觀等訊據供稱二十二
等年洪任輝在寧貿易因原常經手買賣與之熟識自
自該船回棹後即不通信息從無往來此次洪任輝先後
來浙並不知情郭並隨久經革退改業李受觀又往海
郡隔越海洋實無從勾引唆使又查並有郭同與一人提訊
亦與洪任輝買賣熟識雖來往粵中首經查亦經該府道

二六〇　閩浙總督楊廷璋奏折　英商船開行并審訊商人郭四觀等無勾引英商情事(乾隆二十四年九月十九日)

等并提訊供情與郭四觀等無異並據龔錦彩文度
東訊問供伍如敦等有自喚情弊頗加詰訊罪名非輕
結呈案該鎮道于取供之後復向咪唎再三誘詢據覆
船係本國公司叫來不得不遵別人何能勾引至郭四觀
隆等二十一年在寧貿易時原曾認識自前年回國後至
今並未見面更無書信來往有何勾引等語反復詰訊
並無誘騙可疑之處謝書滿之實無勾引唆使呈代
作呈詞之人似屬可信業經臣據稟錄供具甘結飛
咨
欽差將軍臣新柱等核明查辦理合一併附摺
奏明伏乞
皇上睿鑒謹
奏　乾隆二十四年十月十四日奉
硃批知道了欽此
九月十九日

二六一 欽差大臣新柱奏折

查訊串通英商代寫呈詞之劉亞匾
(乾隆二十四年九月二十日)

新柱等

查訊串通夷商之劉亞匾
杖斃等由

奏

十月初三日

臣新柱、臣朝銓、李侍堯等謹
奏爲究明商謀作呈之犯請
旨遵行事。臣等欽奉
諭旨會審𠸄咭唎商人洪任輝等呈控粵海關積弊一案，業于六月

二六一　欽差大臣新柱奏折

查訊串通英商代寫呈詞之劉亞匾

（乾隆二十四年九月二十日）

十九日將訊明實情緣由具
奏在案。嗣有代爲作呈之人，前據洪任輝等供稱係伊夥伴嘟吧之林
懷所寫。臣等因無證據，難以憑信，復訊據在廣與洪任輝、洪任輝素之
陳祖觀等供，有鋪匣鋪生番汪聖儀父子與洪任輝極相親密較
任指使告狀等語，隨將浙江省解犯回提來粵質訊，實案亦經
奏
聞在案。臣等復飭地方官廣府訪緝，並據廣府將張鋼川等字稿攜〃商
番國輝家稱小的於洪任輝處探向商得作呈之人，據洪任輝
口稱我們起初要告狀時，曾同〃雅向在仁和行內與劉亞匾商
量，托他打聽消息，做了狀子一節，彼時值撫院進京
住只劉亞匾說呈內寫上進
貢的話，方不怕得，我想進
貢一語沒有確實，不便寫上，遞不到撫院處，遞呈遂我們出班衙在

二六一　欽差大臣新柱奏折

查訊串通英商代寫呈詞之劉亞匾
（乾隆二十四年九月二十日）

嚮俐吧替請了林懷到來速將劉亞匾做的狀子交與蔡遜了洪字
啵夾咪兩處去過的事情，前來隨傳洪任輝，覆訊與前詞無異。
訊據劉亞匾供：稱小的原名劉尹亨，是四川安岳縣人，雍正二年到
廣，今年有嘆咭唎夷商吻嘩請小的教他念書，四月內同洪任輝要
小的做假狀子告關部，小的應允替他寫了一紙，記得共有七款，要
過

看的話在上段未附入，删改謄寫，小的就不知道了。又據這些鋪戶都是小
的代為抗糟聽來的，做狀子的時候只有吻嘩、洪任輝二人知道，小的並沒
有要他們銀子，當日說過只要他船到粵，工夫叫幫我做一宗大生
意，再借給幾本銀與他，使可發大財，所以替他商謀做這狀子的，只求開
恩等語。卜等伏查洪任同伊此番合謀內劉亞匾照寫呈詞款單挑
前後各款七款俱屬烟符，但此等商情細察係劉亞匾已無疑
義。查劉亞匾在粵年久，素日不端，乾隆十二年曾同司茂訛詐洋行
通事蔡瑪諾銀兩，曾經龍往有案，且性惡不悛，復代夷商砌款作

二六一　欽差大臣新柱奏折

查訊串通英商代寫呈詞之劉亞匾（乾隆二十四年九月二十日）

呈經理進
實爲之首因從謝罪班頭代來往懂照文結外國懇驕財物向背違悖
之罪之例定情節甚罪無可逭請將其立斃杖下以爲沿海奸民之
誡爲此謹將訊明劉亞匾代寫呈詞緣由恭摺奏
請旨並將洪任輝亦經在寧波商洋行之郭四觀等發審自行往寧販
易情事已經該省督撫訊明知會辦理並經前議另子候提到審明
另請分別在寧波呷咭唎番舶一船據報於九月十六日出洲回國緣由
與合併陳明伏乞
皇上聖鑒謹
奏

乾隆二十四年十月初五日奉

硃批：已有旨諭矣。欽此

九月二十日

二六二　欽差大臣新柱奏折

番船出口食物税銀及洋貨官價事宜奉旨照舊辦理(乾隆二十四年九月二十六日)

臣新柱朝銓李侍堯等謹
奏爲遵
旨覆奏事本年九月二十二日承准
廷寄内開乾隆二十四年九月初四日奉
上諭新柱等奏請免番船出口食物税銀及洋貨官
價一摺所奏非是番商食物應徵税向來定例
所有即謂進口已徵出口量行酌免以示體恤此
在他時奏請尚可今當該商等甫經控告之時而
一切加意噢咻惟恐不當其意勢必益長刁風豈
示以節制之道至所稱每年官辦洋貨較市價減

二六二　欽差大臣新柱奏折
番船出口食物稅銀及洋貨官價事宜奉旨照舊辦理(乾隆二十四年九月二十六日)

少詢之行商書吏僉稱由來已久此語更屬含糊伊等意欲加增官價耶抑爲李永標聲明情節耶如因李永標官辦之物原循向日舊規並無違例短絀之處不妨據實奏明候朕量加寬典何必隱躍其詞且此等番商自願向內地貿易原非要之使來若專爲官價起見則定價由來已久並不起自李永標何以從前俱相沿辦理今審案一定即議紛更舊章意存曲徇轉若受其挾制尤爲不知大體著傳諭新柱等令其將實在情由明晰具奏新柱可即回福建朝銓亦來京不必等候矣欽此

二六二　欽差大臣新柱奏折

番船出口食物税銀及洋貨官價事宜奉旨照舊辦理(乾隆二十四年九月二十六日)

遵
旨寄信前來等因到臣等跪讀之下不勝惶悚伏查
番船出口食物應徵税銀向來所有即欲懇
恩豁免亦不應於該夷商甫經控告之時陳請致長
將來刁風欽承
訓示至聖至明愚陋之見恍然覺悟冒昧瀆陳跼蹐
無地至官辦洋貨向有定價由來已久李永標
到任後採辦物件俱係循例辦理臣等因會訊
時有此一段供情是以據實陳
奏並不敢欲增官價亦非為李永標聲明起見但

二六二 欽差大臣新柱奏折

番船出口食物稅銀及洋貨官價事宜奉旨照舊辦理(乾隆二十四年九月二十六日)

未切實叙明跡涉隱躍其詞致蒙
聖明指飭實屬愚昧所有實在情由臣等謹遵
旨分晰具
奏伏乞
皇上聖鑒再臣新柱遵
旨即回福建臣朝銓亦束裝回京均於九月二十六
日起程合併陳明謹
乙 奏
乾隆二十四年九月 二十六 日

二六三　江蘇巡撫陳弘謀奏折

拿獲徽商汪聖儀解回廣東
（乾隆二十四年九月二十九日）

陳弘謀

拿獲汪聖儀緬底由

奏

十月初二日

江蘇巡撫署兩江總督臣陳弘謀謹

奏爲欽奉

上諭事乾隆二十四年九月二十日承准

廷寄九月十六日奉

上諭前以番商洪任輝控訴呈詞必係內地人代寫今新柱等奏

二六三　江蘇巡撫陳弘謀奏折

拿獲徽商汪聖儀解回廣東

（乾隆二十四年九月二十九日）

心查寬大援奏記洪任輝貿易一條 驗觀等伙者
婺源縣生員汪聖儀回子汪蘭秀，曾與洪任輝貿易，本前在
寧波江蘇各處代為經理，或係從前移使其將番商貨易
內地，夥於從前又曾參移，向引北貨，主持汪聖儀父子既與
欽案即不能無句串唆使情弊，已據粵省行知江南提解
旋奉寄信諭旨，尹繼善等傳諭江蘇等即將汪聖儀父子務須並
拔查其交通洋商案犯一併解赴廣東交新柱李侍堯等細加
研鞫，務得實情，俾從海嚴行不知所警懼。欽此。臣查汪聖儀汪蘭
秀父子先經
欽差福州將軍新柱等移咨查拿，因係徽州府婺源縣人，在松江
太倉等處收買棉花，前經諮結民等，經臣卷與臣供，密飭松太
二屬密行訪緝，並飭徽州府在於原籍拘查續拏
諭旨飭拿，又傳令飭保甲，茲九月二十七日據徽州府知府王淵

二六三　江蘇巡撫陳弘謀奏折

拿獲徽商汪聖儀解回廣東

（乾隆二十四年九月二十九日）

京發汪聖儀係居蘇州，隨飭長洲縣知縣胡玉瑚前往其家查拿，
汪聖儀於八月間携子前往廣東作客，只有潛避搜查，家內並無[illegible]
言洪任輝字跡，究詢汪聖儀次子汪璟，供稱伊父於九月初四日出
門隱避，跟蹤追拿，於九月十七日在崇明地方緝獲汪聖儀到案，
供認與洪任輝素好，曾借本銀（遵）并子汪錦、侄汪蘭秀八
月二十二日裝運茶葉往廣東發賣，並不在杭，只出夢变置買棉
花求舖廣東貿易等語。臣查汪聖儀係廣東停犯
特發，現在院弋獲究擬，何往自徽州而道江西至廣東（遵）
粮道當即專委經歷於九月二十九日自江寧馳往徽州會同地方官迅
一面飛咨廣東督臣查拿汪蘭秀并汪聖儀侄出外來粵[illegible]
嚴審究覆
奏，除將所訊汪聖儀口供繕單恭呈
御覽外，所有汪聖儀獲[illegible]緣由，臣謹恭摺

二六三　江蘇巡撫陳弘謀奏折

拿獲徽商汪聖儀解回廣東

(乾隆二十四年九月二十九日)

奏摺伏乞

皇上睿鑒謹

奏

十月初三日奉

硃批知道了欽此

九月二十九日

二六四 欽差給事中朝銓奉上諭

著將為英商代作呈詞之劉亞區及勾串內地奸民之洪任輝押解傳辦(乾隆二十四年十月初三日)

大學士公傳 字寄

欽差給事中朝 兩廣總督李 乾隆二十四年十月初三

日奉

上諭新柱等奏查審嘆咭唎商人具呈訐控一案詳究研詰其中果有代作呈詞之四川人劉亞區現令供認相符等語劉亞區為外夷商謀砌款情罪確鑿即當明正典刑不得以杖斃完結而夷商洪任輝潛倩内地奸民挾詞干禁質訊得實亦應重示懲創俾識天朝鄭制著傳諭李侍堯一面提出劉亞區並傳集在廣洋商及該處保商人等一

二六四　欽差給事中朝銓奉上諭著將為英商代作呈詞之劉亞匾及勾串内地奸民之洪任輝押解傳辦(乾隆二十四年十月初三日)

面寄傳洪任輝毋令先期聞風潛逸當衆傳宣諭旨以該商從前所告情節在監督等既審有辦理不善之處即按法秉公處治念尔外夷無知雖各處呈控尚無別情可以從寬曲宥現在審出勾串内地奸民代為列款希冀違禁別通海口則情罪難以寬貸繩以國法雖罪不至死亦當竄處遠方因係夷人不便他遣姑從寬在粵門圈禁三年滿日逐回本國不許逗遛生事論内地物產富饒豈需遠洋些微不急之貨特以尔等自願懋遷柔遠之仁原所不禁今尔不能安分奉法向後即准他商貿易尔亦不許前來該督等傳諭畢將劉亞匾即行正法示衆俾内地棍徒

二六四　欽差給事中朝銓奉上諭著將為英商代作呈詞之劉亞匾及勾串内地奸民之洪任輝押解傳辦(乾隆二十四年十月初三日)

知所儆懼而夷商等共識朝廷威德詭計圖難倖售權政益以肅清庶執法平情均歸允協將此詳悉傳諭朝銓等知之欽此遵

旨寄信前來

二六五 欽差給事中朝銓奉上諭

著將與夷商勾結之徽商汪聖儀父子押解到粵審訊(乾隆二十四年十月初四日)

大學士公傅 大學士來 字寄

欽差給事中朝 兩廣總督李 乾隆二十四年十月初四

日奉

上諭據陳宏謀奏查夷商許控案內應行質訊之婺源縣

生員汪聖儀父子而汪聖儀已于八月間得有廣東信息

先已潛逃旋經緝獲押解赴粵等語汪聖儀若與該夷

商洪任輝別無潛行結交情弊何必聞信輒行逃避而廣

東竊即有先期傳遞消息者此等行蹤詭秘不可不悉心究

治以儆奸回現據陳宏謀委員管解來粵傳諭朝銓等

二六五　欽差給事中朝銓奉上諭

著將與夷商勾結之徽商汪聖儀父子押解到粵審訊（乾隆二十四年十月初四日）

到日即詳細研鞫務得寔情即使汪聖儀父子于本案寔
無商謀情事而生廁青衿行止不端亦即當治以聞信脫
逃之罪毋使倖免其第四子汪錦蘩即汪蘭秀先已運貨
赴粵既據該撫咨明該省查拏並著朝銓等一併察拏詳
究毋任漏信遠颺欽此遵
旨寄信前來

二六六　粵海關監督尤拔世奏折

請揀發内務府筆帖式一員來粵幫辦關務(乾隆二十四年十月初四日)

粵海關監督奴才尤拔世謹

奏為請

旨事竊奴才荷蒙

聖恩調任粵海關今查各項事宜久經定有章程近准督臣李侍堯覆加酌定奴才自當遵照辦理其中或有未協之處容俟奴才悉心稽察與督臣商酌另行具

奏惟是粵關為海疆要口夷船洋商征收稅課關係綦重且地方遼濶管轄二三千里大小口岸六十餘處歷廣惠潮瓊高雷廉七府屬之遠奴才

二六六　粵海關監督尤拔世奏折

請揀發内務府筆帖式一員來粵幫辦關務(乾隆二十四年十月初四日)

駐劄省城惟附近之大關寨門等處易於稽查
其餘各口雖委有佐雜微員難以深信必須常
員周巡查察庶足以杜弊端而裕稅課爲此奏
請
聖恩俯照淮安關之例於内府筆帖式内揀發一員
來粵幫同稽查如該員辦理勤謹矢公矢慎三
年期滿容俟奴才據實摺
奏或有滋事舞弊之處奴才立即參
奏斷不姑容如此則該員自必竭盡心力亟圖上
進而奴才耳目易周更得指臂之助至該員養廉

二六六 粤海關監督尤拔世奏折 請揀發内務府筆帖式一員來粤幫辦關務(乾隆二十四年十月初四日)

粤關無項可支查粤關監督每年例有養廉銀
三千兩竊用度節省每歲只須二千兩已足數
用前在鳳陽關九江關任内屢經
奏明在案倘蒙
俞允所有該員養廉即於竊每年養廉銀三千兩内
撥給五百兩以資薪水亦可不致開銷公項有
滋糜費合併陳明竊爲關務起見不揣冒昧恭
摺具
奏伏乞

皇上訓示遵行謹

奏

知道了

乾隆二十四年十月初四日

二六七　兩廣總督李侍堯奏折

審擬洪任輝一案查明狀紙係居住噶喇吧之漢人林懷所寫(乾隆二十四年十月十四日)

李侍堯　查辦林懷一案

奏　十月二十日

兩廣總督臣李侍堯謹

奏為奏

聞事。竊臣於乾隆二十四年十月十二日准閩浙督臣楊廷璋密札內

開接准

廷寄乾隆二十四年九月十六日奉

上諭：據新柱等審擬番商洪任輝，云云等因。臣提訊洪任輝，確係林懷

係閩省何府縣人氏，由何處出口，於何年月日到噶喇吧居住，在彼

二六七　兩廣總督李侍堯奏折

審擬洪任輝一案查明狀紙係居住噶喇吧之漢人林懷所寫(乾隆二十四年十月十四日)

有無親房子弟，其內地原籍有無子弟族衆，係何名字，併任輝既
與彼把書稿作呈，則與久交，定知林懷底裏，務宜立即訊明，以憑
等因。即經即傳集洪任輝到案細加鞫訊，據供：那林懷並不
是與我久交，因我們出呈衙紙，叫我逐呈寫名，怕由地人不肯寫，即說
噶喇吧地方有我們漢字的國，男子名叫林懷，在那裏住，我是他
請林懷來的。林懷在船上寫呈的，曾問他原籍福建，在噶喇
吧居住已經三輩了。林懷年約三十多歲，是噶喇吧生長的。在噶
喇吧城覓住那家，是噶喇國所屬的一個馬頭，原有內地人居
住，故此林懷執筆寫字。他祖父是何省何縣人氏，於何年月何處
出口前往噶喇吧，原籍只有何親房子弟，是何名氏，那時沒有問他，
實不知道等語。據此，臣等因事屬內外，伏查洪任輝所供雖
未可深信，但查舊案，乾隆六年前署福建督臣策楞等
奏請禁止南洋貿易一案內，稱漢人出居吧地，被殺多人，經保無悉
綸加嚴議，逐令瀕海邊民違法潛住噶喇吧者，實有其人

二六七　兩廣總督李侍堯奏折

審擬洪任輝一案查明狀紙係居住噶喇吧之漢人林懷所寫(乾隆二十四年十月十四日)

旨寄

諭旨飭令楊廷樺將林懷設法拘回治罪細以此何敉安撫番夷

經傳諭洪任輝係著甚以詳敘告知自應轉諭楊廷樺並

飭催並林懷既因粵省按察轄事設法拘捉回國未敢歧

視而粵商同居係據伊在外洋船隻轉查傳諭上應覈定

查噶喇吧係賀蘭國所屬該國向來附入

貢冊粵省亦無文移往來若將行該國王拘提設或抗

違不遵轉於中外體統有礙惟聞粵省係有商民等往

噶喇吧貿易者已經查出飭地方官轉諭本港洋商到彼細加

確訪務得林懷實在蹤跡設法誘獲並該番或有舊目

旨來即將我

聖懷同林懷係內地漢人唆訟滋事拘提審究與該國毫無

干涉情由明晰曉諭該番目協同拘拏解回本以重責五詢

法也遇船隻轉遣寧傳將本船商民船戶舵水逐細查點閱明

二六七　兩廣總督李侍堯奏折

審擬洪任輝一案查明狀紙係居住噶喇吧之漢人林懷所寫（乾隆二十四年十月十四日）

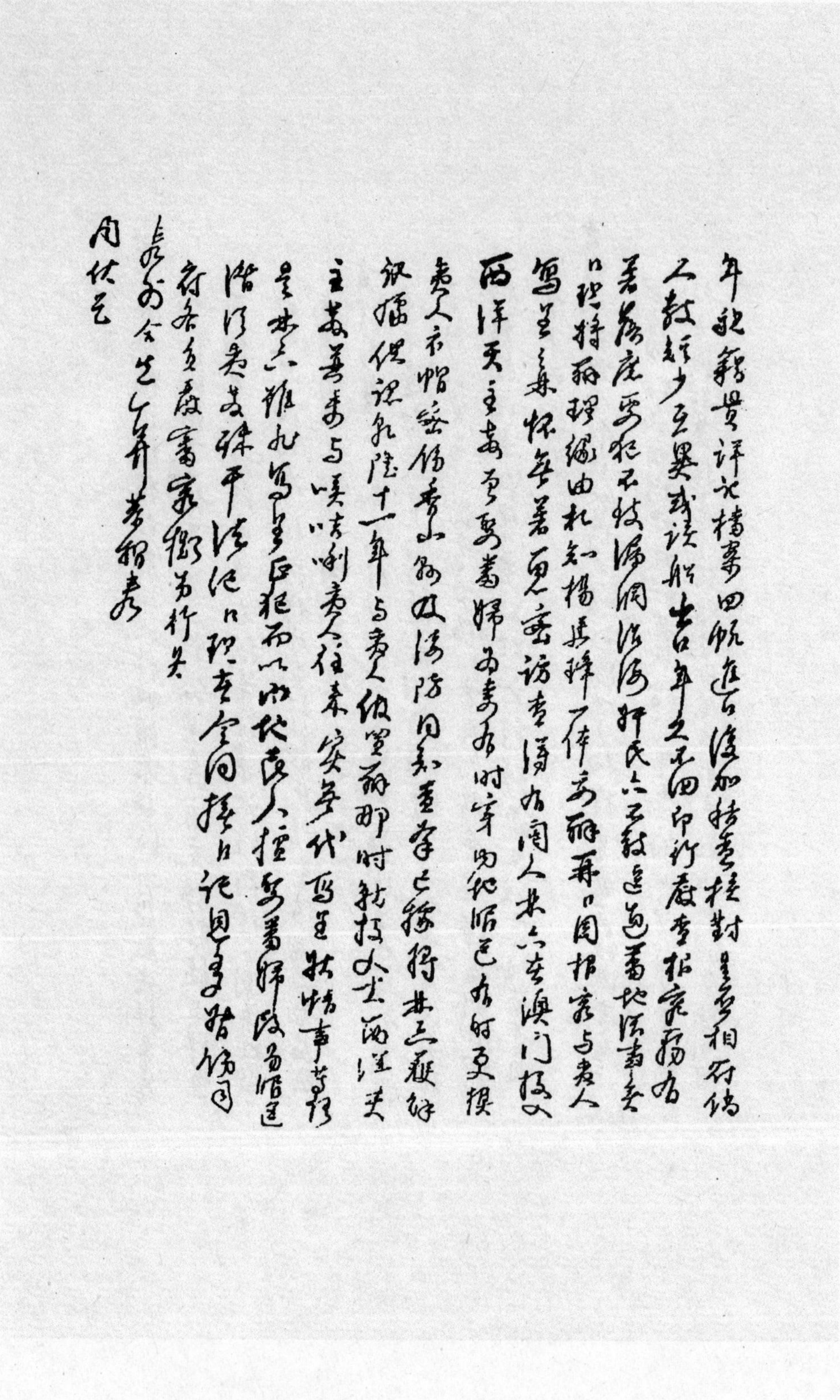

二六七　兩廣總督李侍堯奏折

審擬洪任輝一案查明狀紙係居住噶喇吧之漢人林懷所寫(乾隆二十四年十月十四日)

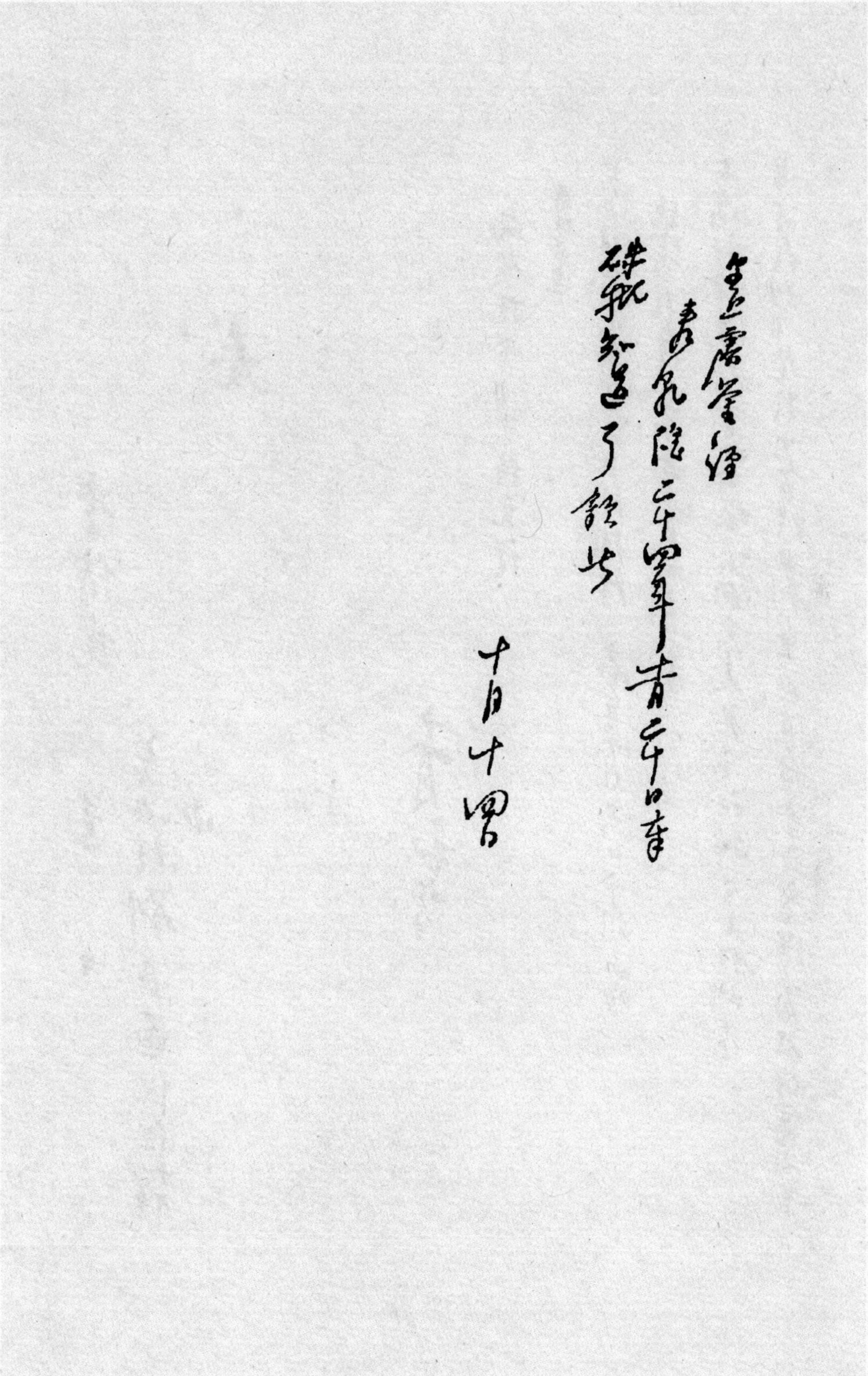

二六八　兩廣總督李侍堯奏折
辦理英商呈訴一案將劉亞匾正法洪任輝在澳門圈禁(乾隆二十四年十月十九日)

李侍堯

奏

遵
旨辦理劉亞匾洪任輝
由

十一月初八日

兩廣總督臣李侍堯謹
奏為遵
旨辦理恭摺奏事竊臣於乾隆二十四年十月十七日申刻承准
廷寄乾隆二十四年十月初二日奉
上諭新柱等奏查審暎咭唎商人呈詞控告已了欽此等
旨審結到日隨將奉旨擬出劉亞匾並傳集在廣洋商及保商人等

二六八　兩廣總督李侍堯奏折

辦理英商呈訴一案將劉亞匾正法洪任輝在澳門圈禁(乾隆二十四年十月十九日)

面審俟洪任輝到案時辦理
諭旨翻譯宣示洪任輝將內犯劉亞匾即行正法其洪任輝羈禁中途后
杜其串商不法之漸實在澳門圈禁三年滿日即發回本國
威澂
天恩俯賜准照即令遵奉辦理
聖明睿斷執法平情亦屬不畏
威懷
法寓寬隨將劉亞匾解同洋商保商人等正法示眾一面飭委
同知趙廷賓署廣州協副將陳大錢等將洪任輝押赴圈禁
查澳門同知係專管海防事務之員前山寨距澳門僅
里該處向有城垣且有都司帶兵駐扎該處圈禁應易
稽查即將洪任輝飭交署澳門同知張鑣[illegible]責成都司
署房另室圈禁小心看管並飭營員派撥兵役防範毋致

二六八　兩廣總督李侍堯奏折

辦理英商呈訴一案將劉亞匾正法洪任輝在澳門圈禁(乾隆二十四年十月十九日)

廣州府看管

旨辦理緣由理合恭摺覆

奏再查洪任輝已於九月二十四日起程赴京送部同原件本

前摺

奏明並洪任輝尚未解到一俟到粵後即當欽遵

諭旨悉心查審另摺具

奏合并陳明伏乞

皇上睿鑒謹

奏

乾隆二十四年十月十九日李

侍堯

硃批知道了欽此

二六九　兩廣總督李侍堯奏折　進呈防範外夷規條(乾隆二十四年十月二十五日)

兩廣總督臣李侍堯謹
奏為敬陳防範外夷規條仰祈
睿鑒事竊惟粵東地處邊海外通番舶我
朝德化覃敷惠鮮懷保徧及遐方遞年各國夷商航
海來廣貿易仰蒙
聖恩膏疊沛體恤備至宜其咸知抒誠嚮化安分
貿遷乃有㘆咭唎夷商洪任輝等屢次抗違禁
令必欲前往寧波開港旋因不遂所欲坐駕洋
艘直達天津名雖呈控海關陋弊實則假公濟
私妄冀邀

二六九　兩廣總督李侍堯奏折

進呈防範外夷規條（乾隆二十四年十月二十五日）

恩格外臣細察根源總由於內地奸民教唆引誘行商通事不加管束稽查所致查夷人遠處海外本與中國語音不通向之來廣貿販惟藉諳曉夷語之行商通事為之交易近如夷商洪任輝於內地土音官話無不通曉甚而漢字文義亦能明晰此外夷商中如洪任輝之通曉語言文義者亦尚有數人設非漢奸潛滋教誘焉能熟悉如奸民劉亞匾始則教授夷人讀書圖騙財物繼則主謀唆訟代作控詞由此類推將無在不可以勾結教誘實於地方大有關係茲蒙

聖明洞燭將劉亞匾即行正法洪任輝在於澳門圈
禁三年滿日逐回本國俾奸徒知所警懼外夷
共仰
德威此誠我
皇上睿謀深遠肅清中外至意惟臣訪查内地民人
勾引外夷作奸犯科事端不一總緣利其所有
遂爾百般阿諛惟圖誆騙取財罔顧身蹈法紀
伏思夷人遠處化外前赴内地貿易除買賣貨
物之外原可毋庸與民人往來交接與其懲創
於事後似不若防範於未萌臣檢查舊案歷任

兼關督撫諸臣所定稽查管束夷人條約非不周密第因係在外通行文檄並非定例愚民畏法之心不勝其謀利之心行商人等亦各視為故套漫不遵守地方官惟圖息事寧人每多置之膜外以致飭行未久旋即廢弛非

奏請永定章程并嚴查參條例終難禁遏茲臣擇其簡便易行者數條酌參管見敬為我

皇上陳之

一夷商在省住冬應請永行禁止也查外洋夷船向係五六月收泊進口九十月揚帆歸國

二六九　兩廣總督李侍堯奏折

進呈防範外夷規條（乾隆二十四年十月二十五日）

卽聞有因事住冬於洋船出口後卽往澳門
寄住去來既有定期勢難潛滋勾結乃近來
各國夷商多有藉稱貨物未銷行欠不清將
本船及已置之貨交與別商押帶回國該夷
商仍復留寓粵省專事探聽各省物價低昂
獲利多寡出本遣人前赴購買冀獲重利如
喚咭唎之欲往浙省貿易莫不由此且省會
重地亦不便任聽外夷久居窺伺應請嗣後
各夷商到粵飭令行商將伊帶來貨物速行
銷售歸還原本令其置貨依期隨同原船回

二六九　兩廣總督李侍堯奏折　進呈防範外夷規條(乾隆二十四年十月二十五日)

國即間有因洋貨一時難於變賣未能收清原本不得已留住粵東者亦令該夷商前往澳門居住將貨交與行商代為變售清楚歸還價銀下年務令順搭該國洋船歸棹如洋船已去之後仍復任聽夷商潛居省會及侵吞貨價致累遠夷守候者即將行商通事分別嚴行究擬查追地方官不行查察及實力追還嚴參議處

一夷人到粵宜令寓居行商管束稽查也查歷來夷商到廣貿易向係寓歇行商館內原屬

事有專責乃近來有等嗜利之徒將所有房
屋或置買已經歇業之行雕欄畫檻改造精
工招誘夷商投寓圖得厚租任聽漢奸出入
夷館勾引教誘或縱番厮人等出外閒遊酗
酒行兇嫖宿蛋婦殊乖體制即買賣貨物亦
多有不經行商通事之手無藉店户私行到
館誘騙交易走漏稅餉無弊不作行商人等
則以寓居各别無從禁約諉卸而暎咭唎夷
人尤多兇横滋事應請嗣後凡並非開張洋
行之家槩不許寓歇夷人其夷商到粤務令
於現充行商各館内聽其選擇投寓如行館

二六九　兩廣總督李侍堯奏折　進呈防範外夷規條(乾隆二十四年十月二十五日)

房屋不敷亦責成該行商自行租賃房屋撥人看守以專責成夷商隨帶番廝不得過五名一切兇械火器不許攜帶赴省專責行商通事將夷商及隨從之人姓名報明地方官及臣與監督衙門查核勤加管束毋許漢奸出入夷館結交引誘卽買賣貨物亦必令行商經手方許交易但不得把持短價掯勒高擡苦累遠夷其前後行門務撥誠實行丁加謹把守遇晚鎖錮毋得縱令番廝人等出外閒行如夷商有置買貨物等事必須出行該通事行商亦必親自隨行如敢故縱出入滋

生事端以及作奸犯科酌其情事重輕分别究擬斥革地方官不實力稽查飭禁一並叅處

一借領外夷資本及雇倩漢人役使並應查禁也查夷商航海前赴內地貿易向來不過將伊帶來之貨物售賣就粵販買别貨載運回國而近年狡黠夷商多有將所餘資本盈千纍萬雇倩內地熟諳經營之人立約承領出省販貨冀獲重利卽本地開張行店之人亦有向夷商借領本銀納息生理者若輩既向

二六九　兩廣總督李侍堯奏折

進呈防範外夷規條(乾隆二十四年十月二十五日)

夷商借本貿販藉沾餘潤勢必獻媚逢迎無所不至以圖邀結其歡心如汪聖儀現因領取洪任輝本銀營運與之結交劉亞區亦因圖借貲本謀利甘為作詞唆訟而夷商既將貲財分散在外斷不能舍粵而遽行歸國久之互相勾結難免生端除汪聖儀父子現在欽遵

諭旨嚴審按擬外其餘借領夷人本銀未經犯事之人若一槩拘究未免滋累繁多應請仰邀

聖恩姑寬既往免其深求仍令據實首明勒限清還

二六九　兩廣總督李侍堯奏折　進呈防範外夷規條（乾隆二十四年十月二十五日）

嗣後内地民人槩不許與夷商領本經營往来借貸倘敢故違將借領之人照交結外國借貸誆騙財物例問擬所借之銀查追入官使外夷並知烱戒至夷商所帶番廝人等儘足供其役使而内地復設有通事買辦為伊等奔走驅馳乃復有無頼民人貪其貨財甘心受雇夷人服役亦於體制有乖應請責成通事行商實力稽查禁止如敢狥縱與受雇應役之人一併懲治

外夷雇人傳遞信息之積弊宜請永除也查

二六九　兩廣總督李侍堯奏折　進呈防範外夷規條(乾隆二十四年十月二十五日)

粵東驛遞向無馬匹遇有各衙門緊要公文雇撥力能奔馳迅速之人給以工資飯食賞遞名曰千里馬若輩雖非額設人役而民間雇倩實所罕有乃近來各夷商因分遣多人前往江浙等省購買貨物不時雇覓千里馬往來探聽貨價低昂遂致汪聖儀之案臣等所發排單公文尚未遞到該犯先已得信逃避臣現在嚴拘通信及走遞之人究擬又如上年十月及本年九月欽天監西洋人劉松齡等兩次

二六九　兩廣總督李侍堯奏折　進呈防範外夷規條（乾隆二十四年十月二十五日）

奏請素諳天文之安國寧方守義等情願赴京効
力俱以澳門來信為詞具
奏若非內地之人代為傳遞何由得信臣愚以為
外夷一切事務似宜由地方官查辦庶為慎
重其內地人代為傳遞書信永當禁止應請
嚴諭行商通事以及千里馬脚夫人等嗣後
槩不得與外夷傳遞書信倘敢不遵將代為
雇倩及遞送之人一并嚴拏訊究分別治罪
至澳門寄住之西洋人如有公務轉達欽天
監臣應令該夷目呈明海防同知轉詳臣衙

門酌其情事重輕分別咨
奏辦理

一夷船收泊處所應請酌撥營員彈壓稽查也查夷船進口之後向係收泊黄埔地方每船夷梢多至百餘名或二百名不等伊等種類各別性多强暴約束稍疎每致生事行兇而附近奸民蛋户更或引誘酗酒姦淫私買貨物走漏税餉在在均須防範嚴密該處雖設有營汛相離約計三里而泊船處所均係濱海浮沙不能建設營房向例於夷船收泊到

二六九　兩廣總督李侍堯奏折
進呈防範外夷規條(乾隆二十四年十月二十五日)

彼時酌撥廣州協標外委一員帶兵十二名即於附近沙坦搭寮駐宿防守但外委職分卑微不足以資彈壓應請嗣後夷船進口之日為始於臣標候補守備内酌撥一員專駐該處督同守寮弁兵實力防範稽查第候補人員向無廉俸並請於海關平餘項下每月酌給銀八兩以為米薪日用之資并於附近之新塘營酌撥槳船一隻與該處原有左翼鎮標中營槳船會同梭織巡邏俟洋船出口後即行撤回如有巡防懈怠致令滋出事端

即行嚴參議處

以上五條臣就外夷到粵貿易情形酌定應行

飭禁稽查事宜恭呈

聖鑒如蒙

俞允容臣飭令地方各官實力奉行並曉諭内地商

民及各國夷商永遠遵守似於柔遠恤商之中

寓防微杜漸之道而中外體統亦覺崇嚴矣臣

愚昧之見是否有當謹會同廣東巡撫臣託恩

多粵海關監督臣尤拔世合詞恭摺具

奏伏乞

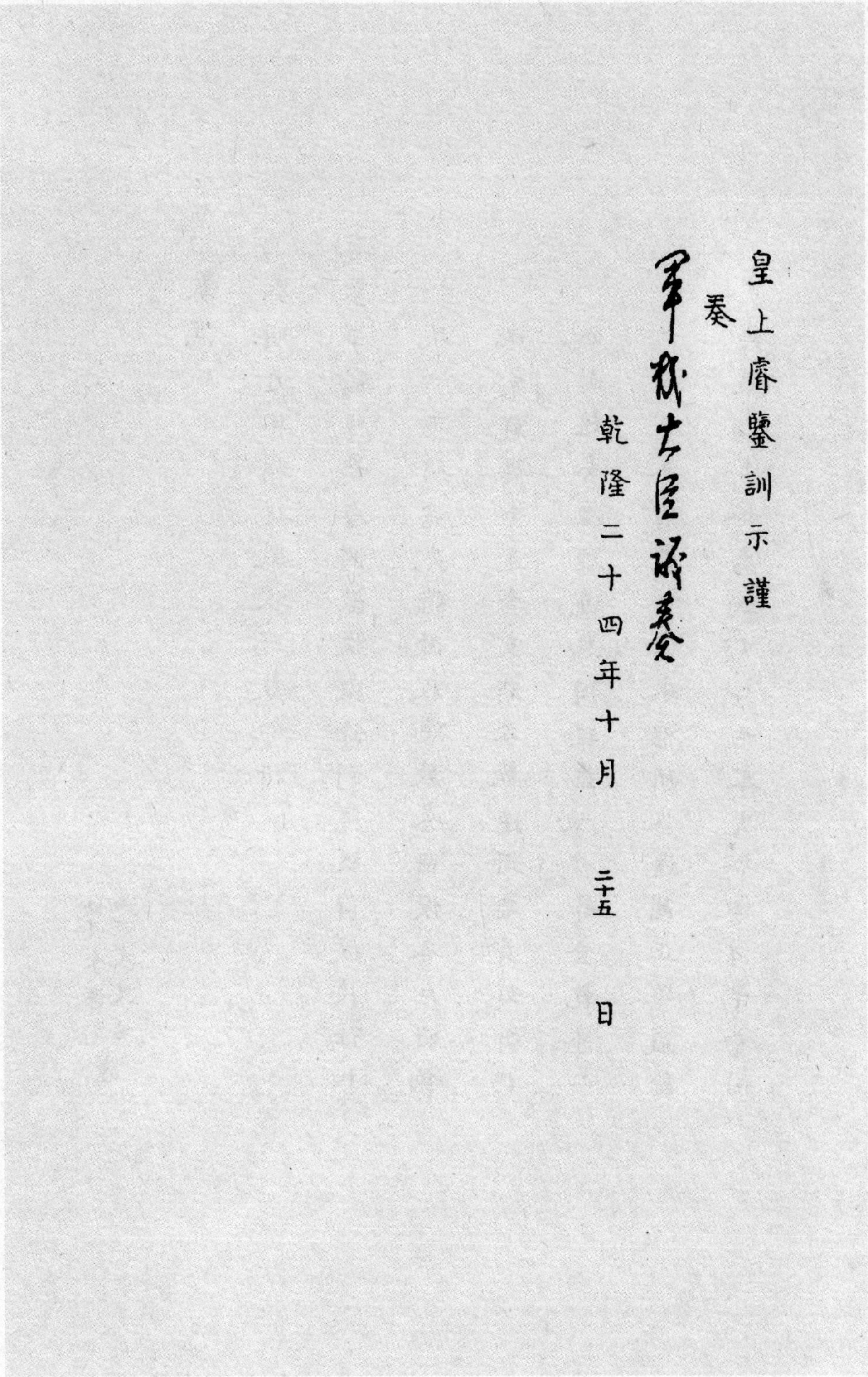

皇上睿鑒訓示謹
奏
軍機大臣議奏
乾隆二十四年十月　二十五　日

二六九　兩廣總督李侍堯奏折　進呈防範外夷規條(乾隆二十四年十月二十五日)

二七〇 兩廣總督李侍堯奏折

粵海關關稅通年征收總數

（乾隆二十四年十一月初七日）

奴才李侍堯
奴才尤拔世 謹

奏爲

奏明通年關稅徵收總數仰祈

睿鑒事竊照粤海關徵收贏餘例應統前後接任扣

足一年期滿先將徵收總數奏明俟各口將餉

銀彚觧齊全通查支銷各數造册委員觧部仍

分别題奏歷經遵照辦理兹奴才等查乾隆二

十三年分前監督李永標所收通關正雜贏餘

共銀三十七萬三十七兩零現今奴才等會同

代爲查核照例觧部兹復查前監督李永標自
乾隆二十三年九月二十六日起至二十四年
七月初二日離任止連閏計十個月零七日共
經徵銀一十九萬八千四百二十兩零又奴才
李侍堯自七月初三日暫行兼管税務起至八
月二十五日止計一個月零二十三日共經徵
銀一十五萬六千二百四十七兩零統前後接
任扣足一年期满通關各口共報收正雜等銀
三十五萬四千六百六十八兩零比較二十三
年分計少銀一萬五千三百六十九兩零查粤

二七〇　兩廣總督李侍堯奏折

粤海關關税通年征收總數

(乾隆二十四年十一月初七日)

關每年徵收税數向視洋船多寡以定贏絀兹二十四年分到洋船二十三隻比二十三年多到八隻但本年洋船進口較遲又因連閏扣算滿關月分趲前一月扣滿年限之時洋船俱未下貨出口其出口税規未曾徵收應歸下年奏報是以本年税數轉比上届少收今奴才等循例將現收總數會同查核恭摺

奏明伏乞

皇上睿鑒謹

奏

二七〇　兩廣總督李侍堯奏折

粵海關關稅通年征收總數

（乾隆二十四年十一月初七日）

該部核議具奏

乾隆二十四年十一月　初七　日

二七一 粵海關監督尤拔世奏折

請更定外洋出口茶稅(乾隆二十四年十一月初七日)

粵海關監督奴才尤拔世謹

奏爲請更外洋出口茶稅仰祈

聖鑒事竊奴才到任後檢閲粵海關則例比例并估計

外洋船出口貨物價值册查粵海關徵收稅鈔

併担號銀兩外另有出口估價銀兩計銀一兩

應徵銀四分九釐名曰分頭併入稅項起解在

案惟是册内所開一切貨物估價較之近日市

值尚不致大相懸遠止武夷茶每百觔估價銀

八兩松蘿茶每百觔估價銀七兩緣刊定估册

之日茶價平減是以僅據彼時價值估銀七兩

二七一　粤海關監督尤拔世奏折　請更定外洋出口茶税(乾隆二十四年十一月初七日)

八兩近年以來茶價昂貴大非從前可比每百觔自十兩以至十八九兩不等各夷人無不周知是貨價既已今昔不同則估計似當隨時增定但不須爲酌定數目僅云照時估價將來又易啓高下之弊應請將武夷茶每百觔原估價八兩酌改每百觔估價十三兩松蘿茶每百觔原估價七兩酌改每百觔估價十二兩庶折中以定價可免畸輕畸重之偏而按時估計並非額外加徵亦不致暗虧
國課如蒙
俞允容俟更定估冊照例徵收分頭銀兩并曉諭內

地行商及各國夷商遵照奉行芻愚昧之見是
否有當謹恭摺具
奏伏乞
皇上睿鑒訓示謹
奏

該部知道

乾隆二十四年十一月初七日

二七二　兩廣總督李侍堯奏折

審擬安徽商人汪聖儀父子唆使英商控告粵海關一案(乾隆二十四年十二月二十二日)

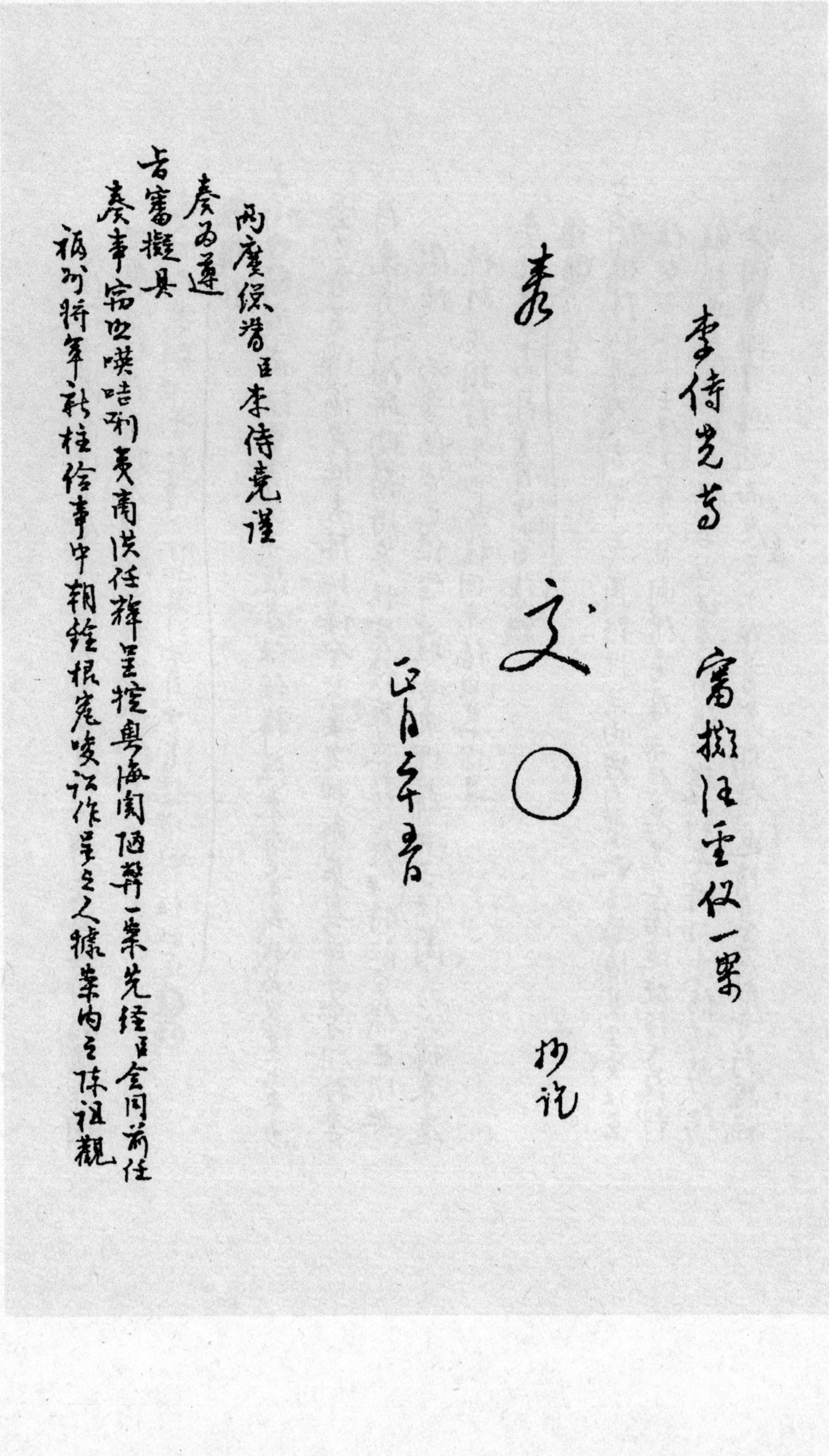
李侍堯奏
審擬汪聖儀一案
奏
文 ○
抄記
正月[illegible]

兩廣總督臣李侍堯謹
奏爲遵
旨審擬具
奏事。竊照嘆咭唎夷商洪任輝呈控粵海關陋弊一案，先經臣會同前任
福州將軍新柱給事中朝銓根究唆訟作呈之人，據案内之徐祖觀

二七二　兩廣總督李侍堯奏折

審擬安徽商人汪聖儀父子唆使英商控告粵海關一案（乾隆二十四年十二月二十二日）

等俱稱有徽商汪聖儀汪蘭秀父子與洪任輝交好恐有教唆作詞
等弊當經移咨江南督撫拘提查究會摺
奏明在案嗣臣于乾隆二十四年十月十二日接准新柱札送
欽奉
上諭徽商汪聖儀父子既與洪任輝往來有素或代為寫呈亦未可
定已有旨傳諭尹繼善陳弘謀令其委員押解來粵即交與朝銓李
侍堯等詳細研鞫務得實情究係寔案欽此經臣將汪聖儀已准安
徽撫臣高晋移咨已經拏獲委員押解其子汪蘭秀亦據來產
緣列及朝銓先已起程回京緣由恭摺具
奏乾隆二十四年十月廿二日復
欽奉
上諭據陳弘謀奏查拏夷商訐控案内應行質訊之犯原县生員汪聖
儀父子而汪聖儀已于八月間得有廣東信息先已潛逃旋經弋獲押
解赴粵等語汪聖儀若與該夷商洪任輝别無潛通文信情弊何
必聞信輙行逃避而廣東亦即有先期傳遞消息者此等行踪詭

二七二　兩廣總督李侍堯奏折

審擬安徽商人汪聖儀父子唆使英商控告粵海關一案(乾隆二十四年十二月二十二日)

秘不可不悉心審治以儆奸回現據陳弘謀委員賫解來粵若傳諭
轉飭等到日即詳細研鞫務得實情即使汪聖儀于本案實無
商謀情事而身爲書役行止不端亦即當治以聞信脫逃之罪毋
使倖免其第四子汪錦蟠即汪蘭秀先已逃赴粵現據
該按察司詳有查拏並著飭鈴等一並密拏詳究毋使漏信遠
颺欽此遵
欽遵乾隆二十四年十月十二日准江省委員押解汪聖儀
到粵臣隨即會同粵東藩臬兩司委員李壽芳
署務代理廣東按察使事糧驛道范時紀等行委廣州府知
府張御衍審擬詳解前來臣集犯細加研鞫緣汪聖儀原籍
係江南婺源縣貢生販賣茶葉生理乾隆十二年販茶來廣與
英吉利夷商洪任輝同相熟識因其年茶葉不濟汪聖儀自多
處向洪任輝遂將汪聖儀所帶茶葉共數收買復將其欠款特

二七二 兩廣總督李侍堯奏折

審擬安徽商人汪聖儀父子唆使英商控告粵海關一案(乾隆二十四年十二月二十二日)

銀三万二千兩係給汪聖儀添補資本議定次年收茶來廣還銀
四万兩自是彼此交好逐年撥數借貸次年來粵歸還相沿已久乾
隆二十年汪聖儀收買茶葉同四子汪蘭秀即監生汪錦鰲運至江
南五嶺地方適遇廣客探問茶價知外洋英船前往浙省寧波貿
易茶葉難以消售並探知洪任輝已赴寧波閩隆汪聖儀遂將茶葉
運往寧波去賣除二十一二兩年亦往寧波交易迨二十三年寧波禁港
汪聖儀與子汪蘭秀復至廣東仍借洪任輝本銀三万二千兩又領
暎咭唎大班銀一萬三千八十兩於十一月內回籍包買茶葉乾隆廿四年
七月內汪聖儀買備茶葉四万三十二箱因案奉拏獲不能出去伊子
汪蘭秀押送赴廣適值洪任輝告在天津呈控海關陋弊等
奉飭究唆使控告並代為作詞書寫之人經臣與新柱普福訊究陳祖觀雖
劉亞匾等供出汪聖儀父子與洪任輝交好有唆使情事從嚴審究
亦汪聖儀堂姪汪姓即汪吉在粵開張資元號與洋行生理之

二七二 兩廣總督李侍堯奏折
審擬安徽商人汪聖儀父子唆使英商控告粵海關一案(乾隆二十四年十二月二十二日)

陳佳觀亦於八月十一日陳佳觀控告內審屬安于之縣生黃桐石詞
以因何得釋黃桐石皆以回罪彩章尚候出汪聖儀父子前往查察
將伊釋放情由陳佳觀轉告洪任輝洪任輝因轉托內情即速雇
寫書信予里馬禮士耀於八月十二日賫送通知汪聖儀一十六日至驛
海物汪聖儀折箭即遣工人金興貴賫遞汪蘭秀查閱令其赴廣
質辯汪蘭秀寄呈將原書燒燬起赴粵告投案汪聖儀因與洪任
輝借本包運茶葉慮及革去受刑旋於九月初二日起身潛赴省覓
轉遞以系江西字號物地方被獲押解來粵控告汪聖儀等究出實
情當經廉審案真自應嚴訊汪聖儀父子明任宣意唆使洪任輝控告代
作呈詞及按察寧波開港情事經前移飭洪任輝仍應由將林至遣歸
查汪聖儀雖無唆誘呈及誘往寧波開港但身列成均胆敢自
外生理借領洋本包運茶葉與圖漁利殊屬不法汪聖儀應照境
內誘結外國互相買賣借貸財物例發邊遠充軍其子汪蘭秀生

二七二 兩廣總督李侍堯奏折

審擬安徽商人汪聖儀父子唆使英商控告粵海關一案(乾隆二十四年十二月二十二日)

至照例杖一百折責安置有無窒礙是否應令查明安徽原籍已經兩
擬定罪其聞信脫逃罪無可加該犯事犯到案在乾隆二十四年十一月
初五日
恩詔以前但定例所載情罪較重不准援減汪聖儀即係奉旨令係逃捕
罪人而漏洩其事減罪人一等他人捕得又減一等律減汪聖儀罪
罪二等係汪聖儀之胞姪再減三等杖六十徒一年陳祖觀明知
汪聖儀係汪聖洪之叔告知供出拘拿情由以致漏洩其事合比
依為從減一等律杖八十徒二年監生黃桐石訊非有心宣
泄但將案由告知陳祖觀以致透漏亦屬不合應照不應重
律杖八十係監生照律納贖查汪聖洪陳祖觀黃桐石事
犯雖在
恩詔以前但係
諭旨發審擬應不准其減免分別押發折責擬結納贖汪聖儀即注
銷監生名汪兄就包運屬案之罪無伊文但與夷商交結者

二七二　兩廣總督李侍堯奏折

審擬安徽商人汪聖儀父子唆使英商控告粵海關一案(乾隆二十四年十二月二十二日)

斷不止何華李永標遠隔約束千里馬因士羅麦催送信不知情
應與訊無涉識洪任輝之汪玉書即汪錦麟汪烏即汪錦鵞並
無干涉陳祖觀等均請免議工人余興貴並無指訊因士羅彌
送信花錢十七圓並無追繳汪聖儀前借洪任輝銀兩久已清
還其上年借銀三百二十兩又領咉咭唎大班銀一萬三百四十兩業
將另案審清亦毋庸議除將本案供摺全錄咨部並將附汪
有[illegible]指[illegible]所汪聖儀父子責望各照送部查辦所理合恭摺具
奏伏乞
皇上睿鑒勅部核擬施行謹
奏
乾隆二十四年十二月二十二日
硃批該部核擬具奏欽此
十二月二十二日

二七三　兩廣總督李侍堯奏折

更定番船規禮則例(乾隆二十四年十二月二十二日)

兩廣總督臣李侍堯
粵海關監督臣尤拔世謹

奏為遵

旨議

奏事竊照原任福州將軍新柱給事中朝銓會同

臣李侍堯恭

奏一件請除外洋夷船規禮之名色以杜弊混以

協體制事内稱臣等欽奉

諭旨查審監督李永標一案檢閱粵海關則例内開

外洋番船進口自官禮銀起至書吏家人通事

頭役止共規禮火足開艙押船丈量貼寫小包

等名色共三十條又放關出口書吏家人等共驗艙放關領牌押船貼寫小包等名色共三十八條頭緒棼如實屬冗雜臣等查直省各關從無規禮名色載入則例獨粵海關存有此名者因從前此等陋規皆係官吏私收入己自雍正四年起管關巡撫及監督等節年奏報歸公遂同正稅升入例册循行已久自當仍舊徵收但存此規禮名色在口人役難免藉端需索情弊

應請

皇上勅交新任監督尤拔世會同督撫將前項規禮

二七三　兩廣總督李侍堯奏折

更定番船規禮則例（乾隆二十四年十二月二十二日）

等名目一概删除合并核算改刊每船進口歸公銀若干俾歸一定既於體制相協蠹役奸胥亦不能藉端弊混矣抑臣等更有請者外洋夷船既經更定則本港洋船及别省至粤船隻一切規禮名色均請刊改歸公二字以臻畫一再則例内開載瑣碎各口參差不齊易啟在口人役高下其手之弊亦請

勅交監督會同督撫詳加核定以垂永久所有外洋夷船進口出口規禮名目謹照則例繕具清单

恭呈

御覽是否有當伏乞
皇上聖鑒等因乾隆二十四年九月二十二日奉到
硃批李侍堯會同尤拔世詳議具奏欽此嗣臣尤拔
世於十月初二日到任遵即會同逐加確核伏
查粤海關凡外洋本港商船貨物出入向來除
按照則例科徵正稅船鈔之外另有官吏家人
通事巡役人等規禮以及分頭担頭等項銀兩
從前原係私收入己自雍正四年至七年前任
管關巡撫楊文乾等節次
奏報歸公以後原係彙併徵解而則例册内仍照

二七三　兩廣總督李侍堯奏折　更定番船規禮則例(乾隆二十四年十二月二十二日)

二七三　兩廣總督李侍堯奏折　更定番船規禮則例(乾隆二十四年十二月二十二日)

從前開報各項名色分别臚列誠於體制未協
兹遵彙併核算統作進口出口歸公銀各若干
將一切規禮火足開艙驗艙放關押船貼寫小
包等名色與各條内凡有字義未協之處悉行
删除更正至丈量領牌原與收稅章程無礙止
須除去書役家人收取字樣毋庸過爲更易轉
致牽混難明其分頭担頭等項向有分列數條
者今統作一條造報至於各口規則其中間有
因船隻貨物大小輕重不同或滿載半載之别
是以從前所開徵收銀錢有多寡不等字樣既

無一定確數難免書役家人高下其手徵多報
少茲查明歷年收稅冊檔分別等次開造以杜
弊竇以上更正各條均與原收規則毫無增減
又查省城大關以及虎門潮州雷州瓊州各口
向有書役家人收作飯食舟車等費亦備列則
例冊內似有未協但往來稽查港口以及看守
洋船押同起貨盤費食用在所必需勢難裁汰
茲將前項銀錢統作歸公造報另列應支條款
送部核定按年支銷
奏報俱屬有餘而無不足除分晰造冊咨送戶部

統
　侯覆核
奏准刊刻頒發各口永遠遵守外臣等謹會同恭
摺具
奏伏乞
皇上睿鑒勅部核議施行謹
奏
該部議奏
乾隆二十四年十二月二十二日

二七四 欽差大臣新柱清單 查封李永標任所衣服什物應行變價單(乾隆二十四年)

清単

臣新柱朝銓李侍堯謹

奏今將查封革職監督李永標任所衣服什物應

行變價清単恭呈

御覽

計開

朝涼帽一項

二七四　欽差大臣新柱清單

查封李永標任所衣服什物應行變價單(乾隆二十四年)

海龍皮帽二頂
緯帽七頂
騷鼠皮帽四頂
秋帽三頂
雨纓帽一頂
無纓絨帽一頂
藍白布女衫衣七件
綱鑑正史約四套
廣州志四套
王鳳洲綱鑑六套

豈川文集十六本
司馬文正公集二套
大學衍義二套
寄素堂書註二套
同文廣彙一套
滿漢西廂記一套
滿漢清文啓蒙一套
地輿圖一套
據鞍録一套
前後漢書四包

二七四　欽差大臣新柱清單

查封李永標任所衣服什物應行變價單(乾隆二十四年)

虎卯綴字畧一套

集驗良方一套

綱目四鑑録一套

宋名臣言行録十九本

二十二史引一套

木帽架三個

金扇白紙扇共十三把

紙紗扇七匣又二十四把

烟袋十六枝

骨扳指五個

二七四　欽差大臣新柱清單

查封李永標任所衣服什物應行變價單(乾隆二十四年)

磁扳指二個

燒料珠一串

香珠七串

馬尾帶二條

香牛皮鑰匙筒二個

磁小盒一個

錫茶瓶五個

明角盔盒三個

小荷包一匣又十五個

香袋五匣又四個

二七四　欽差大臣新柱清單

查封李永標任所衣服什物應行變價單(乾隆二十四年)

木鏡架一個
拜盒一個
木香盒一個
木拜盒一個内扳指二個
小木匣一個
戥子四把
小刀一把
腰刀四把
葵扇二把
皮衣包三個

青緞墊一個
椅墊四塊
紅呢椅墊兩個
青緞墊兩個
舊香牛皮一張
紅毡一條
鑲青緞墊一個
門簾三塊
油布五塊

二七四　欽差大臣新柱清單

查封李永標任所衣服什物應行變價單(乾隆二十四年)

轎衣二副

黑羊皮一張

零碎舊爛紬布片一箱

夏布帳一牀

馬褥一塊

鏡包一個

佳紋席一張

爛破皮一小匣

碎貂鼠袖頭兩副

舊靴并爛碎布一箱

花毯氈一塊 虫蛀

二七四　欽差大臣新柱清單　查封李永標任所衣服什物應行變價單(乾隆二十四年)

爛氊氈一塊

轎圍一束

小銅鏡一面連匣

小鏡二面

銅鏡二面

銅盆二個

銅鍋一個

銅鑼二面

錫器共重四百二十斤

磁器大小共四桶半

二七四　欽差大臣新柱清單

查封李永標任所衣服什物應行變價單(乾隆二十四年)

楠木抽屜條桌一張
花梨木八仙桌二張
鐵梨長條桌一張
楠木小方桌一張
花梨木圓桌一張
鐵梨木八仙桌八張
紫檀大座椅一張
雜木條桌一張
鐵梨木圈椅十二張　又八張
鐵梨木方凳八張　又一張

二七四 欽差大臣新柱清單 查封李永標任所衣服什物應行變價單(乾隆二十四年)

雜木方凳二張
舊杉帽椅一張
竹條桌一張
木踏凳一張
杉木櫃二個
鐵梨木方桌二張 又小方桌一張
鐵梨木牀一張
楠木炕桌一張
鐵梨木條桌四張
水楠木炕桌一張

二七四　欽差大臣新柱清單

查封李永標任所衣服什物應行變價單(乾隆二十四年)

白杉木大椅二張
白杉木方凳二張
雜木踏凳二張
白杉木長凳一張
雜木圓桌一張
竹椅八張
爛木牀桌椅書架共三十三件
舊破鐵梨小條桌一張
雜木杌一張

二七四　欽差大臣新柱清單　查封李永標任所衣服什物應行變價單(乾隆二十四年)

春凳一張
雜木几二個
紙弔屏一個
鬼子椅一張
雜木小桌一張
破爛鐵梨八仙桌二張
雜木油凳一張
破紗門簾一個
杉木條凳一張
杉木櫃一個

二七四　欽差大臣新柱清單

查封李永標任所衣服什物應行變價單(乾隆二十四年)

藤牀一張

雜木板條桌一張

竹蕉籠一個

箭擋一個

箭筒一個

弓十五張

箭四枝

弓架二個

花盆四個

破木火盆架一個
舊圈椅三張
布椅墊二個
舊門簾二張
杉木條凳三張
木掛對三副
紙掛對一副
洋畫弔屏一個
字弔屏三個
舊布靠枕五個

二七四　欽差大臣新柱清單　查封李永標任所衣服什物應行變價單(乾隆二十四年)

藤炕席一張
大小藤墊十三個
藤棚一個
舊香牛皮墊一個
竹書架四個
雜木屏風一架
木弓架一個
竹牀五張
板箱四個
雜木方凳二張

紗燈四對

洋角燈一對

鐵鍋大小九口

水缸八口

下馬三匹

羊一腔

二七五　欽差大臣新柱清單　查封李永標任所貲財首飾衣物解京單(乾隆二十四年)

清单

臣新柱朝銓李侍堯謹

奏今將查封革職監督李永標任所貲財首飾衣服什物觧京清单恭呈

御覽

計開

銀一千五百五十五兩八錢

二七五　欽差大臣新柱清單

查封李永標任所貲財首飾衣物解京單(乾隆二十四年)

番銀三十八圓半計色銀二十六兩九錢五分

零碎小銀錁并小番錢共重十兩

珊瑚朝珠一盤

虎珀根朝珠一盤

蜜蠟朝珠一盤

水晶朝珠一盤

金珀朝珠一盤

椰子朝珠一盤

伽楠香朝珠一盤

伽楠香朝珠一盤

二七五 欽差大臣新柱清單

查封李永標任所貲財首飾衣物解京單(乾隆二十四年)

波羅松朝珠三盤

新會香朝珠一盤

鷄心木朝珠一盤

紅象牙朝珠三盤

漆木朝珠一盤

綠象牙朝珠二盤

沉香朝珠一盤

珊瑚朝珠子一串 計七十五顆

虎珀根朝珠子一串 珊瑚佛頭無記念

碧玉朝珠子一串 青金佛頭碧牙扁墜記念寶石大墜無背雲并雕珊瑚朝珠記念七十八顆

二七五　欽差大臣新柱清單

查封李永標任所貲財首飾衣物解京單(乾隆二十四年)

椰子朝珠子三串
沉香朝珠子一串
大小碧霞犀朝珠子一串
松兒石記念三副
青金記念二副
碧牙犀記念二副
珊瑚佛頭二副
寶石大墜一個
碧牙犀大墜三個
礓子背雲一個

二七五 欽差大臣新柱清單

查封李永標任所貲財首飾衣物解京單(乾隆二十四年)

寶藍石背雲二個
碧牙犀小墜一個
碧牙犀背雲二個
寶石小墜二副
青金佛頭一副
伽楠手珠三串
椰子手珠三串
松兒石記念一副
伽楠香朝珠子二副
速香朝珠子二副

二七五 欽差大臣新柱清單

查封李永標任所貲財首飾衣物解京單(乾隆二十四年)

小珊瑚珠八個

珊瑚小墜脚六個

砆石珠四個

白石佛頭一副

金手鐲一對重三兩八錢

金戒指一對重一錢

金耳鉗六個重三錢

金如意一對耳挖一枝共重九錢

銀鍍金正鳳五枝每枝連假珠石共重一兩二錢

銀鍍金面簪五枝每枝連假珠石共重六錢

二七五　欽差大臣新柱清單　查封李永標任所貲財首飾衣物解京單(乾隆二十四年)

銀鍍金頂花一對連假珠石重一兩六錢
銀鍍金佛手花一對連假珠石重九錢
銀鍍金壺枝花一對連假石重一兩二錢
銀鍍金斜枝花七對連假石重五兩三錢五分
銀鍍金如意簪一對重五錢
銀鍍金龍頭簪六枝連假珠重一兩二錢
銀鍍金抱頭蓮一對連假珊瑚重二錢
銀鍍金火焰簪一對重七錢
銀鍍金小花七對連假珠石共重三兩
銀鍍金小簪十七枝連珠石共重一兩四錢

二七五 欽差大臣新柱清單

查封李永標任所貲財首飾衣物解京單(乾隆二十四年)

銀鍍金单枝花三枝連假珠石重二两二錢

蜜蠟抱頭簪一對并石重一两三錢

銀鍍金龍頭簪四枝

銀鍍金如意五枝共重一两

大小銀簪十七枝

鑲珊瑚小抱頭蓮六枝

銀小手鐲并戒指牙簽指甲套鎖八寶排扣共六十三件共重九两二錢

銀手鐲六個共重五两二錢

銀鍍金小耳環四個

二七五　欽差大臣新柱清單

查封李永標任所貲財首飾衣物解京單(乾隆二十四年)

銀小壺確二個連銅柄重九兩
鑲珊瑚簪四枝
珊瑚簪二枝
蜜蠟鈕五個
假玉花三枝
象牙鈕十個
石簪二枝
石戒指二隻
金燒珐瑯帶片七塊

二七五　欽差大臣新柱清單　查封李永標任所貲財首飾衣物解京單(乾隆二十四年)

金燒琺瑯手巾束面一塊

腰帶一條　珊瑚帶板荷包刀子全

腰帶一條　荷包手巾全

銅鍍玉帶板二塊

銅鍍珊瑚帶板四塊

畫玻璃帶環一副

銀鼠羊皮兩鑲藍緞蟒袍一件

羊皮灰肷兩鑲醬緞蟒袍一件

石青緞滑子皮褂一件

二七五　欽差大臣新柱清單　查封李永標任所貲財首飾衣物解京單(乾隆二十四年)

石青緞滑子皮補褂一件
醬色緞混肷皮蟒袍一件
石青緞貂皮褂一件
寶藍緞貂肷皮袍一件
石青緞青肷皮褂一件
石青緞文狸爪皮褂一件
寶藍緞混肷皮袍一件
油緑宫紬灰肷皮袍一件
元青緞狐仔子皮褂一件

二七五　欽差大臣新柱清單

查封李永標任所貲財首飾衣物解京單(乾隆二十四年)

油綠緞狐仔子皮袍一件

寶藍緞混肷皮袍一件

醬色緞灰肷皮袍一件

藍寧紬狐仔子皮袍一件

寶藍緞烏雲豹皮袍一件

石青緞烏雲豹皮褂一件

石青緞銀鼠皮褂一件

元青緞洋灰鼠皮褂一件

寶藍宮紬洋灰鼠皮袍一件　虫蛀

二七五 欽差大臣新柱清單
查封李永標任所貲財首飾衣物解京單(乾隆二十四年)

元青緞灰鼠皮褂一件
石青寧紬灰鼠皮褂一件
醬色緞灰鼠皮袍一件
石青緞天馬皮褂一件
石青緞小毛羊皮褂一件
元青寧紬羊皮褂一件
醬色紬羊皮袍一件
石青宮紬羊皮褂一件
灰色緞羊皮袍一件

棕色緞羊皮灰鼠皮兩鑲袍一件

石青寧紬羊皮褂一件

醬色緞羊皮銀鼠皮兩鑲袍一件

寶藍宮紬天鵝絨缺襟皮袍一件

元青緞羊皮褂一件

程鄉繭羊皮缺襟袍一件

醬色寧紬羊皮天馬兩鑲皮袍一件

石青緞猞猁猻馬褂一件

灰色麂皮夾小緊身一件

石青緞烏雲豹馬褂一件

二七五　欽差大臣新柱清單

查封李永標任所貲財首飾衣物解京單(乾隆二十四年)

元青緞烟銀鼠皮褂一件

天青緞洋灰鼠馬褂一件

寶藍宮紬黑灰鼠鈌襟皮袍一件

元青緞灰鼠皮馬褂一件

元青緞滑子皮褂一件

石青緞滑子皮馬褂一件

寶藍宮紬鈌襟灰肷皮袍一件

石青緞灰肷皮馬褂一件

石青緞小羊皮馬褂一件

石青緞天馬皮補褂一件

二七五　欽差大臣新柱清單

查封李永標任所貲財首飾衣物解京單(乾隆二十四年)

石青緞銀鼠女皮褂一件

棕色宮紬鑲領袖黑灰鼠女皮袍一件

醬色緞灰鼠女袍一件

藍寧紬洋灰鼠女皮袍一件

元青緞灰肷女皮褂一件

石青緞滑子女皮褂一件

元青緞滑子女皮褂一件

醬色緞羊皮銀鼠兩鑲女皮袍一件

石青緞羊皮銀鼠兩鑲女皮褂一件

綠緞鑲領袖羊皮銀鼠兩鑲女皮袍一件

醬色緞羊皮女袍一件

紅青緞破皮褂一件

羊皮襖桶二件

灰色織絨皮斗蓬二件

貂皮三張又一小塊

狐仔子皮袍桶一件虫蛀

黑狐狸爪皮二塊

海龍皮袖頭一副

羊皮六小張

羊皮一塊

海龍皮領一條

碎毛貂領三條

狸爪皮領一條

碎毛貂領一條

貂鼠領一條

石青緞夾蟒袍一件

石青緞夾朝衣一件

石青夾緞補褂一件

二七五　欽差大臣新柱清單　查封李永標任所貲財首飾衣物解京單(乾隆二十四年)

古銅緞棉袍一件
醬色緞夾袍一件
寶藍緞棉袍二件
灰色線緞夾袍一件
石青緞棉袍二件
元青緞棉褂一件
石青緞棉褂二件
石青緞夾褂一件
石青宫紬實行褂一件
寶藍實行宫紬棉袍一件

二七五　欽差大臣新柱清單
查封李永標任所貲財首飾衣物解京單(乾隆二十四年)

石青宮紬賓行褂一件

青小呢夾褂一件

石青漳絨夾褂一件

灰色漳絨夾袍一件

石青寧紬褂一件

石青澤紬夾褂一件

棕色線紬夾袍一件

石青寧紬棉褂一件

油綠宮紬棉袍一件

元青澤紬夾褂一件

二七五 欽差大臣新柱清單 查封李永標任所貲財首飾衣物解京單(乾隆二十四年)

繭紬夾袍一件

程鄉繭单袍一件

灰色羽綢夾袍一件

醬色寧紬棉袍一件

寶藍緞缺襟棉袍一件

灰色緞缺襟棉袍一件

石青緞棉馬褂一件

元青羽緞夾馬褂一件

藍紬實行缺襟袍一件

元青緞實行馬褂一件

染繭紬實行缺襟袍一件

青大呢夾馬褂一件

山東繭缺襟单袍一件

灰色大呢繭紬兩鑲缺襟袍一件

程鄉繭缺襟夾袍一件

醬色緞繡蟒袍料一件

寶藍漏地紗繡蟒袍料一件

古銅紗蟒袍料一件

紗領袖一副

新舊補子六副

二七五 欽差大臣新柱清單

查封李永標任所貲財首飾衣物解京單(乾隆二十四年)

石青繡圍八個

小花飄帶二條

大紅嗶嘰夾斗蓬一件

石青漏地紗朝衣一件

石青夾紗朝衣一件

石青夾紗補褂一件

石青漏地紗補褂一件

石青紗補褂二件

棕色单漏地紗蟒袍一件

寶藍紗夾蟒袍一件

寶藍漏地紗蟒袍一件
寶藍夾紗蟒袍一件
古銅色乇絹洋金線蟒袍一件
寶藍漏地紗畵蟒袍一件
醬色漏地单紗袍一件
灰色漏地单紗袍一件
寶藍单紗袍一件
石青漏地单紗褂四件
元青夾紗褂一件

二七五　欽差大臣新柱清單

查封李永標任所貲財首飾衣物解京單(乾隆二十四年)

油綠夾紗袍一件

醬色夾紗袍一件

醬色棉紗袍一件

寶藍棉紗缺襟袍一件

元青漏地单紗褂二件

油綠漏地单紗袍一件

油綠漏地夾紗袍一件

油綠单紗袍一件

元青漏地紗夾褂一件

元青单紗褂一件

元青漏地紗单褂二件
元青夾紗褂一件
葛紗单袍一件
油綠夾紗袍一件
石青漏地紗袍一件
灰色夾紗袍一件
石青夾紗褂一件
石青棉紗褂一件
寶藍棉紗袍一件
寶藍夾紗袍一件

二七五 欽差大臣新柱清單 查封李永標任所貲財首飾衣物解京單(乾隆二十四年)

元青棉紗褂一件
石青單紗褂二件
醬色單紗袍一件
醬色紗袍一件
葛布單袍五件
香色夾羽紗袍一件
元青羽紗夾褂一件
醬色缺襟夾紗袍一件
青紗馬褂一件
石青單紗馬褂一件

二七五　欽差大臣新柱清單

查封李永標任所貲財首飾衣物解京單(乾隆二十四年)

石青夾紗馬褂一件

元青单紗馬褂一件

石青羽紗单馬褂一件

灰色漏地紗缺襟袍一件

石青棉紗馬褂一件

灰色羽紗夾戰裙一條

男紬紗衫襖共二十七件

醬色緞夾女蟒袍一件

大紅呢女单雨褂一件

石青漳絨女夾褂一件

二七五　欽差大臣新柱清單

查封李永標任所貲財首飾衣物解京單(乾隆二十四年)

火香色漳絨女夾袍一件
大紅嗶嘰女夾襯衣一件
元青嗶嘰女夾襯衣一件
綠宫紬女夾襯衣一件
油綠棕色月白黄女夾襯衣五件
元青紬夾女褂一件
香色紬小棉袍一件
石青縐紬女實行坎肩一件
石青宫紬夾女褂一件
天青宫紬女夾褂一件

二七五　欽差大臣新柱清單

查封李永標任所貲財首飾衣物解京單(乾隆二十四年)

石青寧紬女夾褂一件
紅綠藕色紬女棉襖四件
棕色寧紬女夾襖一件
石青寧紬女棉褂一件
香色紬女絹袍一件
元青緞女夾棉褂二件
香色緞女棉襯衣一件
玫瑰紫裝花緞女夾袍一件
綠緞鑲領袖女夾袍一件
香色緞女棉袍一件

二七五　欽差大臣新柱清單　查封李永標任所貲財首飾衣物解京單(乾隆二十四年)

石青緞女夾褂一件
月白緞女棉襯衣二件
紅綠月白挑紅杏黄緞綾女棉夾襖共十六件
綠棉紬女單衫一件
青紬女棉坎肩一件
香色緞小棉袍一件
元青漏地紗女褂四件
香色漏地紗女衫一件
元青漏地紗女單袍二件

二七五　欽差大臣新柱清單

查封李永標任所貲財首飾衣物解京單(乾隆二十四年)

元青紗棉小坎肩一件

桃紅藍綠月白紗葛紗女單衫十二件

醬色紗夾女袍一件

紅青紗小女夾坎肩一件

灰色夾紗小女坎肩一件

青紗月白緞小女坎肩二件

寶藍漏地紗女單袍三件

石青漏地紗女單褂二件

紅夾紗女衫一件

石青女单紗褂二件

石青紗女单襯衣一件
石青夾紗女褂一件
大紅紗女襯衣一件
月白漏地紗女襯衣一件
白生紗女单衫七件
紅綠繭紬女单衫七件
紬女棉襖一件
葛戛麻布女单衫共二十八件
男女单夾棉舊衣服共一百零四件

二七五　欽差大臣新柱清單

查封李永標任所貲財首飾衣物解京單(乾隆二十四年)

錦夾被褥二件

大小紅嗶嘰漳絨墊共二十四個

靴鞋襪四箱

緞被褥三牀

潮毡六塊

帽緯三斤八兩

絲棉六兩

雜色緞共大小三十二塊

片金一小塊

雜色綾共大小二十六塊

雜色紬共大小二十七塊

二七五 欽差大臣新柱清單

查封李永標任所貲財首飾衣物解京單(乾隆二十四年)

雜色紗共大小三十六塊
灰色乇絹一塊
程鄉繭一百二十四疋
文昌繭繭布粗繭共七疋零四塊
葛布二百四十一疋
波蘿麻二百三十一疋
洋白布三疋
白夏布十六疋又四塊
灰色羽布一塊
麻布二塊

石青桃紅紫黄緑藕各色絨挑花洋布手巾共
二百零八條
葛夏布手巾共一百一十二條
灰色漳絨一塊
元青漳絨一塊
雜色呢共大小二十一塊
雜色嗶嘰共大小二十一塊
雜色羽紗共大小七塊
元青番吧一塊

二七五　欽差大臣新柱清單

查封李永標任所貲財首飾衣物解京單(乾隆二十四年)

自鳴鐘一架
洋磁売時辰表一個
新玉扳指一個
瑪瑙扳指一個
小玻璃洋鏡一面連架
玻璃盤八個
洋磁齋戒牌十四個
速香齋戒牌二個
螺売鼻烟壺四個

二七五　欽差大臣新柱清單　查封李永標任所貲財首飾衣物解京單(乾隆二十四年)

玻璃洋磁水晶鼻烟壺十七個
玻璃瓶三個
鼻烟二盒三十八小瓶
雄精扇墜十個
雄精杯一對
洋磁盒二個
洋磁鼻烟壺一匣
墨晶眼鏡二個
沉香筆筒二個無底
玻璃杯十五個

二七五　欽差大臣新柱清單

查封李永標任所貲財首飾衣物解京單(乾隆二十四年)

椰杯十個
洋磁白花盒一對
小玻璃盤一個
圖章二盒十九塊
小玻璃揷瓶一架
嶶墨二盒
法瑯盒子四個
香牌一匣
香珠一匣
白石盤三個三盒裝

二七五　欽差大臣新柱清單　查封李永標任所貲財首飾衣物解京單(乾隆二十四年)

小白石盒二個

白玻璃盒一個連架

磁杯十個

白石盆一個連架

白石花瓶三

螺壳杯二個

木香杯一對

紅白磁鐏甌盤吊碟大小共十五件

洋磁茶盤一個

磁螃蠏一個

二七五　欽差大臣新柱清單

查封李永標任所貲財首飾衣物解京單(乾隆二十四年)

水晶鎮紙一塊
石水池一個
石筆架一個
木匙著筒六個
石蠏二個
銅硯一方
風鏡兩面
紫檀木茶盤一個
小木香几二個
小木山一架連座

二七五　欽差大臣新柱清單　查封李永標任所貲財首飾衣物解京單(乾隆二十四年)

小木筆筒一個

紫檀都盛盤二個

牙手爬一個

木小筆筒一個

木棋盒二對連棋子

墨牀一個

象牙箭籌一副

楠木箭籌一副

石硯大小八方

銀朽茄二個

二七五　欽差大臣新柱清單

查封李永標任所貲財首飾衣物解京單(乾隆二十四年)

水安息十三罐

番藥三礶

木香一塊

潯桂大小二十一條

東莞香兩盒又半錫盒

普洱茶八筒

茶葉四小瓶連小箱一個

鐵梨木香几桌一張

香几一張連白石小香爐

銅爐大小九個

大小銅鎖六十九把
象牙梳一對
漆痰盒六個
竹篦六十八個
梳篦二匣
鑲銀牙快烏木快共四十六對
銅湯匙十條
銅果叉八條
小銅盒二個
皮盒二個
木片香半小箱

二七六 閩浙總督楊廷璋奏折

臺屬捐監準令粵商一體報捐
（乾隆二十五年二月初六日）

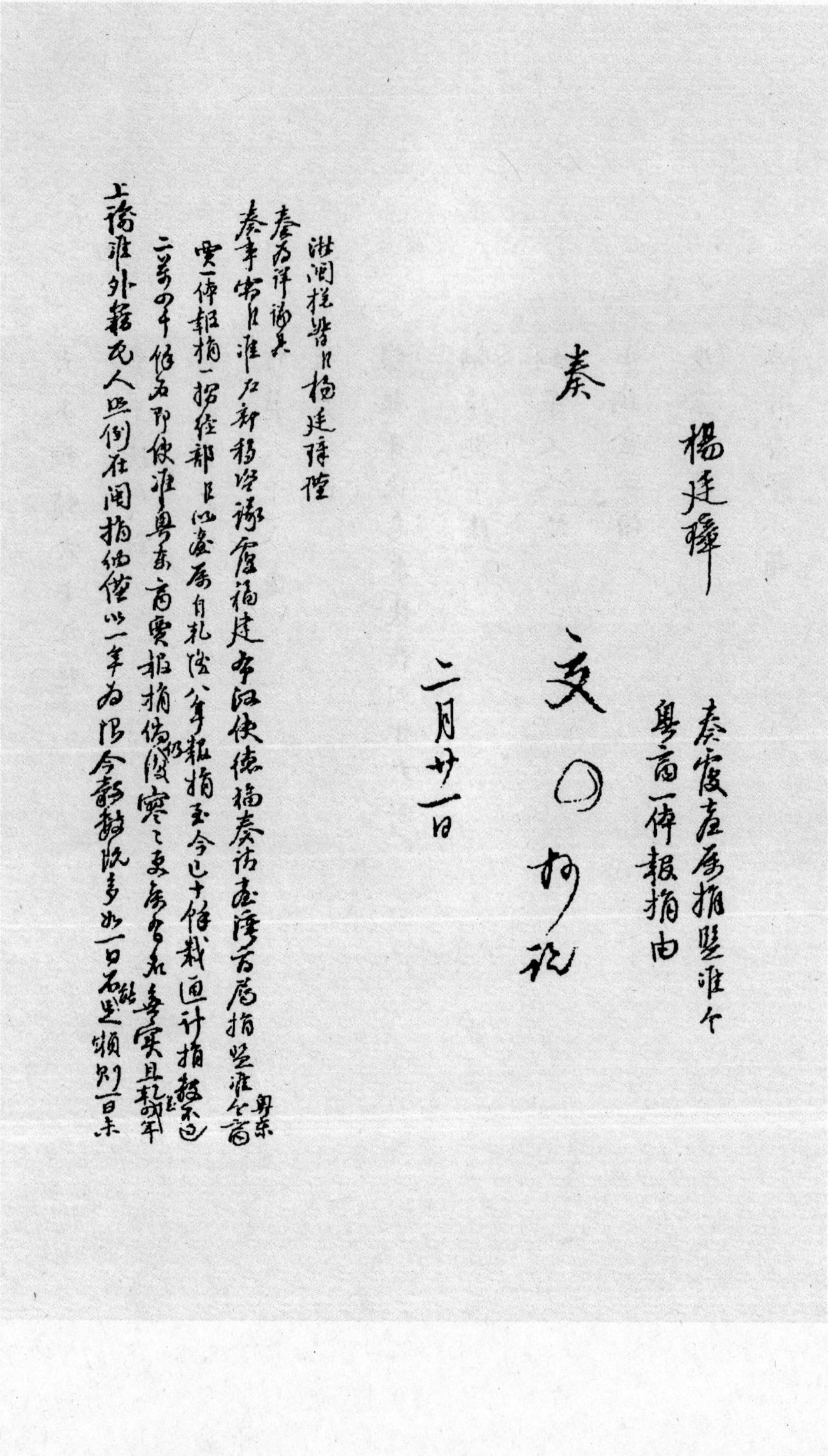

楊廷璋 奏覆臺屬捐監准令粵商一體報捐由

奏

交○抄訖

二月廿一日

閩浙總督臣楊廷璋謹
奏為詳議具
奏事。案照准部咨議覆福建布政使德福奏請臺灣府屬捐監准令粵東商
賈一體報捐一摺，經部臣以臺屬自乾隆八年報捐至今已十餘載，通計捐數不過
二萬四千餘名，即使准令粵東商賈報捐，倘仍寥寥，更屬有名無實，且乾隆四年
上諭准外籍民人照例在閩捐納，統以一年為限，今該籍既多，如一日不能足額則一日未

二七六 閩浙總督楊廷璋奏折

臺屬捐監準令粵商一體報捐

（乾隆二十五年二月初六日）

可停止更無限期於體制亦屬未協合將德福所奏未必盡妥宜限緣由
併臣等詳查臣如何酌量補救再將粵商未準他規有無可否無名需索並令藩司
移查妥議到日再議等因奉
依議欽此欽遵移咨到臣隨經行在省司道及臺灣道查明臺地[illegible][illegible]收捐實在情
形備細聲覆前來臣復詳加覈察未必盡妥伏查臺郡原議收捐監穀二十萬石自
乾隆八年起每捐監一名酌定收穀二百七十石嗣於十二年奏准酌減每名收穀二百四十
石至二百十六兩名等又於二十[illegible]年每名減收至一百八十石雖節次酌減然以府價核計較
之在部報捐銀一百八兩者多寡仍屬懸殊是以閩省十餘年來收穀仍祇二萬餘
石實係穀數已多以致捐者寥寥並非因他規未革需索未除也追上年經調任
撫臣楊應琚奏准照內地之例每名收穀一百二十石計與在部報銀一百八兩之數相等自
上年二月收捐起截至十一月底止已據報捐監生三百五十一名計收穀四萬二千餘
石核之詳奏收捐十年之數已[illegible]倍如僅行之已有成效惟是詳奏酌定捐穀係
二十萬石後又請加捐二十萬石其四十萬石為數較多於存穀一項內動支本省澂臺
實屬充人殷實之户尚限勢不能報捐且類查臺郡貿易流寓之粵民甚多

二七六　閩浙總督楊廷璋奏折

臺屬捐監準令粵商一體報捐

（乾隆二十五年二月初六日）

向非入籍臺灣應考歲進[illegible]生童與土著人員原屬無異若准粵民一体
收捐則報捐者自必日益加多於海外綏緝職方裨益豈淺是以德福方准粵民
一体報捐之請似應循照所請准其報捐西粵者現在已收之數先後合計共
祇六萬餘兩較之四十萬之數缺額尚多而年歲之豐歉穀價之貴賤實難預定
設有水旱不齊捐者益多未免耽延歲月減收新穀一日不能足額則一日未能停
止勢必經年累月竟無停止之期於體制實有未協經臣再四籌酌查廈門[illegible]
係對臺灣地當孔道為商賈雲集之區近年每屬商人在洋販運米穀進口者
歲七八萬石或十數萬石不等均可就地糴買米石詢屬充裕況今時值原議
臺倉收捐穀四十萬石內應以十萬石運赴廈門同知收倉以備省撥等處酌撥平
糶之需臣思與其由臺灣收捐後再行運貯廈門不若即將應行分運之穀十萬
石移就廈門同知附近收捐既省將來撥運之繁更令臺郡積重之勢實屬兩
便其餘三十萬石仍在臺屬廳縣照舊收納並請於臺廈二處均准閩粵二省之人
無論行商已籍及暫時流寓之人一體報捐責成該管道府督飭妥協經收如有需索
情弊立即嚴揭參懲至應定限期請自
奏准奉文之日起酌中定限三年屆滿即行停止如未及三年捐額已足亦即

二七六 閩浙總督楊廷璋奏折

臺屬捐監準令粵商一體報捐

（乾隆二十五年二月初六日）

奏明停撥不必拘泥三年之說但迄今二年而應捐之數尚未足所缺正庫無多
查閩省藩庫存有各屬積年買補平糶盈餘銀六萬一二千兩先經據
奏明將庫存兩便發與各屬買補不敷之用係各屬倉穀出糶後未買不
接買補於秋成價平其間原價即有不敷大抵以此項之盈餘補彼項之不
足通融辦理為各省盈無缺是以此項銀兩節年並未動用借將未應
捐穀數尚未足之請即於此項平糶盈餘銀內撥款動撥給發臺地產穀
各廳縣酌量買補足額以實倉儲據以查覆昨念共足四十萬石之數以備內外撥
用此辦理應捐穀不患不足而仍不致曠日遲久臺地積貯亦不致有名無
實海隅黎庶永資利賴矣至陋規需索等弊節經嚴飭且不時體訪
嚴密稽查該道府亦查察維勤現在並無滋弊然且亦不敢稍有玩忽
仍當時刻留心訪查務期弊絕風清不致有累生俊合併陳明係奉諭行
理合詳陳恭摺具

奏伏祈

皇上睿鑒勅部議覆施行謹

奏　乾隆二十五年二月二十日奉

硃批該部議奏欽此

二月初六日

二七七　兩廣總督李侍堯致軍機處咨呈佛郎濟亞國修士方守義韓國英到廣東（乾隆二十五年二月十七日）

咨

兵部尚書兼都察院右都御史總督廣東廣西等處地方提督軍務兼理糧餉紀錄一次李　為

行知事據廣東布政使司布政使宋邦綏詳稱

奉兩廣總督部堂李　牌開乾隆二十四年十

月十四日承准

辦理軍機處咨開大學士公傅　戶部侍郎吉

二七七　兩廣總督李侍堯致軍機處咨呈　佛郎濟亞國修士方守義韓國英到廣東(乾隆二十五年二月十七日)

奏稱據西洋人劉松齡鮑友管蔣以仁稟稱本年夏間西洋船來有佛郎濟亞國修士方守義韓國英二人素習天文水法又有意大理亞國修士常國泰一人素習律呂外科三人已到澳門俱情願來京効力等語應否准其來京之處理合請旨遵行如蒙皇上俞允臣等即寄信與廣東督撫令其差人伴送來京可也為此謹奏請

二七七　兩廣總督李侍堯致軍機處咨呈
佛郎濟亞國修士方守義韓國英到廣東(乾隆二十五年二月十七日)

旨等因于乾隆二十四年九月二十九日奉
旨准來欽此相應行知貴督撫遵照辦理等因到本
部堂行司又奉廣東巡撫部院託　牌同前事
行司奉此依經轉行遵照嗣據署香山縣縣丞
揚仁爵申報方守義韓國英二人現在澳門常
國泰一人因涉風濤染病于乾隆二十四年十
月十一日在澳病故等情業奉會咨呈明
辦理軍機處在案續據廣州府詳據香山縣申
報西洋人方守義等于乾隆二十五年正月二

二七七 兩廣總督李侍堯致軍機處咨呈
佛郎濟亞國修士方守義韓國英到廣東(乾隆二十五年二月十七日)

十二日在澳起程并開應需飯食盤費銀兩請
項動給等由經本司詳請咨
部并飭香山縣查取方守義等在省起程進京
日期詳請給咨去後兹據廣州府行據香山縣
申報詢據西洋人方守義韓國英稱的于乾隆
二十五年正月二十二日在澳起程二十八日
到省聽候給發咨文即行起程進京等情轉報
到司理合據由詳請院臺撤發咨文下司轉給
委員番禺縣河泊所大使裘兆瑞領齎伴送俟

二七七　兩廣總督李侍堯致軍機處咨呈

佛郎濟亞國修士方守義韓國英到廣東(乾隆二十五年二月十七日)

催取在省起程進京日期另文詳報并請咨明
户兵二部暨
辦理軍機處實爲公便等由到本部堂據此除
繕咨檄發廣東布政司轉給委員番禺縣河泊
所大使裘兆瑞領費伴送方守義韓國英進京
前赴
兵部投遞聽候轉送
辦理軍機處俟將在省起程日期詳報到日另
文咨達外相應咨達爲此咨呈

二七七 兩廣總督李侍堯致軍機處咨呈 佛郎濟亞國修士方守義韓國英到廣東(乾隆二十五年二月十七日)

察照施行須至咨呈者

右 咨

辦理軍機處

二七七 兩廣總督李侍堯致軍機處咨呈佛郎濟亞國修士方守義韓國英到廣東（乾隆二十五年二月十七日）

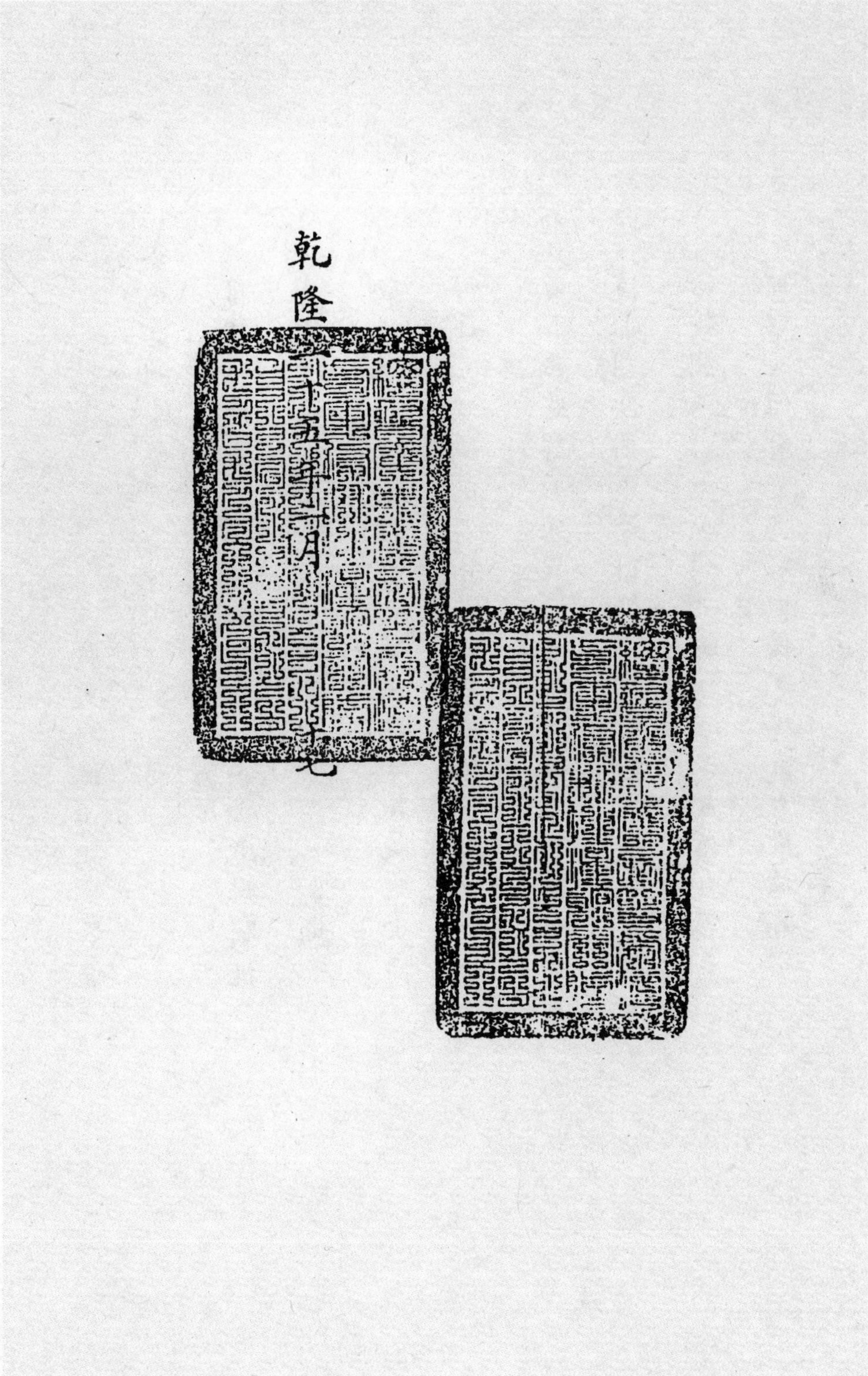

二七八　廣東巡撫托恩多奏折

查明粤海關關税盈餘短少緣由
（乾隆二十五年五月二十八日）

廣東巡撫臣託恩多謹

奏為查明據實

奏覆事竊照粤海關乾隆二十四年分徵收關税盈餘銀兩較乾隆二十三年分短少一案准部咨行令臣遴委幹員赴關將該年徵税短少情形逐日經徵底簿并洋船果否下貨出口税規曾否徵收詳加確查出具印結由臣加具保結覆奏到日再議等因經臣檄委惠潮嘉道梁國治赴關弔齊大小關口逐日經徵底簿月報各冊詳細確查短少緣由據實詳覆去後茲據梁

國治詳稱遵即親赴粵海關吊集各關口底簿月冊逐一確核實係儘收儘報委無别故出結詳覆前來臣查粵海關乾隆二十四年分歲報共收正雜等銀三十五萬四千六百六十八兩零内洋税項下收銀一十六萬六千一百六十九兩零本港貿易船鈔貨税及各口報收正雜共銀一十八萬八千四百九十八兩零緣外洋税數項下收銀一十六萬六千一百六十九兩零之内有乾隆二十三年洋船進出貨税歸入乾隆二十四年彙報銀四萬一千一百二兩零

二七八　廣東巡撫托恩多奏折

查明粵海關關稅盈餘短少緣由
（乾隆二十五年五月二十八日）

又乾隆二十四年分進口洋船於滿關時僅收
進出貨税銀一十二萬五千六十七兩零另有
滿關後續收銀一十萬四千七百九十二兩零
係歸入乾隆二十五年分彙報是以乾隆二十
四年期滿奏報轉有少收銀一萬五千三百六
十九兩零今以滿關後續收銀一十萬四千七
百九十二兩零内除徵收乾隆二十三年洋船
進出貨税歸入乾隆二十四年彙報銀四萬一
千一百二兩零又除乾隆二十四年短少銀一
萬五千三百六十九兩零尚較乾隆二十三年

多銀四萬八千三百餘兩查該年本港洋船少
到四隻其餘各船亦進口較遲而滿關日期又
連閏趲前一月貨税多未徵收通盤計算實無
徵多報少情弊至原任監督李永標自乾隆二
十三年九月二十六日起至乾隆二十四年七
月初二日止管關十個月零七日祇徵銀一十
九萬八千四百二十兩零之處緣彼時洋船尚
未到齊各夷商尚皆觀望物價一切大宗貨物
槩未起行船隻亦未丈量税課均未輸納故僅
收過外洋夷船税銀六萬七千餘兩合之内地

二七八　廣東巡撫托恩多奏折

查明粤海關關税盈餘短少緣由
(乾隆二十五年五月二十八日)

本港貿易等船税鈔及各口報收正雜等銀一十三萬一千三百餘兩共收銀一十九萬八千四百餘兩又督臣李侍堯自乾隆二十四年七月初三日兼管起至八月二十五日止計一個月二十三日共徵收外洋夷船税鈔及各口報收正雜共銀一十五萬六千餘兩實緣外洋本港等船貿販交易多在七八月間是以兩月内所收税銀多於平時以致兩任管關徵收税數亦有多寡懸殊臣細加查核粤海關乾隆二十四年分少收盈餘銀一萬五千三百六十九兩

零委因該年到粵洋船進口較遲滿關復早各
船未經下貨出口稅規亦未徵收且本港洋船
較前少到所致並無侵隱别情除加結咨送户
部外理合恭摺具
奏伏乞
皇上聖鑒敕部核覆施行謹
奏
該部核議具奏
乾隆二十五年五月　二十八　日

二七九　兩廣總督李侍堯奏折

通年粵海關關稅征收總數

(乾隆二十五年十一月十七日)

兩廣總督臣李侍堯
粵海關監督臣尤拔世跪

奏爲

奏明通年關稅征收總數仰祈

睿鑒事竊照粵海關征收盈餘例應統前後接任扣足一年期滿先將征收總數

奏明俟各口將餉銀彙解齊全通查支銷各數造册委員解部仍分別

題奏歷經遵照辦理茲臣等查乾隆二十四年分前監督臣李永標及臣李侍堯任内所收通關正雜盈餘共銀三十五萬四千六百六十八兩

二七九 兩廣總督李侍堯奏折

通年粤海關關税征收總數

(乾隆二十五年十一月十七日)

零現在臣等會同查核照例觧部今復查臣李
侍堯暫行兼管關務任内自乾隆二十四年八
月二十六日起至十月初一日交代止計一個
月零六日共經征銀五萬六百二十二兩零又
臣尤拔世自十月初二日秪任接管起至二十
五年八月二十五日止計十個月零二十四日
共經征銀三十萬五千五百八十六兩零統前
後接任扣足一年期滿通關各口共報收正雜
等銀三十五萬六千二百八兩零比較二十四
年分計多收銀一千五百四十兩零查粤海關

二七九　兩廣總督李侍堯奏折

通年粤海關關税征收總數

(乾隆二十五年十一月十七日)

每年征収税數向視洋船多寡以定盈絀茲二

十五年分共到洋船一十三隻比二十四年分

少到十隻但上年洋船進口較遲其扣滿年限

之時洋船俱未報貨出口所有出口税規彼時

未曾征収現在歸入本年奏報是以統年税數

轉比上届多収除俟各口税銀彙解齊全核明

支銷確數照例分款造册解部查核另行

題報外所有乾隆二十五年分按届一年期滿征

収總數合先恭摺會

二七九　兩廣總督李侍堯奏折

通年粵海關關稅征收總數

(乾隆二十五年十一月十七日)

奏伏乞

皇上睿鑒謹

奏

知道了

乾隆二十五年十一月　十七　日

二八〇　閩浙總督楊廷璋奏折　查禁絲綢出洋(乾隆二十六年正月十六日)

閩浙總督臣楊廷璋
福建巡撫臣吴士功謹

奏爲嚴禁絲綢出洋遵例年底恭摺具

奏事。竊照乾隆二十四年八月十四日准户部咨

議奏内稱查絲綿私出外境律有明禁，應如御

史李兆鵬所奏，行令督撫轉飭濱海地方文武

各官嚴行查禁。倘有違例出洋，其失察之汛口

文武各官，請照失察米石出洋例分别議處。更

請行令各該省督撫每於年底將有無拿獲奸

商私販出洋之案專摺奏

聞等因。又准户部咨開綢緞等物總由絲觔所成，應

請嗣後綢緞綿絹等物一體嚴禁出洋各等因

到臣。臣等隨即轉行遵照查禁，并遍行出示曉諭

去後茲據布政使德福會同署按察使司事鹽
法道徐景熹詳稱前經轉行所轄沿海之福州
興化泉州漳州福寧臺灣等府遵照查禁並出
示曉諭各在案沿海汛口文武各官均各實力
嚴查凡販洋出口船隻亦咸知禁令所有乾隆
二十五年分並無奸商串謀私販絲觔綢綿緞
疋出洋情事詳覆會
奏前來臣等覆查無異理合恭摺會
奏伏祈
皇上睿鑒謹
奏
乾隆二十六年正月　十六　日

二八一　盛京將軍清葆奏折　遵議查禁絲綢出洋事宜（乾隆二十六年二月初八日）

奴才清葆等謹

奏爲請嚴禁絲出外洋等事。乾隆二十四年八月初三日准户部咨，大學士會同議覆御史李兆鵬奏請嚴絲出外洋之禁一摺内開：應如所奏，行令江浙各省督撫轉飭濱海地方文武各官嚴行查禁，倘有違例出洋，每絲過一百斤照米過一百石之例發邊衛充軍，不及百斤者杖一百徒三年，不及十斤者枷號一個月杖一百，爲從及船户知情不首告者各減一等，船隻貨物俱入官。其失察之汛口文武各官，亦請照失察米石出洋之例分别議處。每於年底將有無拏獲奸商私販絲斤出洋之案專摺奏

二八一　盛京將軍清葆奏折

遵議查禁絲綢出洋事宜

（乾隆二十六年二月初八日）

聞等因奉
旨依議欽此欽遵咨行前來當經分飭各屬遵照辦理在案茲據沿海旗民各員呈報內稱查海口各商船自乾隆二十五年正月初一日起至年底止並無拿獲奸商私販絲斤出洋之案等情據此奴才等伏查奉省因天氣較寒難以樹桑養蠶是以絲斤並無出產即有近山地方旗民放養山蠶所出繭絲粗劣爲數無多不堪經織紬緞等貨惟本處旗民作爲土紬之用至於所有一切紬緞棉絹應用之物俱係商賈人等販買來奉貿易之處業經奴才等於會奏乾隆二十四年分並無拿獲販絲案內聲明具

二八一　盛京將軍清葆奏折

遵議查禁絲綢出洋事宜

(乾隆二十六年二月初八日)

奏在案今據各屬呈報乾隆二十五年分並無拿
獲私販絲斤出洋之案等情除嚴飭沿海各屬
加意稽查毋得稍有怠忽仍令每於年底將有
無拿獲奸商私販絲斤出洋之案查明具報倘
有汛口文武各官失察狥隱等弊奴才等即行
照例叅處外今將乾隆二十五年分奉省並無
拿獲私販絲斤出洋之處理合會同繕摺具
奏伏祈
皇上睿鑒施行謹
奏

此亦論於奉天也

二八一 盛京將軍清葆奏折 遵議查禁絲綢出洋事宜(乾隆二十六年二月初八日)

乾隆二十六年二月初八日

奴才清葆
奴才卜彥達額
奴才通福壽

二八二　兩廣總督李侍堯奏折

遵議查禁絲綢出洋事宜

（乾隆二十六年四月初八日）

兩廣總督臣李侍堯謹

奏為遵例奏

聞事乾隆二十四年准戶部咨議覆御史李兆鵬奏

請查禁絲觔出洋一摺應如所奏行令各省督

撫轉飭濱海地方文武各官嚴行查拏每於年

底將有無拏獲奸商私販之案專摺奏

聞等因行知遵照在案粵省內地商民出洋貿易者

於奉文之日即行查禁外洋夷船經臣

奏請於乾隆二十五年為始查禁奉

旨允行并咨准部覆紬緞等貨一體禁止出洋先後

飭行遵照亦在案臣思絲觔紬緞禁止出洋欲

絕其流當先清其源查浙省湖絲販運來粵必

由南韶二府方抵省城及佛山等處分發舖戶
機坊銷售因札行南雄府及管理太平關稅之
南韶道凡有商販絲貨過境飭將數目及販往
地方行舖姓名逐一查明登註按旬開單稟報
轉飭廣州府照單行查以杜透漏如有數目不
符及短少之處即行查究事不繁而弊可稽其
出口船隻仍嚴飭濱海汛口文武員弁並海關
稅口委員一體實力查辦兹據布政司詳據沿
海各州縣申覆並准各鎮協營移覆乾隆二十
五年分凡內地商販出洋貿易及外洋夷商販
運回棹之船均經逐細查明並無夾帶絲斤紬
緞等貨亦無拏獲奸商私販之案等因到司詳

二八二　兩廣總督李侍堯奏折

遵議查禁絲綢出洋事宜

(乾隆二十六年四月初八日)

請會核具奏前來臣覆核無異謹會同廣東巡
撫臣託恩多粤海關監督臣尤拔世合詞遵例
奏
聞伏乞
皇上睿鑒謹
奏
乾隆二十六年四月初八日

二八三　廣東巡撫托恩多奏折

報告洋船到粤數目及撫恤遇難水手

(乾隆二十六年九月二十五日)

廣東巡撫臣託恩多謹

奏爲奏

聞事竊照粤東設立海關通商貿易外洋番船每於

夏秋陸續進口本年咦咭唎國夷船共到有十

三隻嚩𠳐國夷船到有二隻𠳐國夷船到有一

隻嗹國夷船到有一隻共計十七隻本港並鄰

省回棹商船共二十七隻臣蒙

恩命兼理關務責在彈壓稽查先於泊船之黄埔地

方嚴飭營汛員弁督率巡船兵役晝夜巡查復

二八三　廣東巡撫托恩多奏折

報告洋船到粤數目及撫恤遇難水手
(乾隆二十六年九月二十五日)

於投歇之行舘處所嚴諭堆兵練總防守柵欄
加謹盤詰毋許漢奸出入滋生事端至於惠潮
高廉雷瓊等處總口各有委員監管收税現值
更换之期例應選員調换臣於通省佐雜内擇
其平日辦事奮勉頗知自愛者派往接管臣仍
與監督臣尤拔世時刻留心訪察稽考倘辦理
稍有不妥當即分别撤回条究再據香山縣禀
有暎國夷商喈吱船隻駛至白沙符洋面被風
打碎船貨沉失止存水手十七名駕杉板船一

隻飄至澳門又據陸豐縣詳有西洋黃旗國夷
商嚀呢喘船隻駛至白石礁海面撞礁擊碎船
貨沉溺夷商同水手共一百二十餘人駕杉板
船三隻飄至陸豐海港俱經臣批令照例撫恤
支給口糧另撥哨船護送來省俟有便船搭載
歸國外所有洋船到粵數目及臣查察辦理緣
由理合恭摺奏
聞伏祈
皇上睿鑒謹
奏

二八三　廣東巡撫托恩多奏折　報告洋船到粵數目及撫恤遇難水手
（乾隆二十六年九月二十五日）

知道了

乾隆二十六年九月　二十五　日

二八四 廣東巡撫托恩多奏折

（乾隆二十六年十月初八日）

粤海關通年關税總數

奴才托恩多
奴才尤拔世跪

奏爲

奏明通年關税總數仰祈

睿鑒事竊照粤海關徵收盈餘例應扣足一年期滿

先將徵收總數

奏明俟各口將餉銀彙解齊全通查支銷各數造

冊委員解部仍分别

題奏歷經遵照辦理兹奴才等查乾隆二十五年

分前管關督臣李侍堯及奴才尤拔世任内所

二八四 廣東巡撫托恩多奏折

粵海關通年關稅總數

（乾隆二十六年十月初八日）

收通關正雜盈餘共銀三十五萬六千二百八兩零現在奴才等會同查核照例解部今復查奴才尤拔世自乾隆二十五年八月二十六日起至二十六年八月二十五日扣足一年期滿通關各口共報收正雜等銀三十八萬二千六百一十兩零比較二十五年分計多收銀二萬六千四百一兩零查粵海關每年徵收稅數向視洋船多寡以定盈絀茲二十六年分共到洋船一十三隻較之二十五年分雖屬一轍但上年洋船進口較遲其扣滿年限之時洋船多未

報貨出口所有出口稅規彼時未曾徵收現在
歸入本年奏報又本年各口船隻貨稅均有豐
裕是以統年稅數轉比上屆多收除俟各口稅
銀彙解齊全核明支銷確數照例分款造冊解
部查核另行
題報外所有乾隆二十六年分一年期滿徵收總
數合先恭摺會
奏伏乞
皇上睿鑒謹
奏

二八四　廣東巡撫托恩多奏折　粵海關通年關稅總數
（乾隆二十六年十月初八日）

二八四　廣東巡撫托恩多奏折

粵海關通年關稅總數

(乾隆二十六年十月初八日)

覽

乾隆二十六年十月初八日

二八五 兩廣總督蘇昌奏折 英國來文請釋被押英商洪任輝并請免規禮銀(乾隆二十六年十月十一日)

廣東巡撫臣託恩多
兩廣總督臣蘇昌
粵海關監督奴才尤拔世 謹

奏爲酌辦夷情會摺奏

聞事竊照本年八月内有暎咭唎國哥叮夷船來廣貿易至九月初一日呈投該國夷官公班衙番文一件當交通事譯出漢文係懇求釋放夷犯洪任輝及請免歸公規例等事臣等案查洪任輝係暎咭唎國夷商往來内地年久通曉漢語乾隆二十四年希往浙江寧波府開港貿易勾結奸民劉亞區砌款前赴天津呈控經

二八五　兩廣總督蘇昌奏折

英國來文請釋被押英商洪任輝并請免規禮銀(乾隆二十六年十月十一日)

欽差臣新柱等會同前督臣李侍堯審明具
奏奉
旨將劉亞匾正法其洪任輝荷蒙
皇上念係遠夷著令圈禁澳門三年俟滿日釋逐回
國欽遵在案伏思我
皇上撫馭萬邦懷柔體恤無不備至雖議獄無分中
外而法行自近故將內地奸民劉亞匾正法示
警本應重治其罪之洪任輝以係異域夷人仰
荷

聖恩從寬圈禁已屬法外之仁況粵省自開洋以來
各國番夷俱梯航來廣全在紀律嚴肅
恩威並行庶遠夷震懾知所凜遵自未便因該夷稟
請遽行瀆陳應仍俟明年限滿之日
奏明請
旨釋遂至其稟內懇免規例銀一千九百五十兩查
海關則例夷船進口每船應納番銀一千九百
五十兩計折實紋銀一千七百餘兩係定例應
徵之項又二分頭一宗即係前年洪任輝所控
案內開有每百兩加平三兩一條業經查明每

二八五 兩廣總督蘇昌奏折
英國來文請釋被押英商洪任輝并請免規禮銀(乾隆二十六年十月十一日)

百兩原有添平等項銀共一兩六錢五分前任
監督李永標因不敷解部曾於乾隆二十年加
收銀八錢嗣已
奏明奉
旨將加收之八錢免徵現止仍照舊例每百兩收添
平銀一兩六錢五分合算番銀市平每兩計收
銀二分亦係定例應徵之款又六分頭一宗内
有五分四釐係該夷船出口時所收分頭銀亦
係歷久載入則例應徵之項均難寬免且來粤
夷船甚衆現在各國夷商莫不各照則例輸納

毫無異言尤未便准其所請致使各國效尤以
上規例添平分頭三項銀兩均應照舊徵收惟
所稟六分頭内除分頭銀五分四釐外尚有銀
六釐查係夷人幇貼行商爲搬運貨物之辛工
脚費竝非官徵之項向緣行商稟同分頭銀一
總向夷人收銀六分致該夷視非官收公項混
請求免嗣後應飭令行商凡夷船貨物挑運脚
費聽該夷自行出錢雇募禁止行商收銀代辦
以杜藉口又據稟課税免交保商經手其意不
過慮及保商私自那移但夷人不諳内地章程

素賴行商經理而行商中或有貲本微薄納課
不前者故又選擇殷實之人承充保商以專責
成原爲愼重錢糧起見未便據一面之詞更易
成規如慮那移别用致回棹稽遲業經臣等嚴
飭行保各商毋許擅那貨税俾夷船及早回國
如違查出革究至所稟夷商有事求面見監督
一節查夷人語言不通即或面見亦難通達自
應令保商通事代爲轉稟或監督親往黄埔量
船之時原可邀同通事面稟以上各條皆係洪

任輝列控案內審明之欵茲復據該夷官撫拾呈稟實屬狡黠多事臣等擬俟該夷船回國之日給發回文傳知遵照外緣關酌辦夷情事理

臣等謹會摺奏

聞所有譯出漢文及擬給回文稿一併抄錄附呈

御覽伏祈

皇上睿鑒訓示遵行謹

奏

所辦甚屬合理知道了

乾隆二十六年十月　十一　日

二八六　粵海關監督尤拔世奏折

粵海關稅額盈餘數目
(乾隆二十六年十月十九日)

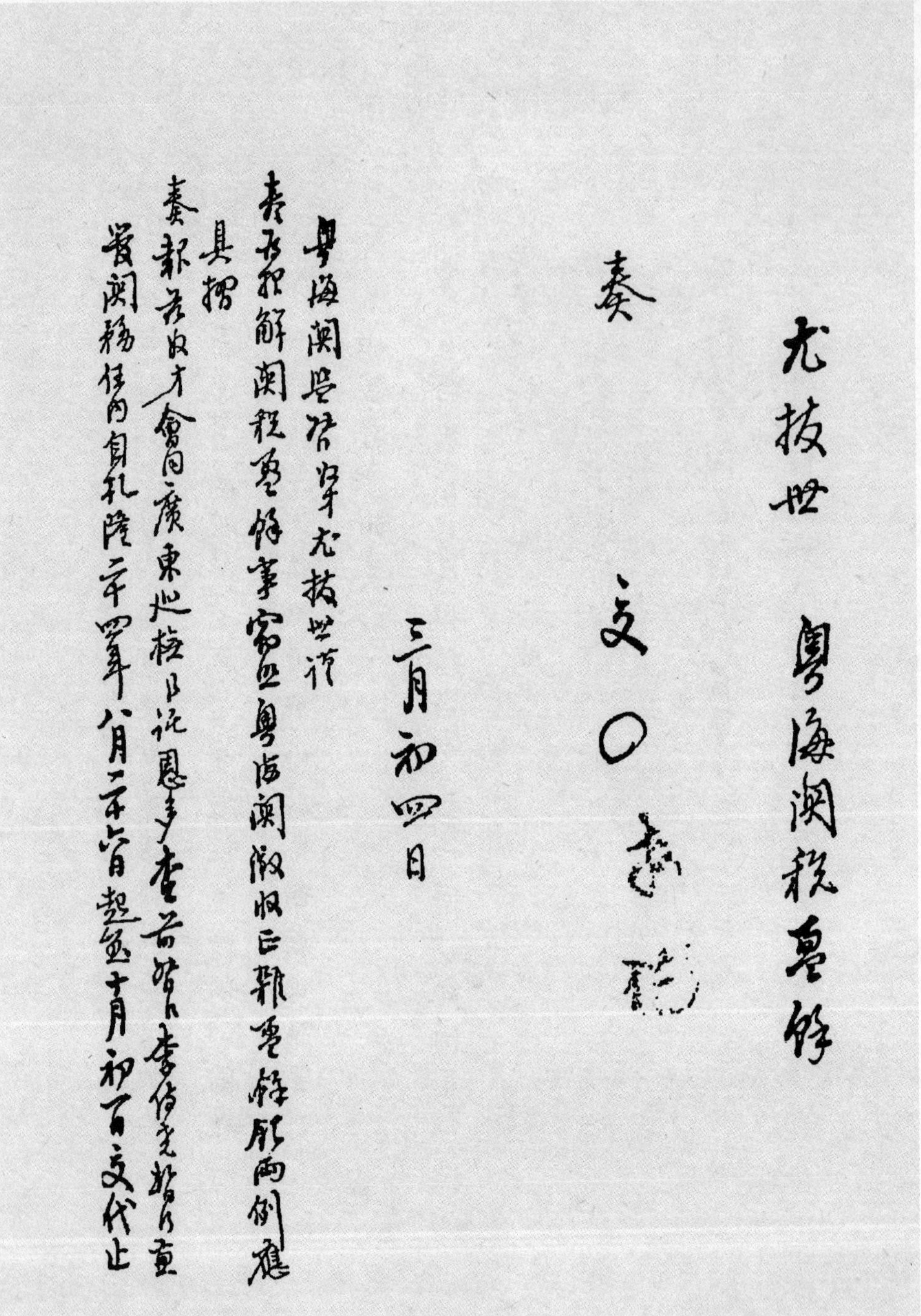

尤拔世　粵海關稅盈餘

奏　文〇

三月初四日

粵海關監督奴才尤拔世謹

奏為起解關稅盈餘事竊照粵海關徵收正額盈餘銀兩例應

具摺

奏報在案奴才會同廣東巡撫臣託恩多查前督臣李侍堯兼署

管關務任內自乾隆二十四年八月二十六日起至十月初十日交代止

二八六 粵海關監督尤拔世奏折

粵海關稅額盈餘數目

(乾隆二十六年十月十九日)

計一個月零四日共徵銀壹萬六千二百一兩六分四厘，又奴才自
十月初六日抵任接管起至二十五年八月二十五日止計十個月零二十
四日共徵銀六十萬五千五百八十六兩九錢八厘，並連前督臣李侍堯接任
扯足一年共徵收稅鈔歸公耗羨等銀六十五萬二千二百八兩九錢七
分二厘，又節存平餘罰料截曠銀五十七兩五錢六分七厘，通共
銀六十五萬六千二百六十六兩五錢二分九厘，內正稅鈔銀一十七
萬四千六百八十六兩八錢四分五厘，已將正額銀四萬兩、銅觔水腳銀三
千五百六十四兩，照舊移交廣東藩庫查收，取有庫收送部，尚存
正項盈餘銀一十三萬一千一百二十四兩八錢四分五厘，又收歸公耗擔
分規，以及平餘罰料截曠等項，共銀一十八萬一千五百七十七兩六
錢九分四厘，除支採辦貢品、信牌、方物、通關經費解部飯銀、解
部水腳、鎔銷折耗、並支關書廩工食，共支用銀一十萬三千五百
九十五兩九錢七分九厘，尚存雜項盈餘銀七萬七千九百八十一兩七錢
一分五厘，連正項盈餘，通共存銀二十萬九千一百六兩五錢六分，除照
例另疏題報，按款分批造冊委員解部查核外，再關稅原係征

二八六　粵海關監督尤拔世奏折
粵海關稅額盈餘數目
（乾隆二十六年十月十九日）

自上屆比較，當備考核。今海關於乾隆二十五年分共徵收銀三十五萬六千二百六十六兩五錢三分九釐，自上屆二十四年分收銀二十五萬四千六百六十四兩七錢二分二釐之數。按照比較，其二十五年分計多收銀一千五百六十一兩八錢一分七釐。查二十五年共到洋船一十二隻，雖比二十四年少到十隻，但上年洋船進口較遲，貨扣滿年限之時洋船俱未報貨出口，所有出口稅規彼時未曾徵收，現在歸入二十五年奏報，是以統年稅數轉比上屆多收。理合一併查核，循例恭摺奏，伏祈

皇上睿鑒，敕部核覆施行。謹

奏。

乾隆二十七年三月初四日

硃批：該部核議具奏。欽此。

二十六年十月十九日

二八七　閩浙總督楊廷璋奏折

遵議查禁絲綢出洋事宜(乾隆二十六年十二月二十六日)

閩浙總督奴才楊廷璋
護理福建巡撫印務布政使奴才德福謹
奏爲遵例具
奏事案查乾隆二十四年八月十四日准户部咨
開議覆禁止絲綿私出外洋一摺行令各省督
撫轉飭濱海地方文武各官嚴行查禁倘有違
例出洋其失察之汛口文武各官照失察米石
出洋例分别議處並令各該督撫每於年底將
有無拏獲奸商私販出洋之案專摺奏
聞等因又准户部咨開紬緞等物總由絲斤所成嗣
後紬緞綿絹等物一體嚴禁出洋等因遵經先
後轉行遵照查禁在案兹届年底行據奴才本
任布政使德福會同按察使曹繩柱詳稱乾隆

二十六年分閩省所轄沿海之福州興化泉州漳州福寧臺灣等屬汛口文武各官均各實力嚴查凡出口船隻咸知禁令並無奸商串謀私販絲綿紬緞等物出洋情事詳覆會

奏前來奴才等覆查無異理合恭摺會

奏伏祈

皇上睿鑒謹

奏

知道了

乾隆二十六年十二月二十六日

二八八　兩廣總督蘇昌奏折　遵旨查禁絲綢出洋(乾隆二十七年四月初十日)

兩廣總督臣蘇昌謹

奏爲遵例奏

聞事案准戶部咨議覆御史李兆鵬奏請查禁絲觔

出洋一摺行令各省督撫轉飭地方文武查拏

每於歲底將有無拏獲奸商私販之案專摺奏

聞并續准部咨紬緞等貨一體禁止出洋等因先後

遵照在案臣查浙省湖絲販運來粵必由南韶

二府方抵省城及佛山等處分發舖戶機坊銷

售節經前督臣李侍堯暨臣等先後劄行南雄

府及管理太平關稅之南韶道凡有商販過境

飭將絲觔紬緞數目及販往地方行舖姓名逐

一查明按旬開單具報轉發廣州府照單查明

二八八 兩廣總督蘇昌奏折

遵旨查禁絲綢出洋(乾隆二十七年四月初十日)

是否俱各運到省城佛山發賣以杜透漏如有
數目不符即行查究并嚴飭濱海汛口文武員
弁與海關稅口委員一體實力稽查在案嗣據
廣州府知府龍廷棟按月查覆南韶二府地方
經過絲觔紬緞商船俱至省城及佛山等處分
發舖戶機坊銷售均與南韶月報相符並無偷
漏出洋情弊茲又據廣東布政使史奕昂詳據
沿海各州縣及各鎮協營申覆乾隆二十六年
分凡内地商販出洋貿易及外洋夷商販運回
棹之船均經逐細查明委無夾帶絲觔紬緞等
貨出洋等因詳請具
奏前來臣覆核無異謹會同廣東巡撫臣託恩多

粵海關監督臣尤拔世合詞遵例奏

聞伏祈

皇上睿鑒謹

奏

乙

乾隆二十七年四月初十日

二八九　兩廣總督蘇昌奏折

夷商懇請購買絲斤(乾隆二十七年四月初十日)

廣東巡撫臣託恩多
兩廣總督臣蘇昌
粵海關監督臣尤拔世謹

奏爲據情奏

聞事。乾隆二十七年三月二十三日據暎咭唎夷商咱囒等呈遞番稟一扣，隨交通事林成譯漢內稱：夷等來至

天朝貿易，十分路遠，受盡許多波浪，原想買些湖絲回去，奉禁兩年不能買得。夷等帶來羽紗哆囉呢嗶吱等物，都要湖絲添配做緯方能織得光亮，若無湖絲實實不能織得，況買湖絲回去織

成絨疋又來
天朝應用就是婦女也要做些手作工夫無湖絲亦
各都没針指夷等就是
天朝使喚小厮一樣懇求憐恤爲夷等
奏明
皇上准夷等買些湖絲緞匹回去等情據此臣等伏
查絲斤未禁出洋以前外洋夷船進口每年販
回絲斤并綢緞等貨約計二十餘萬斤其餘本
港出洋之船販往絲斤綢緞亦盈千累萬以致
内地絲價日漸騰貴是以乾隆二十四年定例

二八九　兩廣總督蘇昌奏折　夷商懇請購買絲斤(乾隆二十七年四月初十日)

嚴禁於內地民用實有裨益今據嘆咭唎夷商咟囒等呈稱嗶吱羽紗哆囉呢等物無絲不能成造女工針指現俱停歇亦屬實情此等外夷各商歷年販運經營仰沐
天朝惠澤久而受福不如茲因絲禁綦嚴始覺組織難成遮呈籲懇情詞殊爲廹切 臣等不敢壅於
上聞理合據情轉
奏請
旨定奪再查粵東沿海沙磧之區不能樹藝穀麥多植桑樹每歲自三月起至十月止皆可養蠶所

產土絲極多但絲質麤硬不堪蒸練與浙江所
產之二蠶絲相仿難爲織造緞匹之用價值較
賤各國夷船收買配織嗶吱羽紗大呢等物最
爲相宜現在一體嚴禁於沿海瘠土貧民未免
稍有拮据查上年户部議覆蘇州撫臣陳弘謀
奏請東洋辦銅商船十六隻每船搭配綢緞約
四千斤欽奉
恩旨准行在案今南洋夷船較辦銅商船倍大其所
帶洋錫白鉛亦供鼓鑄之用倘荷

二八九　兩廣總督蘇昌奏折

夷商懇請購買絲斤(乾隆二十七年四月初十日)

皇上一視同仁
恩施格外援照東洋辦銅商船之例准予搭配絲斤
應請每船配買土絲五千斤二蠶湖絲三千斤
專供組織絨匹及女工之用至頭蠶湖絲及綢
綾緞匹仍照舊禁止嚴行察驗不許絲毫夾帶
似與內地織造需用之絲斤仍無妨礙而外洋
各國男婦均沐
皇上高厚隆恩於靡既矣事關海洋禁例仰祈
特降諭旨俾異域遐方咸知我
皇上加惠遠夷無分內外之至意臣等謹會摺具

二八九　兩廣總督蘇昌奏折　夷商懇請購買絲斤(乾隆二十七年四月初十日)

奏伏乞
皇上睿鑒訓示遵行謹
奏
另有諭部

乾隆二十七年四月　初十　日

二九〇 内閣奉上諭

著準外洋商船搭配購買絲斤出口
（乾隆二十七年五月十一日）

乾隆二十七年五月十一日内閣奉

上諭蘇昌等奏㖊咭唎夷商咟囒等以絲斤禁止出洋夷貨艱於成造籲懇代奏酌量准其配買情詞迫切一摺前因出洋絲斤過多内地市直翔踊是以申明限制俾裕官民織紝然自禁止出洋以來並未見絲斤價平亦猶朕施恩特免米豆稅而米豆仍然價踊也此蓋由於生齒日繁物價不得不貴有司恪守成規不敢通融調劑致遠夷生計資亦堪軫念著照該督等所請循照東洋辦銅商船搭配紬緞之例每船准其配買土絲五千斤二蠶湖絲三千斤以示加惠外洋至其頭蠶湖絲及紬綾緞疋仍禁止如舊不得影射取戾欽此

二九一　兩廣總督蘇昌奏折

洪任輝在澳門圈禁年滿請準交英商帶回
(乾隆二十七年閏五月二十八日)

兩廣總督臣蘇　昌
廣東巡撫臣託恩多謹

奏爲會奏請
旨事竊照夷犯洪任輝係暎咭唎國夷商乾隆二十
四年希往浙江寧波府開港貿易砌欵前赴天
津呈控經
欽差審明具
奏奉
旨將洪任輝圈禁澳門三年俟滿日釋逐回國欽遵
圈禁在案迨上年八月内有暎咭唎國嗎嘶夷
船來廣貿易呈投該國夷官公班衙番文懇求

二九一　兩廣總督蘇昌奏折

洪任輝在澳門圈禁年滿請準交英商帶回
（乾隆二十七年閏五月二十八日）

將洪任輝釋放臣等當將洪任輝違禁犯法荷
蒙
聖恩俯念異域遠夷從寬圈禁三年已屬法外之仁
明歲限滿自應釋回飭駁併欽遵
諭旨將回文添叙嚴正剴切於該國夷船回棹之時
給發知照先後將辦理情由繕摺奏
聞兹查夷犯洪任輝自乾隆二十四年十月十七日
發交澳門同知圈禁起至本年九月十七日三
年屆滿冬季正當夷船出口之時相應預爲請

旨俟屆期將洪任輝釋禁交給暎咭唎夷商大班押
赴夷船帶回臣等仍差遣員弁小心護押出口
併將
天恩寬釋緣由行文該國王知照以昭
天朝信令臣等謹先恭摺具
奏伏祈
皇上睿鑒謹
奏

乾隆二十七年閏五月 二十八 日

二九二 兩廣總督蘇昌奏折

外商答謝天朝允準購買絲斤
（乾隆二十七年八月二十日）

廣東巡撫臣託恩多
兩廣總督臣蘇昌 謹
粵海關監督奴才尤拔世

奏爲據情轉
奏叩謝
天恩事竊照本年四月間暎咭唎國夷商啪𠴭等呈
請收買絲斤出洋一事經臣等會摺恭
奏荷蒙
聖恩
特降諭旨准其每船配買土絲五千斤二蠶湖絲三
千斤以示加惠外洋至意欽此欽遵臣等隨恭繕
聖旨徧加曉諭現在正洋船齊集之時據啪𠴭等會

二九二　兩廣總督蘇昌奏折　外商答謝天朝允準購買絲斤（乾隆二十七年八月二十日）

同嗹國端國�嚨國各夷商等呈稱夷等專靠
絲斤織成絨匹貨賣自
天朝禁止湖絲出洋生計艱苦今仰荷
洪恩憐恤遠人准夷等配買絲斤懽喜感激之至不
獨夷等俱有活計即國中婦女都可作針指度
日矣
天朝格外之恩真是無遠不覆感戴至深匍匐叩謝
伏懇代爲轉
奏叩謝
天恩等情臣等不敢壅於
上聞謹據情繕摺代爲轉

二九二　兩廣總督蘇昌奏折　外商答謝天朝允準購買絲斤(乾隆二十七年八月二十日)

奏伏乞
皇上睿鑒謹
奏

乾隆二十七年八月　二十　日

二九三　粵海關監督尤拔世奏折　關稅盈餘數目(乾隆二十七年九月十二日)

尤拔世　關稅盈餘

奏　文〇摺說

十二月初五日

粵海關監督臣尤拔世跪

奏為報解關稅盈餘事竊照粵海關徵收正雜盈餘銀

兩例應恭摺具

奏茲臣會同署廣東巡撫臣蘇昌查臣管理粵海關任內自

二九三　粵海關監督尤拔世奏折

關稅盈餘數目(乾隆二十七年九月十二日)

乾隆二十五年六月二十六日起至二十六年八月二十五日止連閏扣足一年共徵收稅鈔歸公耗雜等銀三十八萬二千六百一十兩四分九厘又節存平餘罰料截曠銀二十四兩三錢四分一厘通共銀三十八萬二千六百三十四兩三錢九分內正稅鈔銀一十八萬五百二十兩一錢五分一厘已將正額銀四萬兩銅斤水腳銀三千五百六十四兩照例發交廣東藩庫查收所有庫收運部尚存正項盈餘銀一十三萬六千九百五十六兩一錢五分一厘又收歸公耗擔分規以及平餘罰料截曠等項共銀二十萬二千一百一十四兩二錢三分九厘除支採辦貢品傳辦方物通關經費解部飯銀解餉水脚鎔鏽折耗并在關養廉工食共支用銀一十萬七千二十六兩一錢三分八厘尚存雜項盈餘九萬五

二九三 粤海關監督尤拔世奏折 關税盈餘數目(乾隆二十七年九月十二日)

千四十八兩一錢一厘連正項盈餘通共存銀二十三萬二千四兩二錢五分二厘除照例具疏題報按款分晰造冊咨送户部查核外再閲税盈餘若與上届比較以備考核今海關乾隆隆二十六年分共徵收銀三十八萬二千六百三十四兩三錢九分與上届二十五年分收銀三十五萬二千二百六十二兩五錢三分九厘之數按照比較其二十六年分計多銀二萬六千三百六十七兩八錢五分一厘查二十六年分共到洋船一十三隻較之二十五年分雖属一轍但上年洋船進口較遲一覽扣滿年限之时洋船多未報完出口所有出口税规照时未曾徵收歸入二十六年奏報又該年各口船隻完税均有豐裕是以通年税數轉比上届多收理合

二九三　粵海關監督尤拔世奏折

關稅盈餘數目(乾隆二十七年九月十二日)

一併查核循例恭摺
奏明伏乞
皇上睿鑒勅部核覆施行謹
奏　乾隆二十七年十二月初五日奉
硃批該部核議具奏欽此

九月十二日

二九四　兩廣總督蘇昌奏折　瑞典國商人請準帶絲綢回國
（乾隆二十七年十月二十七日）

奴才蘇昌明山尤拔世謹
奏為據情奏懇
聖恩事案准户部咨開乾隆二十七年五月十一日
奉
上諭嘆咭唎夷商咱囒等以絲斤禁止出洋夷貨艱
於成造籲懇准其配買情詞迫切著循照東洋辦
銅商船搭買綢緞之例每船准其配買土絲五千
斤二蠶湖絲三千斤以示加惠外洋至意其頭蠶
湖絲及綢綾緞疋仍禁止如舊不得影射取戾欽

二九四　兩廣總督蘇昌奏折

瑞典國商人請準帶絲綢回國
(乾隆二十七年十月二十七日)

此正值洋船齊集之時奴才蘇昌尤拔世等即

恭録

諭旨徧加曉諭各夷商歡呼感戴呈請叩謝

天恩當經恭摺代

奏在案今據端國夷商啼啶咀嚁嚇國夷商啡叻

等呈稱夷等仰沐

皇上洪恩憐恤遠人准配買絲斤帶回不但夷等得

有活計即國中婦女都可作針指度日

皇恩浩蕩歡喜感激之至但夷等外洋各國尚有不

二九四　兩廣總督蘇昌奏折　瑞典國商人請準帶絲綢回國（乾隆二十七年十月二十七日）

能織造疋頭之處向係採買絲斤即在內地覓
匠織成綢緞帶回服用今不能自織之國度雖
買有絲斤不敢織緞帶回服用無資夷等同屬
天朝屬國就是小廝一樣今情願少帶絲斤織些緞
疋帶回更歡喜感謝不盡現在喘國已缺用兩
三年懇准先帶疋頭二千斤籲求憐恤奏懇
皇上施恩等情據此奴才等伏查絲斤例禁出洋荷蒙
我
皇上恩恤遠夷每船准帶土絲五千斤二蠶湖絲三

二九四　兩廣總督蘇昌奏折
瑞典國商人請準帶絲綢回國
(乾隆二十七年十月二十七日)

千斤已邀
恩施格外今據呈前情本不應再爲代
奏但奴才等細加訪詢外洋地方寛廣亦有不善
組織之處向在内地買絲織成粗厚雜色綢緞
帶回不但夷人得邀服飾之榮而廣州佛山一
帶機户亦得工資餬口今據請即於
恩准配帶之八千斤絲内量織些須疋頭帶回是所
帶疋頭即在原額准帶絲斤之内尚非額外多
帶情詞迫切奴才等不敢壅於

二九四　兩廣總督蘇昌奏折

瑞典國商人請準帶絲綢回國
（乾隆二十七年十月二十七日）

上聞理合據情轉
奏可否仰邀
皇上天恩特降
諭旨俾外域遠夷得更普霑
惠澤出自
聖恩如蒙
俞允奴才等查絲斤織成綢緞約計每絲一千斤可
織綢緞八九百斤嗣後即照八折計算每絲一
千斤止准織綢緞八百斤統在八千斤絲内總

二九四　兩廣總督蘇昌奏折

瑞典國商人請準帶絲綢回國
(乾隆二十七年十月二十七日)

筭不許額外絲毫夾帶至現在端國懇先帶足
頭二千斤之處時值夷船出口若拘泥不准似
非仰體我
皇上優恤遠夷至意況爲数甚少奴才等共相商酌
暫爲准帶抵作絲二千五百斤即總算在八千
斤数内合併陳明伏祈
皇上睿鑒謹
奏
如所請行
乾隆二十七年十月　二十七　日

二九五　兩廣總督蘇昌奏折　洪任輝已釋押回國及荷蘭船哨互毆致死（乾隆二十七年十二月十五日）

蘇昌
明山　夷犯洪任輝釋押回國由

奏

正月十五日

兩廣總督臣蘇昌
署廣東巡撫臣明山謹
奏為夷犯釋押回國恭摺奏
聞事。竊照噗咭唎國夷犯洪任輝奉
旨圈禁三年，扣至本年九月十二日限滿，經臣蘇昌
奏明俟屆期釋放回國，於本年八月二十六日欽奉
硃批：覽。欽此。隨行司委員赴澳門，同出國尔兵防於九月十二日將洪任輝押交夷船收

二九五　兩廣總督蘇昌奏折　洪任輝已釋押回國及荷蘭船哨互毆致死(乾隆二十七年十二月十五日)

旨一面派委文武員弁在夷船處所設巡防今有嘆咭唎夷商嗎咁船隻開行臣等復飭令在委員眼同管押出口去後今據圖爾炳阿等稟稱該嗎咁船內目擊洪任輝在彼船上押令該船於十一月二十四日起椗開行洪任輝尚知畏懼在船禮叩謝由虎門出口放洋而去所有嗎咁夷等收領等情呈送前來所有夷犯洪任輝遵

押回國緣由理合會摺奏

聞再今歲各國夷人在粵俱安靜守法並無與民人交涉爭競之事惟本年十一月初三日有嘆咭唎國番梢咉與番梢哆咈彼此頑戲角口咉持刀戳傷哆咈身死臣等當即飭令交出兇番究擬向據據該國夷商大班嘧哩以該船回帆在即稟請照乾隆二十五年嘆咭唎水梢嘁啉哆吐戳死咭咭哪即在本船處死之例請委員監視正法臣等查係夷人自相戕殺似應俯順夷情完結併仍早為回棹隨於十二月十五日派委兩標中軍會同文員前往該船眼同衆夷將兇番咉用索套上桅桿勒死示衆屍在案衆夷念經叩謝即於次早十六日揚帆回國理合併附摺奏

聞伏祈

二九五 兩廣總督蘇昌奏折

洪任輝已釋押回國及荷蘭船哨互毆致死（乾隆二十七年十二月十五日）

皇上睿鑒謹
奏
乾隆二十八年正月十五日奉
硃批覽欽此
十二月十五日

二九六 兩廣總督蘇昌奏折

查明粵海關陋規久經歸公應照舊存留辦理(乾隆二十八年正月二十五日)

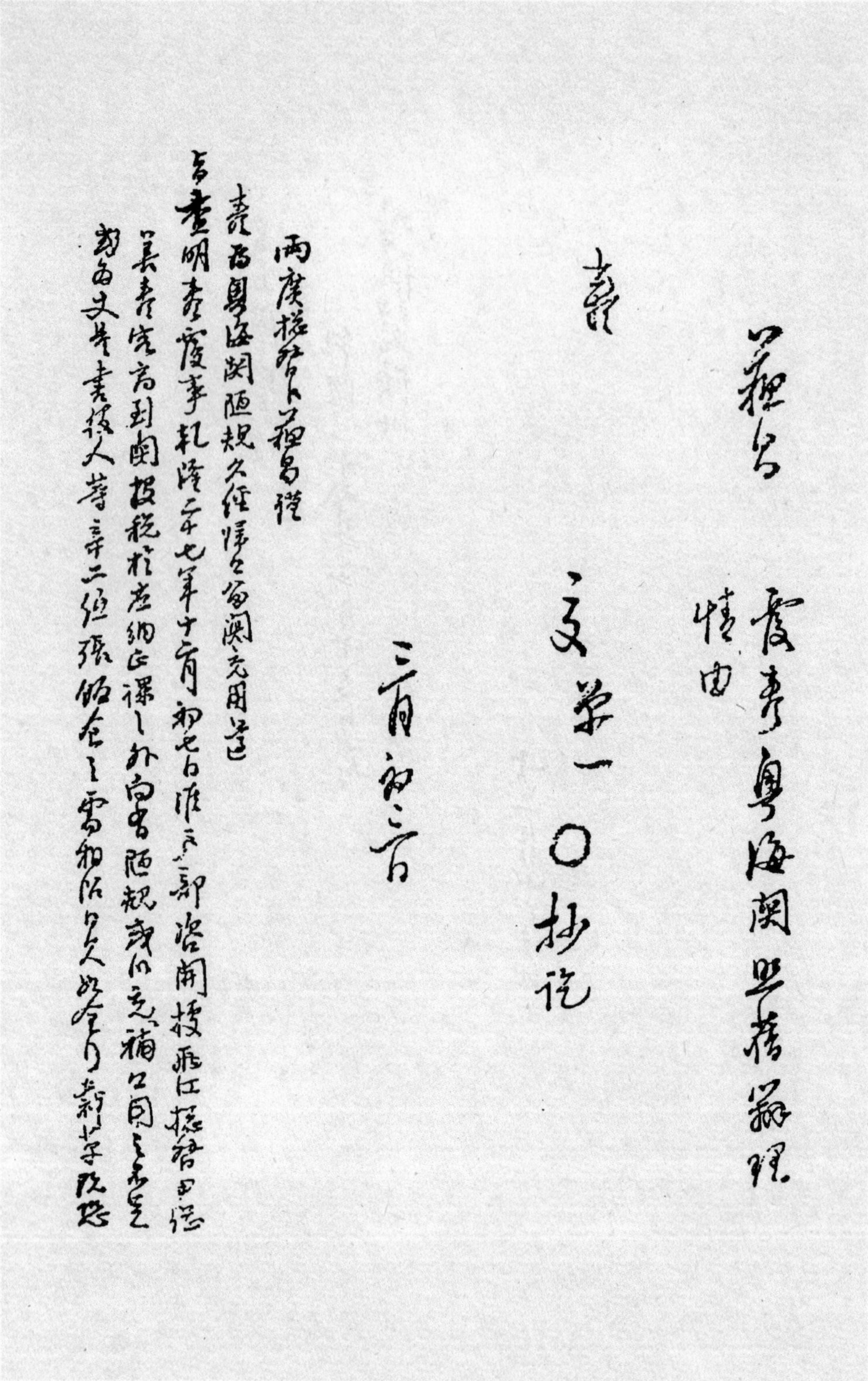
蘇昌 奏粵海關照舊辦理
情由
奏
文第一〇抄訖
三月初二日

兩廣總督臣蘇昌謹
奏爲粵海關陋規久經歸公留關充用遵
旨查明奏覆事乾隆二十七年十二月初七日准户部咨開接准兩江總督尹繼
善奏凡商到關投税於應納正課之外向有陋規或作爲補平因之名色
繁多如丈量書役人等辛工紙張飯食之需和盤合算

二九六　兩廣總督蘇昌奏折

查明粵海關陋規久經歸公應照舊存留辦理(乾隆二十八年正月二十五日)

稍久弊滋，且書役人等藉口名色，不按時中需索，尤為的是應留
當經奏明[illegible]過設關監督將該關陋規曾經裁革，除及另
年前聞充閑歸公款項，並臣前已奏明未奏之處一一據實核查，分
別應留應革，令同該督撫等酌核具奏。等因。乾隆二十七年
十月十七日奉
上諭：遵旨寄信到臣。臣查先於上年十月二十六日接到
廷寄，因羅源縣關口家人李忠等有需索侵漁之事，欽奉
諭旨，著交兩廣督撫嚴加查審。臣等即密加訪查粵海大關一切規禮，
俱係監督大概如此，就近規理尚無將正課設為罰料，以致款[illegible]
務將積弊情形俱已明透，臣等因屬辦理，因此陋規一面密諮該
地方文武將弁丁役書吏人等俱各報明，臣復密察訪
查實，一面將原有節規等項先行停收，
奏覆在案。今接准部咨，遵照監督尤[illegible]正途來[illegible]上陋規
該監督將粵海關陋規名色俱奏明歸公，此外並無私收情弊
摺係專由臣主稿

二九六　兩廣總督蘇昌奏折

查明粵海關陋規久經歸公應照舊存留辦理(乾隆二十八年正月二十五日)

奏爲奏　聞事。臣接管關務事宜，細加查訪，粵海關向來陋規
收正額稅外，尚有一切規禮，均係各官家人、書役人等私收規
禮，火足、臨驗、開艙、押船、丈量、給票、放關、領牌、出口，以及各項規禮等項
陋規，每年不下六七萬兩，從前原係了役私收入己，自雍正四年起，歷
任監關，始行將節次規禮悉數歸公，另立例冊，徵收解部，復有通關人
役，大足飯食銀兩，亦不歸公，復經具摺，不解部。迨乾隆九年，復經
督撫署關，督粵將軍臣策楞將關務原設飯食之一項，定於支
款項，數目開單，另行出具清冊，遞漏稅罰料，及查獲走私之船
贖銀兩，上年每年仍收銀二千兩，議請另款報銷，以爲每年存於
部查核。於乾隆九年七月內
奏准經部覆准，一並賞收，即規禮所等項陋規，久經歸入支領報
解了部中。至海關額外設有家人等役，規人役經管，此外另備免
稅口，換報，用共二百餘兩，向來雜項工食，船舶等項支出
每百斤收規銀不一，厘零至一分三厘零不等，每年約收銀三四千
兩。每年約歲銀十餘兩，或一二十兩不等，以爲　奏貴賭之資，點經具
閱，將軍臣策楞於乾隆九年十一月內
奏請照舊留給

二九六 兩廣總督蘇昌奏折

查明粤海關陋規久經歸公應照舊存留辦理（乾隆二十八年正月二十五日）

令文各項隨規銀倶前次查出歸公其餘各名色俱刊入例冊征收在條制

奏稱乾隆二十五年復經前任監督臣李永標任內

奏請將例冊內一切規禮名色並其款目悉行刪除改作歸公字樣并

查出省城大關及所屬口岸冊內擋冊各口將向有字人書役供索

查驗收放飯食每年銀自一二錢以至一兩零不等自一二十兩以至五六百兩不等

內或以一半歸公一半賞給或全數給予兼入例冊征收查係從前各項亦請

改作歸公名目征收另到支銷侵款遣報經部覆准在案惟是年

並刪覈正歸公之項者也查其各項隨規係歷經奉行改作歸公修款

刊入例冊征收所收之規款支給經費裁撤部覆亦均應照舊存留辦理

至現在大小口岸歸公征收之項甚難一概惟統收歸公經兩次奏明刪除其有一

切陋弊條款悉行刪除實堅立木榜曉諭商民書吏人等永遠遵守不得

外商不能其弊亦無所指稱大關徵收新例刊見禁宜嚴飭

大小口岸各項名目及地方文武衙門各口人役需索規禮經禁

收其實並無應革之款但在關書役人等一經禁革無所得其

無論額外私收及需索累商之事而日久或又變生弊竇不可不嚴除

二九六　兩廣總督蘇昌奏折

查明粵海關陋規久經歸公應照舊存留辦理（乾隆二十八年正月二十五日）

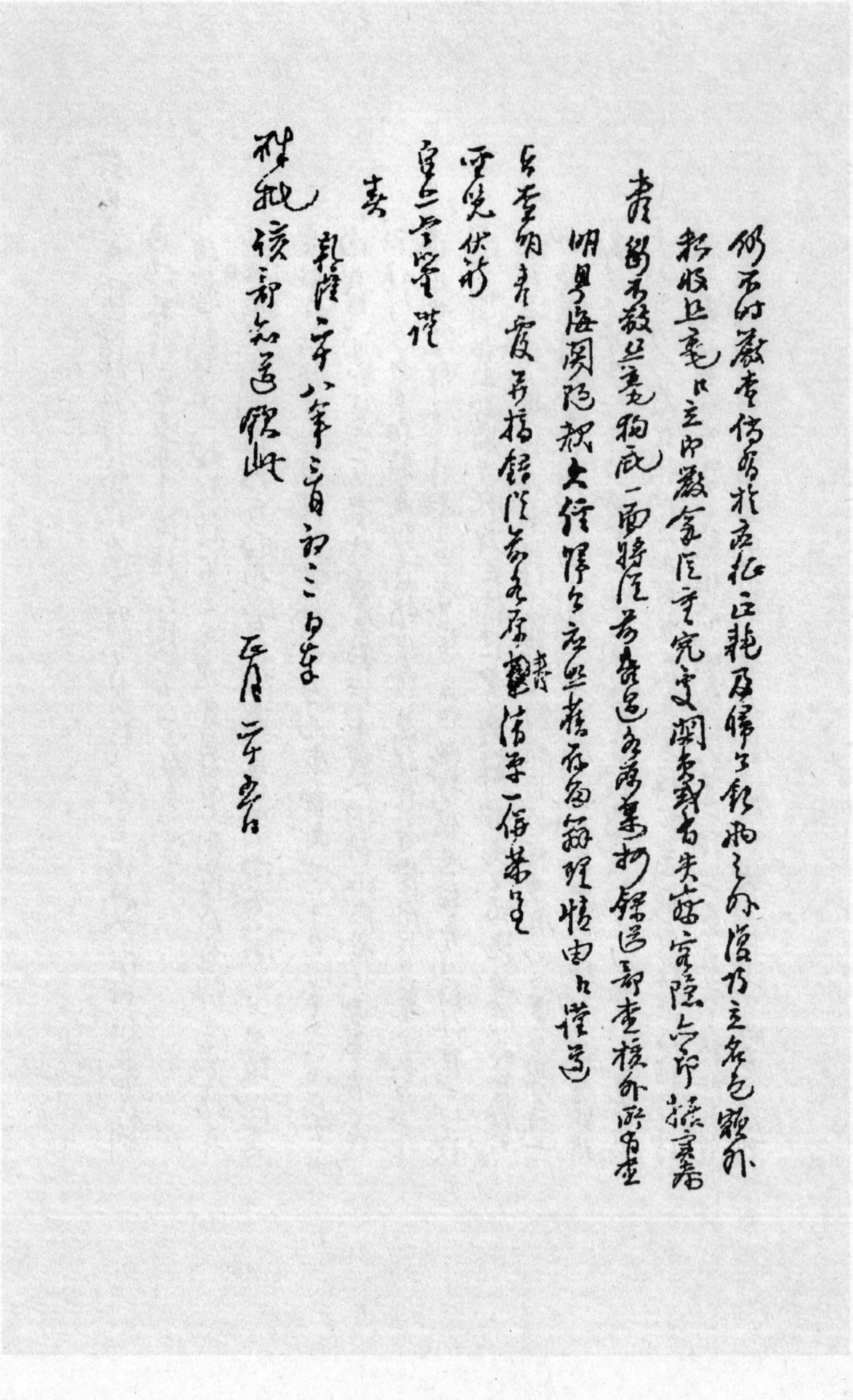
皇上睿鑒謹
奏
乾隆二十八年三月初二日奉
硃批：該部知道。欽此
臣蘇昌

二九七　署理兩廣總督明山奏折

絲斤等貨出洋無夾帶（乾隆二十八年三月二十四日）

明山　絲斤等貨出洋無夾帶由

奏

四月廿八日

署理兩廣總督印務臣明山謹

奏爲遵例奏

聞事竊照絲斤綢緞例禁出洋粵東本處在〻皆濱臨海口[illegible]屬凡

外省湖絲緞運來粵東由南韶二府前抵省城及佛山等處銷售[illegible]

北江一面惟府及省垣太平關稅〻羅單[illegible]經過絲斤綢緞

旨按月開單呈報部發廣州府查對照[illegible]運到省[illegible]佛山

二九七 署理兩廣總督明山奏折

絲斤等貨出洋無夾帶(乾隆二十八年三月二十四日)

茲查如有影射即可查究并飭令沿海文武一體稽查庶資杜遏

上年奉旨欽奉

恩旨循照外夷每船准配買土絲五千斤二蠶湖絲三千斤綾

又據各國夷商以外洋地方需用土絲織造綢緞情願少帶絲

斤量織成綢匹回以資服用經督臣蘇昌會同明山先後批准

據呈等情奏

聞後奉

硃批會同各夷商皆感戴

天恩查照定數配帶出口間有一二織帶匹頭者亦按每八千斤扣除

據夷商經粵海關驗行放關並無夾帶並無私帶等據廣州府知

府龍廷楨報同前由南海縣地方經過商販出口綢緞係在省

城及佛山等處和發鋪戶棧坊舖店與南海縣出產並無價

漏出洋道者沿海州縣及各營協管處蒙飭據乾隆二十七年分只南

地方販及外洋夷商出口各船均經查明驗放每各該外夷帶出綢

二九七　署理兩廣總督明山奏折

絲斤等貨出洋無夾帶(乾隆二十八年三月二十四日)

緞等貨出洋等情由司詳請具奏前來臣覆查無異謹遵旨
會同粵海關監督尤拔世恭摺具奏
聞伏祈
皇上睿鑒謹
奏
乾隆二十八年四月廿四日奉
硃批知道了欽此

三月二十四

二九八　兩廣總督蘇昌奏折

粵海關征收通年關稅總數

(乾隆二十八年十月二十二日)

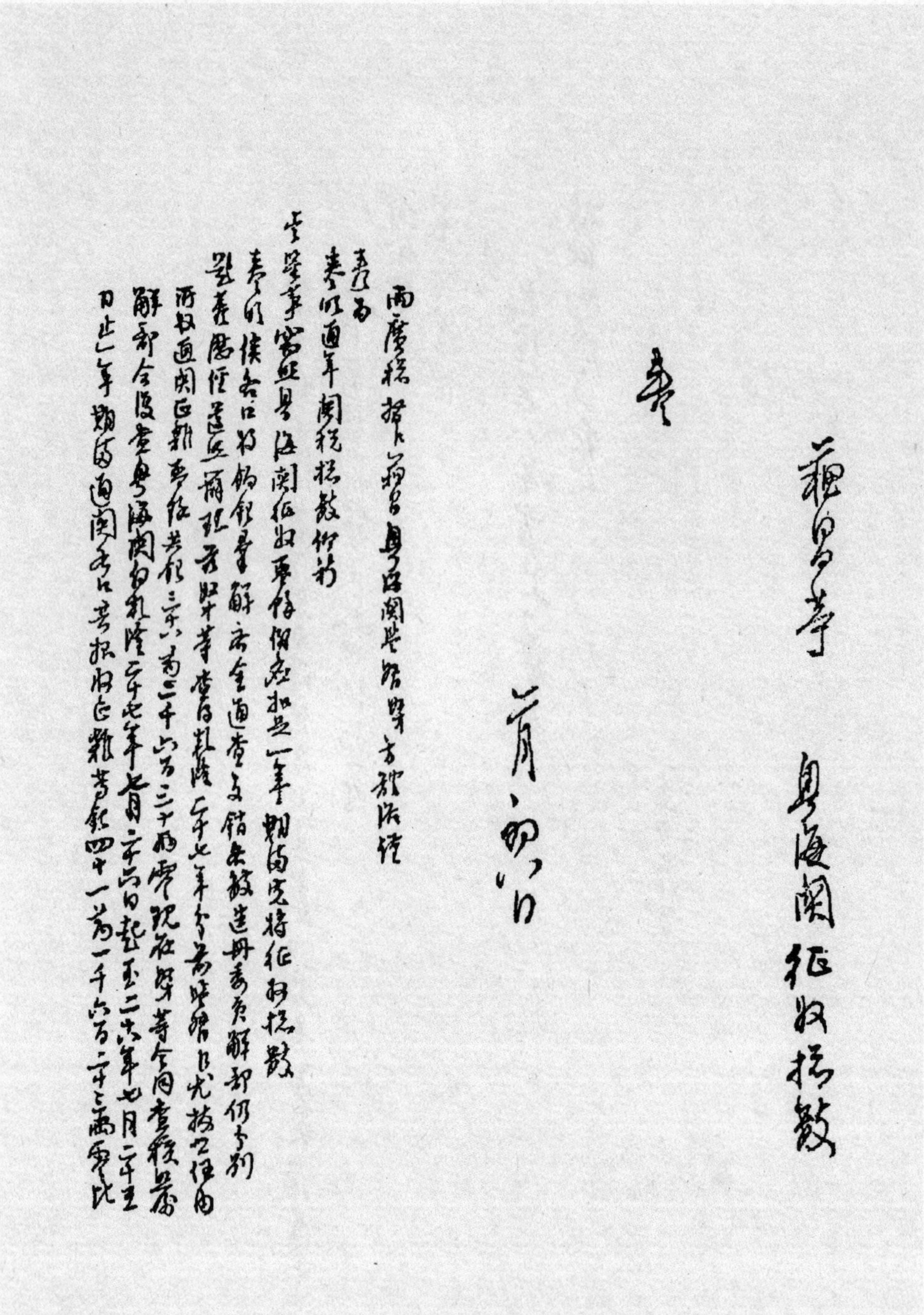

二九八　兩廣總督蘇昌奏折

粵海關征收通年關稅總數
（乾隆二十八年十月二十二日）

較二十七年分計多收銀二萬六千九百九十二兩零。查粵海關每年征收稅數，向
視洋船之多寡以定盈絀。查二十八年分共計到洋船十七隻，較之二十七年分多
到七隻，是以較多收銀兩。查二十八年分又係洋船進口稅遂其制滿年額之
時，多買絲斤，完價貨物及採貨出口，所有各船規現在歸入二十九年征收奏
二十八年分比較舊年多收銀一萬八千九百九十二兩零，除俟各船規
全解齊全，核明另行恭繕細數，具摺奏報外，遵照部覆核算另行
題報外，所有乾隆二十八年分一年期滿征收稅數，合先恭摺會
奏，伏乞
皇上睿鑒。謹
奏。
乾隆二十九年二月初六日奉
硃批：覽。欽此。
廿八年十月廿二日

二九九　兩廣總督蘇昌奏折

意大利人葉尊孝到澳門情願進京效力
（乾隆二十八年十二月十八日）

蘇昌
西洋人葉尊孝情願
進京由

奏

正月二十日

兩廣總督臣蘇昌謹
奏為西洋人情願進京効力謹具奏請
旨事。據廣東布政使胡文伯詳據署廣州府海防同知般長主詳據澳門
夷目唩嚟哆稟稱，有大西洋意大理亞國夷人葉尊孝，年四十五歲，搭澳門
十七號洋船於本年七月二十六日到澳，素習醫治內外科，今葉尊孝情
願赴京効力，從前並未到過，並識懇請詳代
奏等情到臣。伏查乾隆二十四年陞任督臣李侍堯條奏防範夷

二九九　兩廣總督蘇昌奏折

意大利人葉尊孝到澳門情願進京效力
（乾隆二十八年十二月十八日）

人一摺經軍機處議覆嗣後西洋人寄居澳門呈明海防同知轉
詳督撫分別奏咨辦理等因欽遵在案茲有西洋人安德義李衡良二人
情願進京效力經署督臣託恩多於乾隆二十六年
奏奉
硃批准來京欽此當經照例委官伴送進京在案今西洋人葉尊孝
以素習醫治內科情願赴京效力呈請代奏前來應否准其進
京效力之處臣未敢擅便理合恭摺奏
聞伏祈
皇上訓示遵行謹
奏
十二月十八日
乾隆二十九年正月二十日奉
硃批准來京欽此

三〇〇　兩廣總督蘇昌奏折

請本港出洋船隻照外洋夷商之例配帶土絲綢緞(乾隆二十九年二月初二日)

兩廣總督奴才蘇　昌
粤海關監督奴才方體浴　跪

奏為籲懇

天恩以惠商夷事竊查絲觔紬緞出洋例有明禁前因暎咭唎夷商咱囒等籲懇情切蒙

皇上天恩每船准帶土絲五千觔二蠶湖絲三千觔

賜又仰蒙

恩澤准其配帶紬緞二千觔即在於所帶絲觔之内八折扣算此誠

格外施仁俯恤遠夷之至意也第查外洋夷商既已

霑被

硃恩而粤省尚有本港船商出洋貿易者並無准帶
絲觔紬緞之例茲據本港商船林長發等呈稱
絲觔紬緞一項荷蒙
皇恩准外洋各國配帶此信傳至咖喇吧暹羅港口
安南嗎㖗叮嘰呶舊港東埔寨等處各國夷民
亦無不歡欣顒望令長等由該各國貿易回帆
據各夷民稱説
天朝富有四海澤遍遠夷絲觔紬緞已准外洋配帶
我等附近國度自必一體邀
恩但歷來我等各國所需

三〇〇　兩廣總督蘇昌奏折

請本港出洋船隻照外洋夷商之例配帶土絲綢緞（乾隆二十九年二月初二日）

天朝物産均由内地客商販運到此貿易我等向無
發船往來不能如外洋夷衆親具呈懇今託貴
客於下年發貨到我國貿易之時務配買絲觔
紬緞帶來以資我等之服用則感激不盡等語
長等據情呈懇前來奴才等伏思絲觔紬緞既
准定數通洋則附近各國尤屬霑被聲教之區
令望
恩情切若恪遵禁令而不與以變通之權則該國等
未免向隅奴才等細加酌商本港出洋船隻可

三〇〇　兩廣總督蘇昌奏折　請本港出洋船隻照外洋夷商之例配帶土絲綢緞(乾隆二十九年二月初二日)

否俯照外洋夷商之例每船酌令配帶土絲一
千觔二蠶湖絲六百觔細緞亦八折扣算如此
一變通間不特海外屬國需沭
恩榮而本港商民亦邀藉貿易之資均感激
皇仁於靡既矣奴才等因變通商夷貿易起見爲此
會摺具
奏是否有當伏乞
皇上訓示謹
奏
乾隆二十九年二月　初二　日

三〇一　粵海關監督方體浴奏折　關稅盈餘數目(乾隆二十九年二月初八日)

方體浴　海關盈餘數目

奏　交〇　抄訖

有旨

粵海關監督方體浴謹

奏為報明關稅盈餘事竊照粵海關徵收正襍盈餘銀

兩例應具摺

奏報前經奴才會同兩廣總督臣蘇昌查核明晰具報

三〇一　粤海關監督方體浴奏折

關税盈餘數目(乾隆二十九年二月初八日)

臣管理粵海關自乾隆二十六年八月廿六日接
關扣至二十七年七月二十五日止一年期滿內共徵收
稅銀歸公耗羨等銀三十六萬二千六百三十兩
六錢一分五厘又節省平餘罰料截曠銀二十兩九
錢一分九厘通共銀三十六萬二千六百五十一兩五錢
三分四厘內正稅銀一十九萬八千五百九十八兩四錢
九分八厘已將正數銀四萬兩及銅斤水腳銀三千五
百兩於本年四月出保務交廣東糧庫查收所有庫
收造新為存正項盈餘銀一十五萬五千三十
四兩四錢九分八厘又收歸公耗羨擔頭規禮以及平
餘罰料截曠等項共銀十八萬四千五百十四兩二
分六厘除支採辦貢品傳辦物件通關經費

三〇一　粵海關監督方體浴奏折

關稅盈餘數目(乾隆二十九年二月初八日)

加部飯銀加給水脚鎔銷折耗并支書吏巡
工食共支用銀一十萬七千四百四十兩八錢七分七厘
尚存稅項盈餘銀七萬六千九百一十三兩五
分外又連正項盈餘通共存銀二十三萬一千
九百四十七兩六錢五分七厘除照例具摺
題報按款分晰造冊委員解部查核外再查
稅盈餘應與上屆比較以備考核今海關
至二十七年分共徵收銀三十八萬二千六百五十
二兩五錢三分四厘與上屆二十六年分收銀三十
四萬二千六百三十四兩二錢九分之數按照比
較其二十七年分計多收銀一千八百一兩四分四厘

三〇一　粤海關監督方體浴奏折　關税盈餘數目(乾隆二十九年二月初八日)

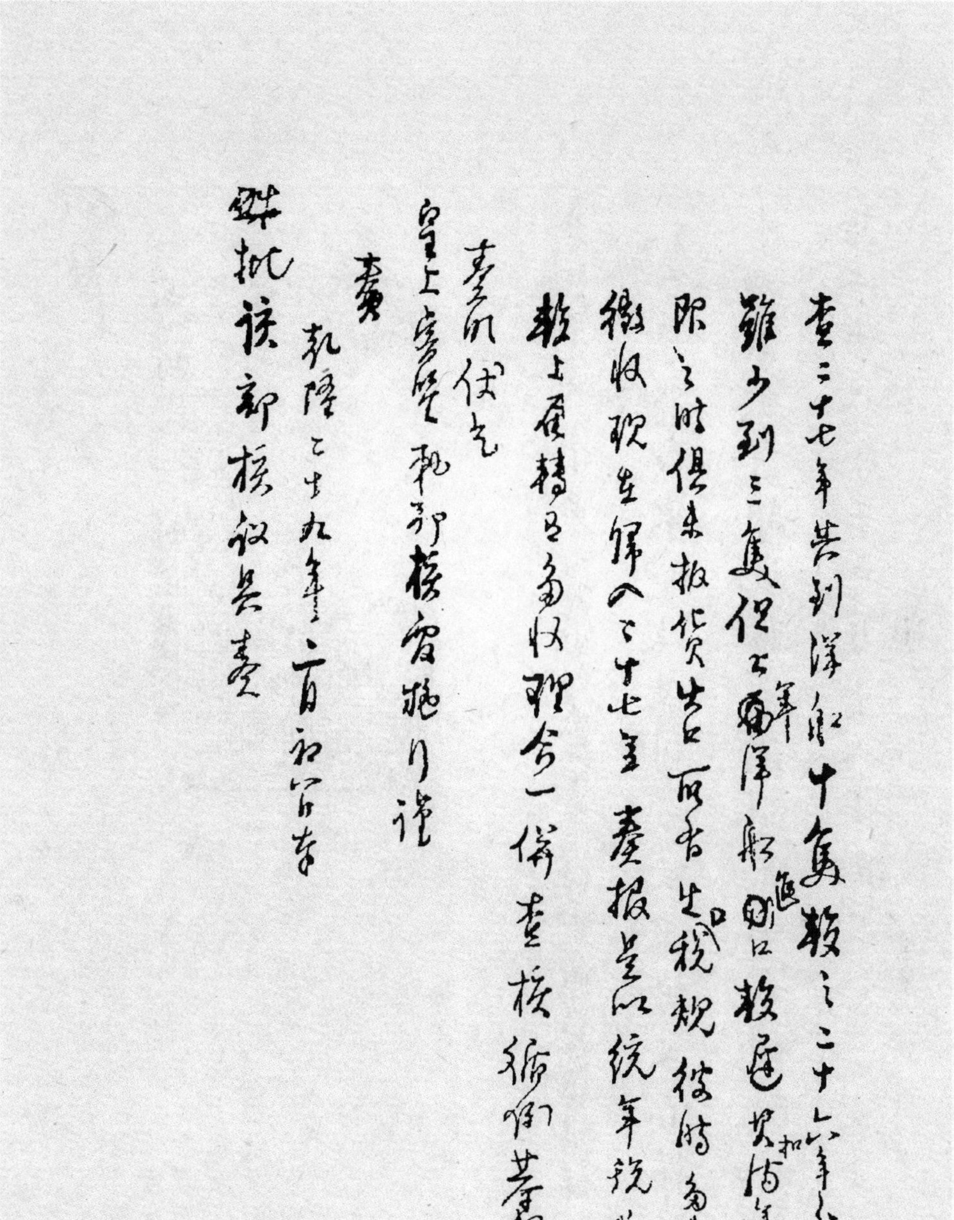

查二十七年共到洋船十隻較之二十六年份雖少到三隻但上屆洋船進口較遲其扣滿年限之時俱未報貨出口而本年出口稅鈔後將多未徵收稅銀歸入二十七年奏報是以統年稅數較上屆轉見多收理合一併查核循例恭摺

奏聞伏乞

皇上睿鑒勅部核覆施行謹

奏

乾隆二十九年二月初八日

硃批該部核議具奏

三〇二　兩廣總督蘇昌致軍機處咨文

伴送意大利人葉尊孝進京

(乾隆二十九年四月二十七日)

四月

咨呈

太子太保兵部尚書兼都察院右副都御史總督廣東廣西等處地方軍務兼理糧餉仍兼巡撫事任內降級留任又降級留任紀錄六次蘇　爲

札知事據廣東布政使司布政使胡文伯詳稱

奉兩廣總督部院蘇　札開案照本部院於乾

隆二十八年十二月十八日具

三〇二　兩廣總督蘇昌致軍機處咨文　伴送意大利人葉尊孝進京
（乾隆二十九年四月二十七日）

奏一件爲西洋人情愿進京効力謹具奏請
旨事據廣東布政使胡文伯詳據署廣州府海防同
知殷長立詳據澳門夷目嘍嚟哆禀稱有大西
意大理亞國夷人葉尊孝年四十五歲搭澳門
十柒號洋船於本年七月二十六日到澳素習
醫治内科今葉尊孝情愿進京効力從前並未
到過京城懇請轉詳代
奏等情到臣伏查乾隆二十四年陞任督臣李

三〇二　兩廣總督蘇昌致軍機處咨文

伴送意大利人葉尊孝進京

(乾隆二十九年四月二十七日)

條奏防範夷人一摺經軍機處議覆嗣後西洋
人寄居澳門遇有公務轉達欽天監應飭令夷
目呈明海防同知轉詳督臣分别奏咨辦理等
因嗣有西洋夷人安德義李衡良二人情愿進
京効力經署督臣託　於乾隆二十六年
奏奉
硃批准來京欽此當經照例委官伴送進京　在案
今西洋人葉尊孝以素習醫治内科情愿赴京

三〇二　兩廣總督蘇昌致軍機處咨文　伴送意大利人葉尊孝進京（乾隆二十九年四月二十七日）

効力呈請代奏前來應否准其進京効力之處
臣未敢擅便理合恭摺奏
聞伏祈
皇上訓示遵行謹
奏乾隆二十九年二月二十三日奉到

三〇二　兩廣總督蘇昌致軍機處咨文　伴送意大利人葉尊孝進京
（乾隆二十九年四月二十七日）

硃批准來京欽此轉札到司奉此依經轉行遵照嗣
據廣州府詳據香山縣申報西洋人葉尊孝于
乾隆二十九年四月初十日在澳起程赴省并
開應需飯食盤費銀兩詳請動給等由前來業
經據由詳請院臺察核咨
部及飭取葉尊孝在省起程進京日期并跟役
姓名詳請給咨去後茲據廣州府轉據委員新
會縣沙村司廵檢王朝槐申稱查西洋人葉尊

孝于乾隆二十九年四月十三日到省擬于乾
隆二十九年五月初二日在省起程進京等情
并開跟役楊義孝正方二名由府轉報到司據
此理合據由詳請院臺核發咨文下司轉給該
委員王朝棍領賫伴送進京并請咨明
户兵二部實爲公便等由到本部院據此除繕咨
檄發廣東布政司轉給委員新會縣沙村司巡
檢王朝棍領賫伴送西洋人葉尊孝進京前赴

三〇二　兩廣總督蘇昌致軍機處咨文　伴送意大利人葉尊孝進京（乾隆二十九年四月二十七日）

兵部投遞聽候轉送
辦理軍機處外相應咨達爲此咨呈
察照施行須至咨呈者
右　　咨　　呈
辦理軍機處

三〇二 兩廣總督蘇昌致軍機處咨文

伴送意大利人葉尊孝進京

(乾隆二十九年四月二十七日)

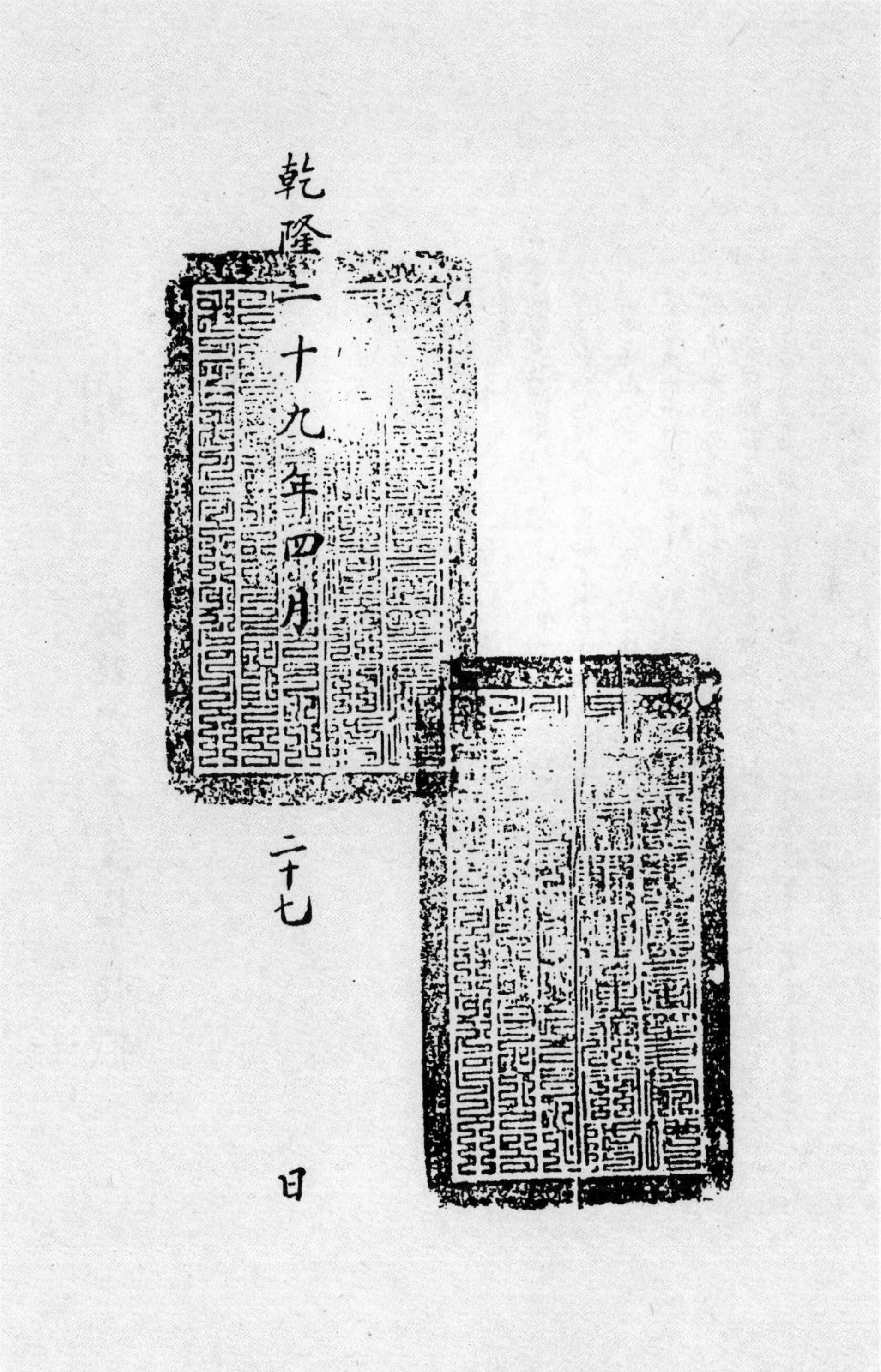

乾隆二十九年四月二十七日

三〇三 廣東巡撫明山奏折

辦理夷船散貯土鹽情形

(乾隆二十九年八月十六日)

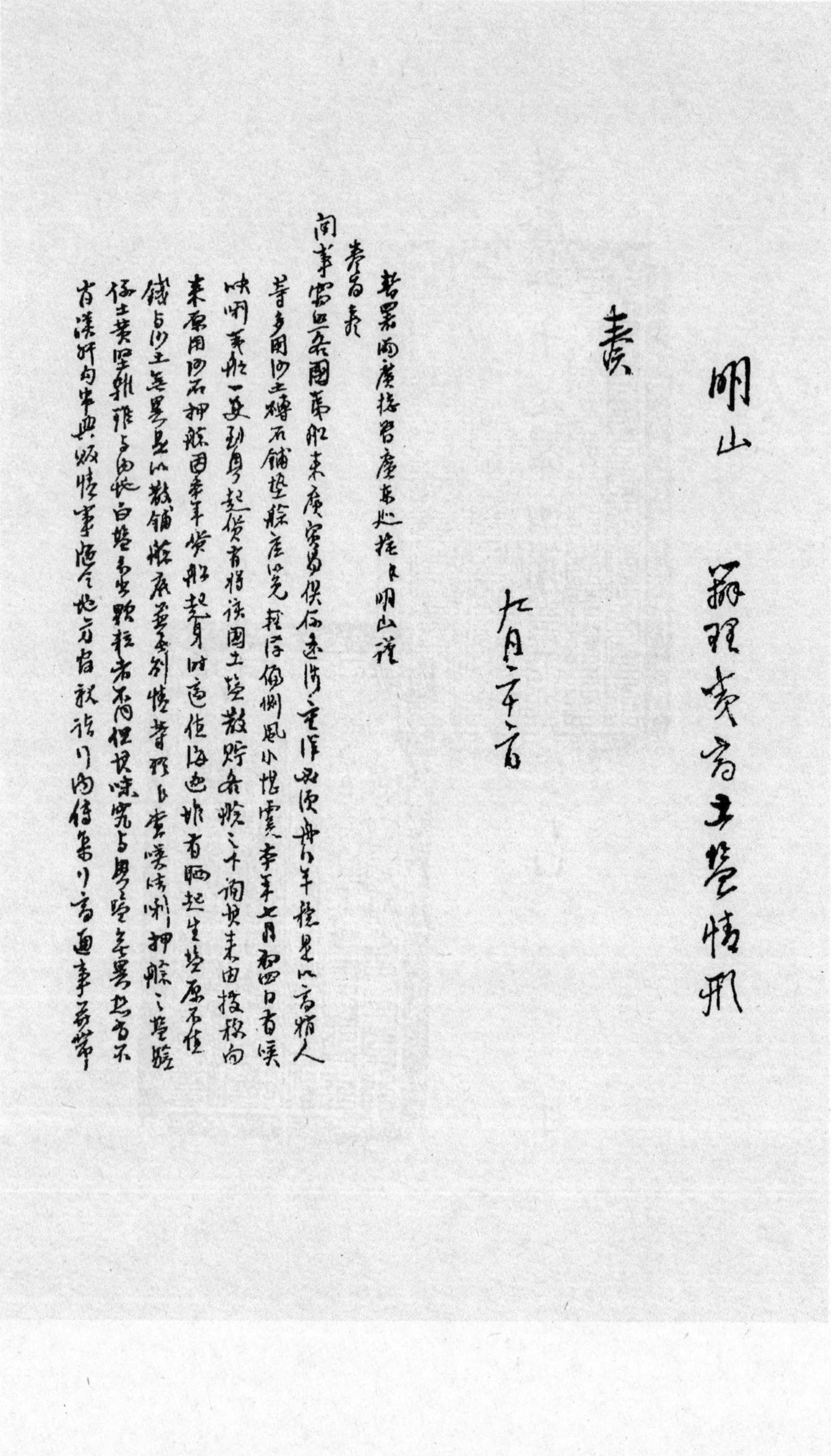

明山

辦理夷商土鹽情形

奏

九月二十日

署理兩廣總督廣東巡撫臣明山謹

奏為奏

聞事竊照各國夷船來廣貿易俱係遠涉重洋必須舟中平穩是以帶有人

等多用沙土磚石鋪墊艙底以免輕浮傾側風水堪虞本年七月初四日有英

咭唎夷船一隻到粵起貨有將該國土鹽散貯各艙之十餘包未由機移向

來原用沙石押艙因本年貨船裝貨時適值海邊非有曬起生鹽原不住

錢占沙土無異是以散鋪艙底並無別情等飭臣查英咭唎押艙之鹽雖

係土黃色顆粒與白鹽不甚顯殊者不得但其味究與粵鹽無異然亦不

肯讓奸匈串與販情事隨令地方官秋該川內會集川商通事夷商

三〇三　廣東巡撫明山奏折　辦理夷船散貯土鹽情形（乾隆二十九年八月十六日）

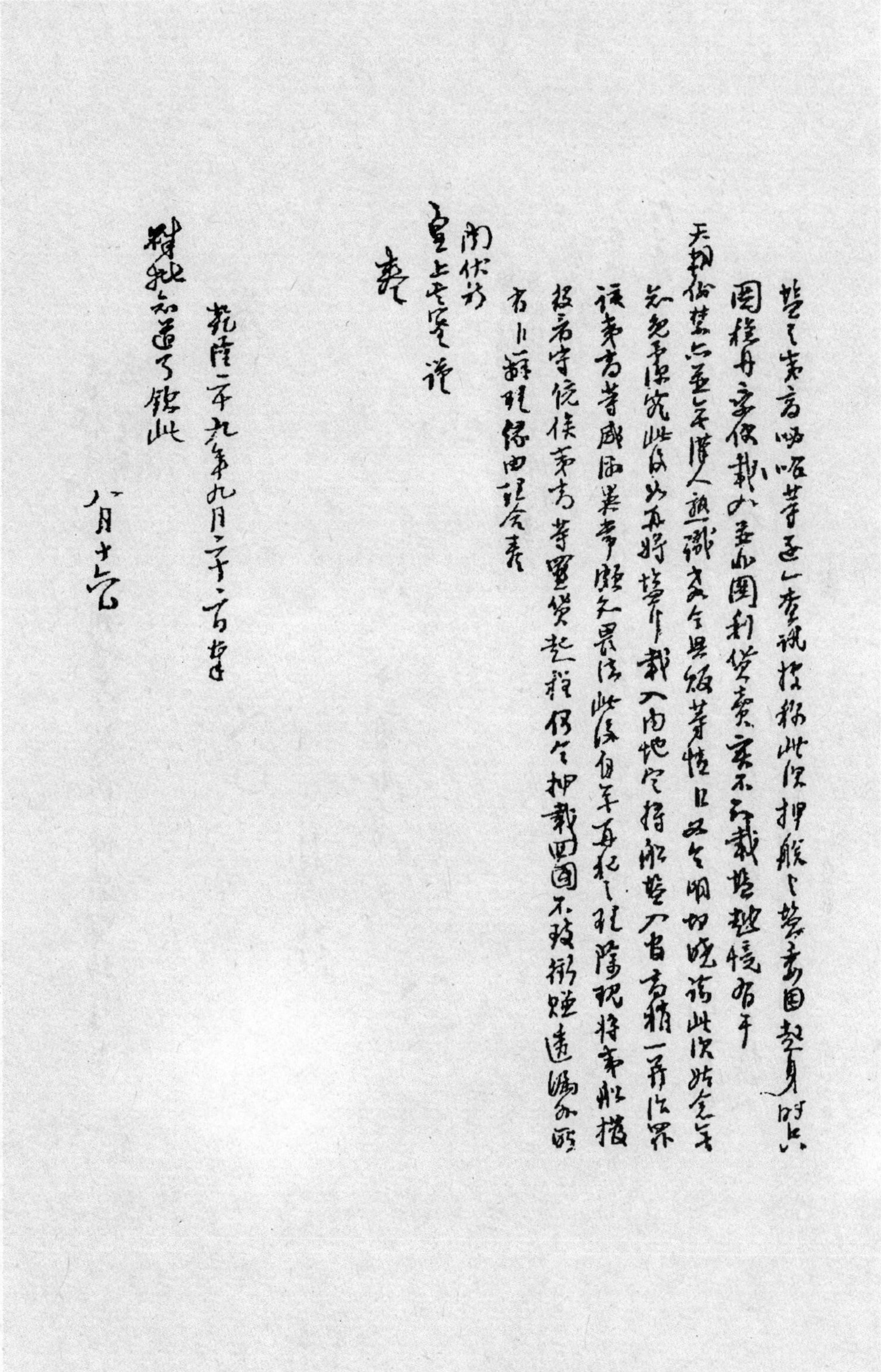

皆係夷商以昭等逐一查訊，核稱此次押船〻隻裝赴本國，起身時亦
國，攜有[illegible]載〻[illegible]國利貨賣，實不可載，皆趙境外年
天朝例禁，亦並無[illegible]人額識，今[illegible]等情。且今明切曉諭，此次姑念
無知，免予深究，此後如再將土〻鹽載入內地，定將船貨入官，嚴行一并治罪。
該夷商等感激異常，雖久畏法，此後自年再私〻載。隨現將本船撥
派[illegible]守候，俟夷商等置貨起程，仍令押載回國，不致稍有透漏。所
有[illegible]辦理緣由，理合恭摺奏
聞。伏祈
皇上聖鑒。謹
奏。

乾隆二十九年九月二十二日奉

硃批：知道了。欽此

八月十六

三〇四　兩廣總督李侍堯奏折

請準咖喇吧等國一體帶買絲斤
（乾隆二十九年十一月初二日）

李侍堯
方體浴
奏
咖喇吧等夷請一體帶買絲斤
又〇
[illegible]
十二月初七日

兩廣總督臣李侍堯
粵海關監督臣方體浴　跪
奏為籲懇
天恩以惠商夷事竊臣方體浴前于乾隆二十九年二月內在京
陛見時會同前督臣蘇昌具
奏粵省本港商船林長發等出洋貿易請俯照外夷之例每船酌
帶土絲一千斤二蠶湖絲六百斤經戶部議覆令照額商楊裕和
等採辦銅斤之例准其配買絲斤綢緞隨帶出洋仍將每次出洋

三〇四 兩廣總督李侍堯奏折

請準咖喇吧等國一體帶買絲斤

(乾隆二十九年十一月初二日)

商船若干隻每年可抽課帶往絲斤紬緞若干可以易回銅斤
若干並將作何抽課定價收買分運鼓鑄之處逐一詳細妥議具奏
到日再議又于絲斤弛禁案内據前督臣蘇昌
奏稱本港洋船請帶粗絲一千斤經
軍機處會同戶部查議該督前奏内本港商船林長發等配帶土
絲二蠶絲共一千六百斤是否即係前項商船應令一并聲叙等因
嗣經前督臣蘇昌查議咨覆准部咨行令據實奏報臣等伏查銅
斤一項祇有日本一國出產今粵省本港洋船林長發等係往咖
喇吧暹羅港口安南嗎哏叮噶呶舊港柬埔寨等處貿易各該地方
素不出產銅斤實無從以絲斤紬緞易換銅斤運回以供鼓鑄惟是咖
喇吧等處國從無貨船赴内地貿易該地所須絲斤向借本港洋船販
運前往賣給應用迨奉文禁止絲斤出洋本港洋船遵例不敢販
運各該夷地章服所需無從購覓今暎咭唎等國自赴内地貿易者
已蒙
恩准每船准帶土絲五千斤二蠶湖絲三千斤嗣又
奏准每船加帶粗絲二千斤而咖喇吧等國向借内地商船販運者未能
並邀

三〇四　兩廣總督李侍堯奏折

請准咖喇吧等國一體帶買絲斤（乾隆二十九年十一月初二日）

恩澤未免獨抱向隅況本港洋船僅有三四十隻每船准帶絲一千六百
斤統計亦屬無多且係土絲与二蠶粗絲現經奉
旨弛禁似應准其一体帶買運售俾各該處地服用有資以廣
天朝一視同仁之意應請
俯如臣方体浴等前
奏嗣後本港洋船出口每船准帶土絲一千斤二蠶湖絲六百斤如
帶買粗糙細緞照例以八折扣算至前督臣蘇昌
奏請本港洋船准帶粗絲一千斤之處即係前項商船緣此案臣方
体浴在廣時雖經与蘇昌面商會
奏迨至抵京前督臣蘇昌未知曾否具奏遽准部咨行令查奏
是以復有一千斤之議今臣議請每船准帶一千六百斤所有前督臣蘇昌
奏請每船准帶一千斤之處應無庸再議是否有當臣等謹合詞恭摺具
奏伏乞
皇上睿鑒勅部議覆施行謹
奏　乾隆二十九年十二月初七日奉
硃批該部議奏欽此

十一月初二日

三〇五　兩廣總督李侍堯奏折　報告通年關稅總數(乾隆二十九年十一月十五日)

李侍堯
方體浴　關稅摺
奏
三月十二日

臣李侍堯、臣方體浴跪
奏為
奏明通年關稅總數仰祈
睿鑒事。竊照粵海關徵收盈餘，例應扣足一年期滿，先將征收總數
奏明，俟各口將的銀彙解齊全，通查支銷各款造冊委員解部分別
題奏，歷經遵照辦理在案。臣等查得乾隆二十八年分粵海關試收正雜盈餘共銀四十一萬一千
六百二十三兩零，經臣等會同查核照例解部。今復查粵海關自乾隆二十八年七月二十六日
起至二十九年七月二十五日止一年期滿，通關各口共征收正雜盈餘銀四十七萬四千三百三十六
兩零，比較二十八年分計多收銀六萬二千七百一十三兩零。查粵海關每年征收稅數，向視洋船

三〇五　兩廣總督李侍堯奏折

報告通年關稅總數(乾隆二十九年十一月十五日)

多寡以定盈絀。查二十九年分共到洋船二十四隻，較之二十八年分多到十隻，是以比較多收。除

徵收口稅租票飯食全數撥解支給確數照例分款造冊報部查核另行

題報外，謹將乾隆二十九年分一年期滿徵收稅數合先恭摺會

奏。伏乞

皇上睿鑒。謹

奏。

乾隆三十年二月十二日奏

硃批：知道了。欽此。

廿九年十一月十五日

三〇六　署理兩廣總督楊廷璋奏折

報告通年關稅總數（乾隆三十年十一月二十一日）

楊廷璋等　通年關稅總數

奏

正月初八日

署理兩廣總督奴才楊廷璋
粵海關監督奴才方體浴　跪

奏為

奏報通年關稅總數仰祈

聖鑒事。竊照粵海關征收正雜銀兩，例應扣足一年期滿，先將征收總數

奏明，俟各口將徇銀兩解齊，合通盤支銷各數，造冊委員解部外，另

題

奏，歷經遵照辦理。茲奴才等查得乾隆二十九年分粵海關所收正稅

三〇六 署理兩廣總督楊廷璋奏折

報告通年關税總數(乾隆三十年十一月二十一日)

焉銀共銀四十七萬四千三百三十六兩零，理合將奴才等會同查核緣由繕

摺會陵查粵海關，自乾隆二十九年十月二十六日起連閏扣至三十年

九月二十五日止一年期滿通關，共徵收正稅盈餘等銀五十二萬五千三

十一兩零，比較二十九年分計多收銀三萬六千九百七十五兩零。查粵海關每年

徵收稅銀，向視洋船來之多寡以定盈絀，茲三十年分共到洋船三十一隻，

較二十九年分多到七隻，是以比較多收。除俟該年稅銀奏銷全

核明支銷確數，照例分款造冊報部查核另行

題報外，所有乾隆三十年分一年期滿徵收稅數會同恭摺會

奏，伏乞

皇上睿鑒。謹

奏

乾隆三十年十一月二十一日

硃批：知道了。欽此

十二月二十日

三〇七　署理兩廣總督楊廷璋奏折

稽察外洋船隻（乾隆三十一年六月二十二日）

楊廷璋　雨水情形

奏

七月廿一日

署兩廣總督臣楊廷璋謹

奏爲陳明地方情形事竊臣五月二十八日自廣東雷州府起程順途查驗高州鎮標營伍軍裝取道信宜入廣西北流經鬱林陸川藤縣梧州平樂于六月十六日抵桂林一路所見田禾茂盛雨水充足早稻倍豐滿目氣候本遲尚未大穫晚禾徧地青蔥午早已登場穫有象糧價平賤左右兩江地方俱慶有秋惟廣東廣肇二府自五月十一以後兼旬少雨直至六月初間始得陸續被獲甘霖早稻晚禾雖不遽至暵歉未免收成稍

三〇七 署理兩廣總督楊廷璋奏折

稽察外洋船隻(乾隆三十一年六月二十二日)

咸備有乘水浩汛向治船事宜據報本港洋船已到四隻外

番洋船已到三隻一切稽查防範仍臣諄切曉諭各該有司妥

慎辦理商賈相安一併

奏明伏祈

皇上睿鑒謹

奏

乾隆三十一年七月廿一日奉

硃批覽奏俱悉欽此

六月廿二

三〇八 署理兩廣總督楊廷璋奏折

法國醫生欲進京效力廣州行商不得音信未能轉達(乾隆三十一年七月二十日)

署兩廣總督臣楊廷璋謹
奏爲查議覆
奏事乾隆三十一年五月二十日准兵部火票遞
到辦理軍機處封寄大學士公傅恒等
奏稿一件内開據西洋人蔣友仁等呈稱自乾隆
二十七年間嶴門西洋頭目不許法郎濟亞管
事人寄居嶴門京廣兩地信不易通前有外科
於乾隆三十年到廣因無人申報仍隨洋船回
國乞施善法俾鄉信易通天文醫科丹青鐘表
等伎陸續來京効力并附陳願進土物聞鄉國

三〇八　署理兩廣總督楊廷璋奏折　法國醫生欲進京效力廣州行商不得音信未能轉達(乾隆三十一年七月二十日)

來人帶有絲絨織就草花人物單子六張亦因
乏人料理無能發送來京等情據詞
奏明是否應與設法通融俾得稍達音信抑或事
關例禁不便遽與准行之處令臣酌量情形或
應行查辦或毋庸置議據實具奏請
旨遵行等因乾隆三十一年五月初一日奉
旨知道了欽此等因録寄到臣欽遵分札行查去後
茲據廣東布政使胡文伯會同按察使費元龍
覆稱行據粤門海防同知查詢夷目嘍嚟哆稱
乾隆二十七年法郎濟亞管事人始欲來粤寄

居後竟不來並非嘍嚟哆等不容居住現今尚
有法郎濟亞班上味咘因上年貨欠未清寄居
在澳可証傳詢味咘供同又行據廣州府查詢
行商潘振承等稱上年六月有亞國巴姓即吧
吣搭洋船到廣城住在佛蘭西夷館專治外科
於十二月内搭嗎嘯吔船回國並未往住澳門
亦未向行商通事人等説要進京効力的話是
以未經呈報上年十二月内曾奉行查當將緣
由回明今年法郎濟亞洋貨船已到一隻吧吣
未見同來等語先後具覆到司據此查西洋人

三〇八　署理兩廣總督楊廷璋奏折

法國醫生欲進京效力廣州行商不得音信未能轉達(乾隆三十一年七月二十日)

三〇八　署理兩廣總督楊廷璋奏折

法國醫生欲進京效力廣州行商不得音信未能轉達(乾隆三十一年七月二十日)

在京効力者其鄉信往來向係粤門夷目或在省行商雇人代爲傳遞迨乾隆二十四年奉准軍機大臣議覆前督臣李侍堯條奏防範外夷規條内開應如該督所請嚴諭行商脚夫人等嗣後一切事務俱呈明地方官聽其酌量查辦倘有不遵禁約仍前雇倩往來即將代爲覔僱及遞送之人一并嚴拿究治至西洋人寄住粤門遇有公務轉達欽天監應飭令夷目呈明海防同知轉詳督臣分别咨奏之處亦應如該督所請辦理又夷商到粤銷貨後俱令依期隨同

三〇八　署理兩廣總督楊廷璋奏折

法國醫生欲進京效力廣州行商不得音信未能轉達（乾隆三十一年七月二十日）

原船回棹惟行欠未清者許令在澳居住俟其交易清楚順搭歸國等因自定例以來現俱遵照奉行玆查明乾隆二十七年澳門西洋頭目並無不許法郎濟亞管事人寄居之事乾隆三十年吧吣亦無進京効力之語至該夷欲通音信止禁其雇人私遞原不禁其呈明地方官詳請奏咨轉達所有蔣友仁等呈請乞施善法俾鄉信易通之處毋庸另議應請仍照成例辦理等因前來臣查中外之防閑不得不嚴遠夷之誠悃不可不通舊例西洋人音信必令其呈請

三〇八 署理兩廣總督楊廷璋奏折

法國醫生欲進京效力廣州行商不得音信未能轉達(乾隆三十一年七月二十日)

轉達奏咨者於通達下情之中寓防微杜漸之意原屬分晰明曉本非槩爲阻遏但查自定例後閱今六七年未見有西洋人呈請轉達奏咨之事自係該夷等未能明白例義中懷疑畏自形隔越應請申明成例嗣後西洋人來廣遇有願進土物及習天文醫科丹青鐘表等技情願赴京効力者在嶴門則令其告知夷目呈明海防同知在省行則令其告知行商呈明南海縣隨時詳報臣衙門代爲具

奏請

三〇八　署理兩廣總督楊廷璋奏折

法國醫生欲進京效力廣州行商不得音信未能轉達(乾隆三十一年七月二十日)

旨送護赴京若止係通達鄉信亦令呈明該地方官
折譯字句無碍申送臣衙門查核加封咨達提
督四譯館查明該夷行走處所轉付本人查收
其在京各處行走夷人有欲通鄉信者亦准其
呈明提督四譯館折譯字句無礙咨交臣衙門
代爲轉發該夷目收給如此則遠人均無阻隔
不通之下情而
天朝益彰懷柔無外之大體矣是否允協伏祈
皇上睿鑒訓示如蒙
俞允敬當再行宣示通諭西洋人等一體遍知遵照
奉行至花單六張上年夷船到時臣與粤海關

三〇八 署理兩廣總督楊廷璋奏折

法國醫生欲進京效力廣州行商不得音信未能轉達（乾隆三十一年七月二十日）

監督臣方體浴查知諭令行商向買偹
貢因該夷不肯價售現在存行茲既據蔣友仁等
呈明稱係願進土物亦札據方體浴覆稱業經
諭令行商將緣由曉諭該夷味哂等將花單繳
關俟有便差代爲恭
進再外科吧吣現尚未來如果附搭後船到粵容
詢明情願赴京効力另行具
奏伴送來京合併陳明謹
奏

軍機大臣議奏

乾隆三十一年七月　二十　日

三〇八　署理兩廣總督楊廷璋奏折

法國醫生欲進京效力廣州行商不得音信未能轉達(乾隆三十一年七月二十日)

三〇九　粵海關監督方體浴奏折

報告經征關稅數目(乾隆三十一年九月二十六日)

方體浴　經徵稅數

十一月初二日

奏

奴才方體浴跪

奏為奏明經徵稅數仰祈

睿鑒事竊奴才於乾隆二十八年八月內欽蒙

恩旨管理粵海關稅務所有節年徵收稅數均于年滿之後具

摺奏

聞在案茲查奴才任內經徵乾隆三十一年各稅項總數目乾隆

三〇九　粵海關監督方體浴奏折

報告經征關稅數目(乾隆三十一年九月二十六日)

三十年六月二十六日起扣至乾隆三十一年六月二十五日止一年期滿大關暨外府各口共徵收稅銀五十九萬九千九百六十四兩七錢三分七厘比較三十年分計多收銀九萬四千九百三十三兩二錢四分三厘皆經造册移交新任監督德魁按期解交戶部外又三十二年分自本年六月二十六日起至九月二十六日交代卸事止大關暨各口已据册報者共徵收稅銀十七萬二千四百六十兩四錢五分六厘尚有外府各口岸未據册報者一併移交新任監督德魁于下年另行彙摺具

奏外所有奴才會同督臣楊廷璋經徵三十一年分往年比較並現徵三十二年分兩個月零二十九日通關稅額數目理合專摺奏

三〇九　粵海關監督方體浴奏折

報告經征關税數目(乾隆三十一年九月二十六日)

聞伏乞
皇上聖明
睿鑒謹
奏
乾隆三十一年十月初二日奉
硃批知道了欽此

九月二十六日

三一〇　署理兩廣總督楊廷璋奏折

粤海關通年征税總數(乾隆三十一年十一月十一日)

署兩廣總督奴才楊廷璋
粤海關監督奴才德魁跪

奏爲

奏明通年關税總數仰祈

睿鑒事竊照粤海關徵收盈餘例應扣足一年期滿

先將徵收總數

奏明俟各口將餉銀彙解齊全通查支銷各數造

冊委員解部仍分別

題奏歷經遵照辦理兹奴才等查得乾隆三十年

分粤海關前監督臣方體浴所收正雜盈餘共

銀五十萬五千三十一兩零現在會同查核照

三一〇 署理兩廣總督楊廷璋奏折
粵海關通年征税總數(乾隆三十一年十一月十一日)

例解部令復查前監督臣方體浴自乾隆三十年六月二十六日起至三十一年六月二十五日止一年期滿通關各口共報収正雜等銀五十九萬九千九百六十四両零比較三十年分多収銀九萬四千九百三十三両零查粵海關每年徵収税數向視洋船多寡以定盈絀兹三十一年分共到洋船三十隻較之三十年分雖少到一隻但上年洋船進口較遲而關期又遇閏月應須趲前一月是以扣滿年限之時多未起下貨物所有税規現係歸入本年梜徵是以

三一〇　署理兩廣總督楊廷璋奏折

粵海關通年征稅總數(乾隆三十一年十一月十一日)

統年稅數比較上屆轉有多收除俟各口稅銀
彙解齊全核明支銷確數照例分款造冊解部
查核另行
題報外所有乾隆三十一年分一年期滿徵收總
數合先恭摺會
奏伏乞
皇上睿鑒謹
奏

知道了

乾隆三十一年十一月　十一　日

三一一 粤海關監督德魁奏折

報解關税盈餘銀兩(乾隆三十一年十二月十三日)

德魁 比較關税盈餘

奏 又○

三月初七日

粤海關監督德魁跪

奏為報解關税盈餘銀兩事竊照粤海關徵收正雜盈餘銀兩例應具摺

奏報茲將會同署兩廣總督楊廷璋查粤海關前監督方體浴管理任

內自乾隆二十九年七月二十六日起連閏扣至三十年六月二十五日止一年期內通共

徵收税鈔歸公耗贍等銀五十萬五千三十一兩六錢八分五厘又收存羊飯罰

料截曠銀一百七兩八分共銀五十萬五千一百三十八兩七錢六分五厘內正税

鈔銀二十四萬四千三百四十八兩九錢四分八厘已將正額四萬兩銅觔水脚銀

三一一 粵海關監督德魁奏折 報解關稅盈餘銀兩(乾隆三十一年十二月十三日)

三千六百五十四兩照例移交布政司庫查收貯有庫收送部尚存正項盈
餘銀二十萬七百八十四兩九錢四分八厘又收歸公耗担分規以及平餘罰料
截曠等項共銀二十六萬七百八十九兩八錢一分七厘除支拼節
貢品傳辦方物通關經費解部飯食解餉水腳鎔銷折耗並存關員役養
廉工食共支用銀一十一萬五千七百六十一兩六錢五分六厘尚存雜項盈餘銀
一十四萬五千二十八兩一錢六分一厘連正項盈餘通共存銀三十四萬五千八百
一十三兩一錢九厘除照例具疏
題報按款分晰造冊委員解部查核外再照關稅盈餘應與上屆比較以憑
考核今粵海關乾隆三十年分共徵收銀五十萬五千一百三十八兩七錢六分五厘
與上屆二十九年分收銀四十七萬四千四百一十二兩七錢八分八厘之數按照比較
計三十年分多收銀三萬七百二十五兩九錢七分七厘查乾隆三十年分共到
洋船二十一隻比二十九年分多到七隻是以稅數多收理合循例恭摺
奏明再照乾隆二十九年七月十六日承准戶部劄付開及各關耗贏錢糧一案
給勘令火牌兵牌所有水腳銀兩行令核實籍以羅等費及飯食房租路費等
銀兩數將每年節省銀若干兩由各該管

奏交内務府查收并造冊報部查核等因茲粵海關起解盈餘等銀進來查照
向例共應支水腳銀一萬四千三百四十八兩三錢六分五厘除支銷鞘箍等費及
員役至京往返飯食加鞘補平等項并回粵路費共銀六千四百七十九兩五錢
外實存節省水腳銀七千九百一十八兩八錢六分五厘撥解内務府查收并
分晰造冊呈报户部查核合併陳明伏乞
皇上睿鑒勅部核覆施行謹
奏
乾隆三十二年三月初七日奉
硃批該部核議具奏欽此

十二月十三日

三一二　兩廣總督李侍堯奏折

查禁私出海口船隻(乾隆三十二年八月初十日)

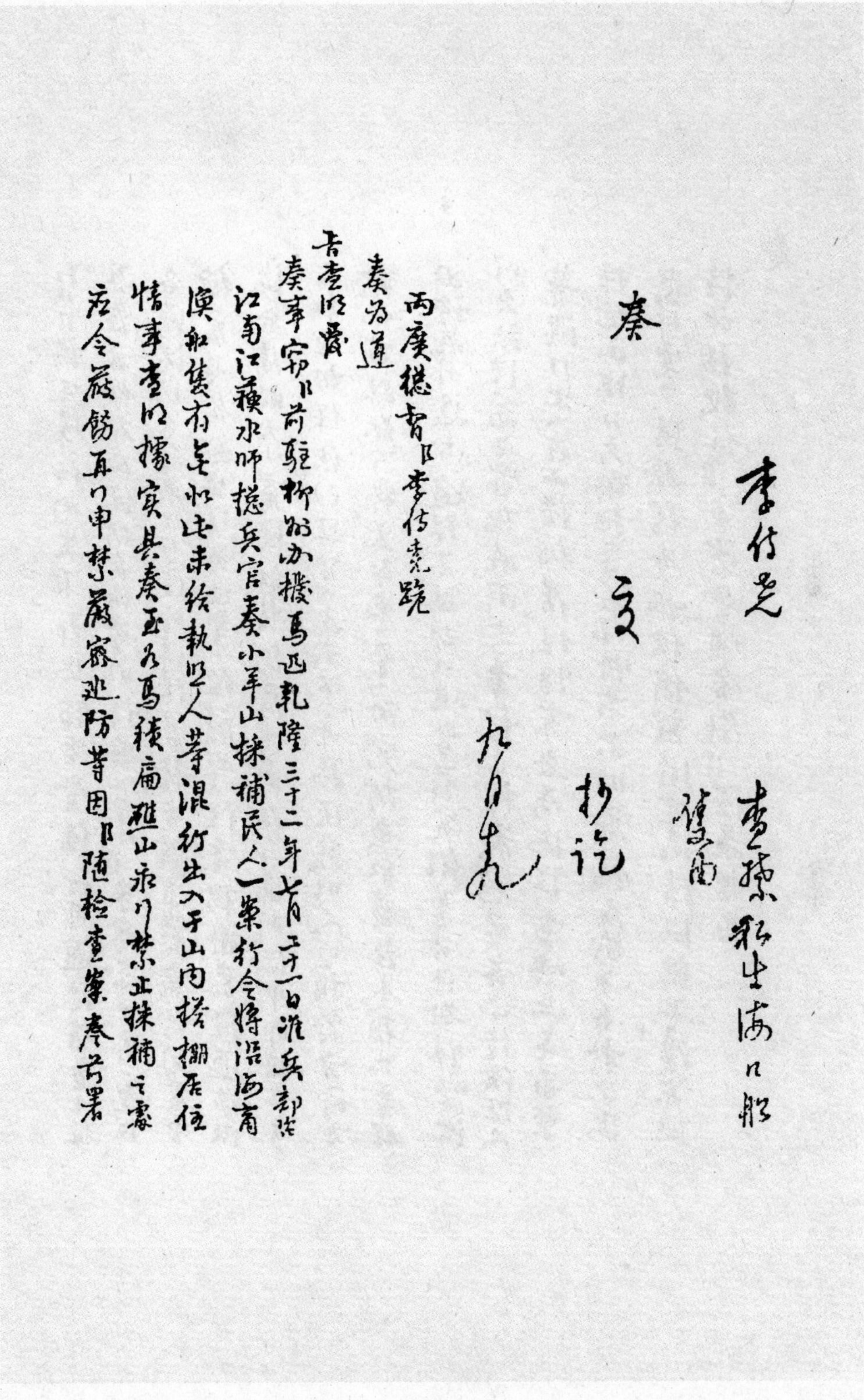

奏

李侍堯

查禁私出海口船隻由

交

抄訖

九月十九

兩廣總督臣李侍堯跪

奏為遵

旨查明覆

奏事。竊臣前駐柳州辦理馬匹，乾隆三十二年七月二十一日准兵部咨

江南江蘇水師總兵官奏小羊山採補民人一案，行令將沿海商

漁船隻有無私帶未給執照人等混行出入于山內搭棚居住

情事查明據實具奏，並及馬蹟扁擔山亦應禁止採補之處

應令嚴飭其一體申禁嚴密巡防等因。臣隨檢查案卷前署

三一二　兩廣總督李侍堯奏折　查禁私出海口船隻(乾隆三十二年八月初十日)

旨。臣楊廷璋任內先准部咨飭查，當經行司通飭確查，未據具覆。前據布政使胡文伯查明詳覆前來。臣查粵東地處邊海，各府港汊多歧，在在可達外洋，防範稽查最宜嚴密。前因有曾德度等偷越出洋為匪案，經嚴拿從重擬辦，並經通飭沿海各府將大小商漁船隻徹底查明，照例編列保甲，印烙字號，五船互相保結，各給印照，守口文武員弁務須驗明人照相符，方許行。倘有蹤跡可疑，立即查拿解究。捕魚船隻務令朝出暮歸，毋許在外逗遛，逾限不歸，即行追拿嚴究。經年為匪，則情上照治以大[illegible]洋面之罪。現在所定章程已極嚴密，並無未經給照之人等混行出入。在山搭棚居住情事，各府海隅島嶼亦經永禁採捕山場，日久懈弛之處，臣惟有不時嚴飭文武員弁於出海口岸實力盤驗稽查，毋使偷越滋事，以靖海疆。再廣東巡撫印務現係臣兼署，毋庸會銜。臣謹恭摺具

奏。

伏祈

皇上睿鑒謹

奏

乾隆三十二年九月十九日奉

硃批該部知道欽此

八月初十日

三一三　兩廣總督李侍堯奏折

查明佛郎濟亞國人鄧類斯準其在省城洋行居住(乾隆三十二年十一月初三日)

兩廣總督臣李侍堯跪

奏為遵

旨查明覆

奏事。竊臣接准

軍機處抄寄大學士公傅恒等

奏摺內開據在京拂郎濟亞國人蔣友仁等稟稱竊友仁本國寄來土物家信由各國洋船帶至廣東省城洋行交卸俱要收付回帖併討水脚船費又查收在京堂內修士西洋人家信及一切所要單賬寄回故里以便備辦轉年寄來等

三一三　兩廣總督李侍堯奏折

查明佛郎濟亞國人鄧類斯準其在省城洋行居住(乾隆三十二年十一月初三日)

事必得本國一二人在廣東省城洋行居住辦理方妥向年原留鄧類斯一人在廣省洋行居住管理但洋船在廣至臘月底盡數開船南去各國所留看守餘貨等物之人因前任督撫大人俱不許其在廣過冬自洋船開往後所有在廣洋人俱令其在澳門居住候來年夏令時洋船歸來到廣令澳門之洋人回廣入行居住獨我拂郎濟亞國修士洋人因澳門夷目不准存留只得隨船南往在洋外地方居住候洋船歸北時再隨船來廣今因原留拂郎濟亞國修士

三一三 兩廣總督李侍堯奏折

查明佛郎濟亞國人鄧類斯準其在省城洋行居住(乾隆三十二年十一月初三日)

鄧類斯自上年偶得頭暈之症不能乘船過洋居住故此叩懇請將鄧類斯一人常在廣省洋行内居住免其往來涉海之苦等因具禀伏思洋人往來廣省至冬底洋船南去如果需看守餘貨僅留本國一二人在行居住其事似屬可行但查閲禀内情節前任督撫既不許其在省過冬俱令在澳門居住俟來年夏令再行隨船到省其防範約束自必有故且各處洋人俱住澳門獨拂郎濟亞國並不准一體存留此中有無違碍情形亦難懸揣相應請

三一三　兩廣總督李侍堯奏折

查明佛郎濟亞國人鄧類斯準其在省城洋行居住(乾隆三十二年十一月初三日)

旨勅下總督李侍堯查明歷來辦理章程其拂郎濟亞國之鄧類斯一人可否准在省城洋行常住或與各處洋人一體居住澳門免其遠涉外洋之處妥酌辦理具

奏等因乾隆三十二年八月二十六日奉

旨著交與李侍堯查奏欽此欽遵抄寄到臣伏查粤東省會為五方雜處人烟輳集之區向來各國夷商來廣貿易每有攜帶番厮出入遊玩與民爭鬧持械傷人等事甚有無藉漢奸日久熟識潛行勾結滋事是以歷經前任督臣飭司議定

三一三　兩廣總督李侍堯奏折　查明佛郎濟亞國人鄧類斯準其在省城洋行居住(乾隆三十二年十一月初三日)

章程每年各國洋船進口俱令灣泊黄埔止令正商跟隨數人同貨入行責成通事行商報明管束毋許縱令出外行走至九十月間北風順利務令俱各開行回國不得巧稱壓冬居住隔歲倘有貨賬未清准其在澳門居住著令行商速爲消售歸清貨價銀兩即令出口不得潛住會城葢因澳門孤懸海島原係夷人寄居之所防範向屬嚴密而省會地方未便任聽外夷久居也嗣因日久法弛多有夷商藉詞遷延留寓省會年久不歸致有唊咭唎夷人洪任輝勾結奸民劉亞扁代爲作詞潛赴天津具控奉

三一三　兩廣總督李侍堯奏折

查明佛郎濟亞國人鄧類斯準其在省城洋行居住（乾隆三十二年十一月初三日）

旨押發回粵審究分别治罪經臣酌定防範規條議
請嗣後夷船到粵後令其依期回國即有行欠
未清亦令在澳門居住將貨物交行代售下年
順搭歸國
奏奉
諭旨交軍機大臣議准飭行近年以來俱各遵守辦
理今拂郎濟亞國之鄧類斯因何澳門夷目獨
不准其居住經臣飭委廣州府海防同知平聖
臺確查緣在澳門寄居惟大西洋國夷人居多
該國派有夷目在澳管束乾隆二十七年該國

三一三　兩廣總督李侍堯奏折

查明佛郎濟亞國人鄧類斯準其在省城洋行居住(乾隆三十二年十一月初三日)

王出獵被夷奴鎗傷左手究出係在澳門居住之三巴寺僧主謀該國王行令夷目將寺僧拿解治罪廟宇拆毀鄧類斯曾在三巴寺寄住夷目疑其知情鄧類斯聞知亦不敢前往澳門故有夷目不准存留之語今訊據鄧類斯供稱乾隆二十二年在澳門三巴寺寄居與蔣友仁接遞書信至二十六年即往佛蘭哂國港脚居住二十七年並不在澳實無與三巴寺僧知情同謀訊之夷目嘜㖃嗶唎啦等亦供原因鄧類斯曾在三巴寺寄住疑其知情原無確據今既訊

三一三　兩廣總督李侍堯奏折

查明佛郎濟亞國人鄧類斯準其在省城洋行居住(乾隆三十二年十一月初三日)

明鄧類斯實不知情應聽其在澳門住居過冬不敢抗違等情具覆前來臣查鄧類斯不敢前往澳門雖據該同知剖析明白澳門夷目亦情願聽其到彼居住但彼此既有猜疑之事恐致將來别生釁端且鄧類斯為在京効力蔣友仁等託寄書信之人亦與貿易夷商往來不一者有間似應准其在於省城洋行居住責令寓居行商保領約束毋許縱令與漢奸往來勾結及任聽番厮出入滋事其餘各國夷商仍照定例遵行不得援以為例藉口逗留省會過冬臣謹

三一三　兩廣總督李侍堯奏折

查明佛郎濟亞國人鄧類斯準其在省城洋行居住(乾隆三十二年十一月初三日)

恭摺具

奏伏乞

皇上聖鑒謹

奏

知道了

乾隆三十二年十一月初三日

三一四　兩廣總督李侍堯奏折

報告通年關税總數(乾隆三十二年十二月二十二日)

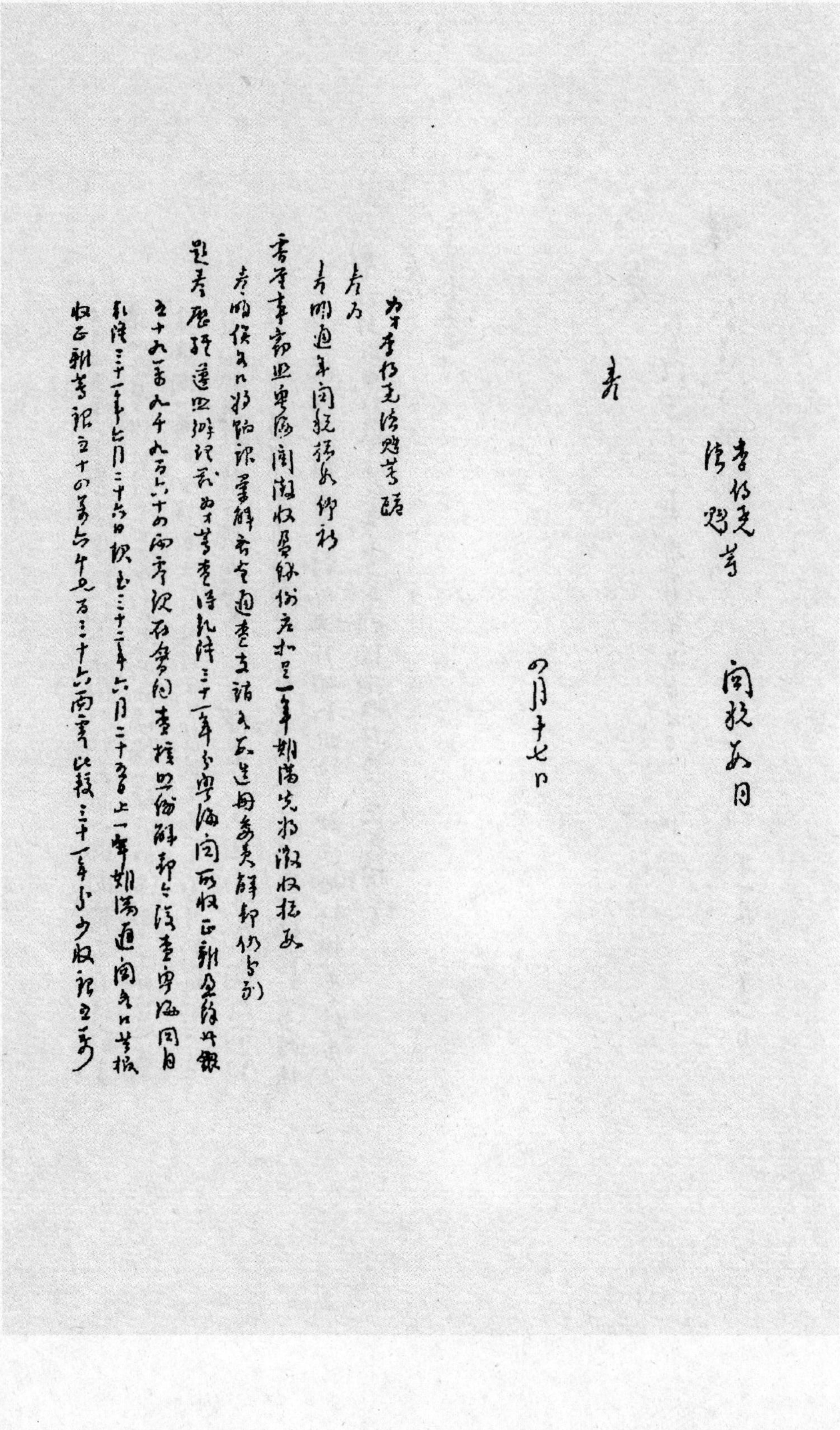

奏

李侍堯
德魁等　關税每月

四月十七日

奴才李侍堯德魁等跪

奏為

奏明通年關税總數仰祈

聖鑒事竊照粵海關徵收各缺俱應扣足一年期滿先將徵收總數

奏明俟各口將餉銀彙解齊全通查支銷各款造冊奏解部仍照例

題奏歷經遵照辦理在案茲奴才等查得乾隆三十一年分粵海關所收正雜盈餘共銀

五十九萬九千九百六十四兩零業經奴才會同查核照例解部今復查粵海關自

乾隆三十一年六月二十六日起至三十二年六月二十五日止一年期滿通關各口共報

收正雜等銀五十四萬六千九百三十六兩零比較三十一年分少收銀五萬

三一四　兩廣總督李侍堯奏折

報告通年關税總數(乾隆三十二年十二月二十二日)

三十二年二十六日奉查粤海關每年徵收税銀向以滿關截算記洋船多
寡以定盈絀乾隆三十一年分前上年滿關以後所到洋船二十隻連本
年滿關以前所到洋船十隻共計三十隻前三十二年分共到洋船二十七
隻因風信稍遲在滿關以前進口者僅有六隻迨上年滿關後所到
洋船十四隻均在上年隻數核之三十一年分所到船十隻是以較銀稍少除俟
命下提銀案解部查核所有請旨緣由照例分款造册詳細知部查核另行
欽報外所有乾隆三十二年分一年期滿徵收税銀各數先恭摺
奏聞伏乞
皇上睿鑒謹
奏

乾隆三十三年四月十七日奉

硃批該部知道了欽此

十二月二十二日

三一五　粵海關監督德魁奏折

報告粵海關關稅盈餘銀兩
（乾隆三十三年十二月二十一日）

德魁　粵海關稅盈餘
奏文　摺
四月十五日

粵海關監督臣德魁跪
奏為報解關稅盈餘銀兩事竊照粵海關徵收正雜盈餘銀兩例應具摺
奏報茲臣會同兩廣總督臣李侍堯查粵海關前監督方體浴管理任內自乾隆
三十一年六月二十六日起至三十一年九月二十五日止計三個月期內共徵收稅鈔歸公耗
雜等銀二十萬一百三十五兩六錢四分四厘臣德魁接管任內自乾隆三十一年九月
二十六日接管起至三十二年六月二十五日止計九個月期內共徵收稅鈔歸公耗雜
等銀三十四萬六千六百兩四錢九分八厘統計前後兩任遵例扣足一年期滿共徵收正
雜盈餘銀五十四萬六千七百三十六兩一錢四分二厘又甚存平餘罰料截曠銀一千九百兩

三一五　粵海關監督德魁奏折
報告粵海關關稅盈餘銀兩
（乾隆三十三年十二月二十一日）

四錢六分七厘通共銀五十四萬六千九百三十兩六錢九厘內正稅銀二十七萬四千三百四十兩七錢八分已將正款銀四萬兩銅觔水腳銀三千五百六十四兩照例移交布政司庫查收所有庫收送部尚存正項盈餘銀二十三萬七百七十六兩七錢八分又收歸公裁扣分頭以及平餘罰料截曠等項共銀二十七萬二千五百八十九兩八錢二分九厘案支採辦

貢品傳辦方物通關經費解部飯銀解餉水腳鎔銷折耗並在關員役養廉工食共支用銀一十二萬六千二十九兩九錢七厘尚存雜項盈餘銀一十四萬六千五百五十九兩九錢二分二厘連正項盈餘通共存銀三十七萬七千三百三十六兩七錢二厘除照例

具疏

題報按款分批造冊委員解部查核外再照關稅盈餘應與上屆比較以備考核今粵海關乾隆三十二年分共徵收銀五十四萬六千九百三十兩六錢九厘與上屆三十一年分收銀六十萬一百二十兩八錢一分二厘之數按照比較其三十二年分計少銀五萬三千一百九十兩二錢三厘查粵海關每年徵收稅銀向視洋船多寡以定盈絀其三十一年分共到洋船三十隻今三十二年分因風信稍遲在滿關以前進口者僅到六隻連上年滿關後所到十四隻共止二十隻較之三十一年分少到船十隻是以比上屆稅銀較少至本年滿關後尚有續到洋船十九隻應歸入下年核

三一五　粵海關監督德魁奏折

報告粵海關關稅盈餘銀兩

（乾隆三十三年十二月二十一日）

解理合循例恭摺

奏明再照各関起解錢糧設帰驛遞其水脚運費銀兩理應節省者解交今粤海

関起解乾隆三十二年分粵餉等銀進京查照向例共應支水脚銀一萬五千

四百八十九兩九錢六分三釐除支鞘箍等費及員役赴京住宿飯食加鞘等項共回

粵路費共銀二千一百四十一兩三錢八分二釐外實存節省水脚銀一萬三千三百四十

八兩五錢六分六釐現經遵例分晰造冊解部查核合併陳明伏乞

皇上睿鑒勅部核覆施行謹

奏

乾隆三十四年四月十五日奉

硃批該部議奏欽此

十二月二十一日

三一六　粤海關監督德魁奏折
報告通年征收關税總數
(乾隆三十四年十月二十八日)

粤海關監督奴才德魁跪

奏爲

奏明通年徵收關税總數仰祈

睿鑒事竊照粤海關徵收盈餘例應扣足一年期滿

先將徵收總數

奏明俟各口將餉銀彙解齊全通查支銷各數造

冊委員解部仍分别

題奏歷經遵照辦理茲奴才查得乾隆三十三年

分粤海關所收正雜盈餘共銀五十四萬七千

一百二兩零現在查核照例解部今復查粵海
關自乾隆三十三年五月二十六日起扣至三
十四年五月二十五日止一年期滿通關各口
共報収正雜等銀五十四萬八千三百六兩零
比較三十三年分多収銀一千二百三兩零再
查粵海關乾隆三十三年分共到洋船二十三
隻兹三十四年分在滿關以前進口所到洋船
二隻連上年滿關以後所到洋船二十一隻共
計洋船二十三隻較之三十三年分所到洋船
隻數相符貨税較上屆略多至本年滿關後尚

有續到洋船二十九隻應歸下年核徵報解除
俟各口稅銀彙解齊全核明支銷確數照例分
款造冊解部查核另行
題報外所有乾隆三十四年分一年期滿徵收總
數合先恭摺具
奏再查每年通關徵收稅數例應會銜具摺
奏報今兩廣總督臣李侍堯現赴粵西公幹是以
不及會銜合併陳明伏乞
皇上睿鑒謹

三一六　粤海關監督德魁奏折

報告通年征收關税總數

(乾隆三十四年十月二十八日)

奏

乾隆三十四年十月二十八日

三一七　粵海關監督德魁奏折

報告關稅盈餘銀兩(乾隆三十四年十月二十八日)

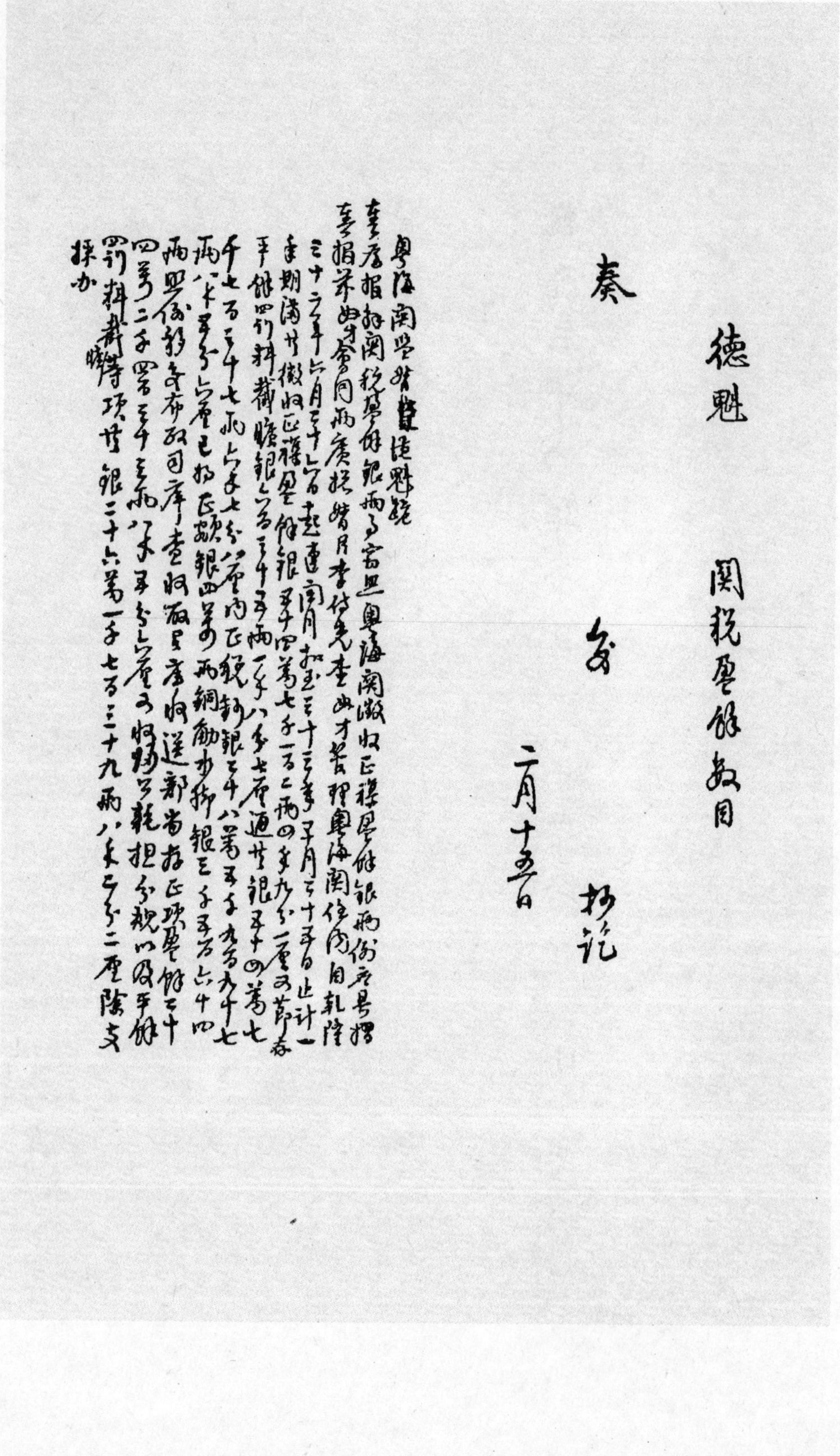
德魁
關稅盈餘數目
奏
旨
知道了
二月十五日

粵海關監督臣德魁跪
奏為報明關稅盈餘銀兩事竊照粵海關徵收正稅盈餘銀兩例應具摺
奏報茲奴才會同兩廣總督李侍堯查奴才管理粵海關任內自乾隆
三十三年六月二十六日起連閏扣至三十四年五月二十五日止計一
年期滿共徵收正稅盈餘銀五十四萬七千一百二兩四錢九分一釐又節存
平餘罰料截曠銀六百三十五兩一錢八分七釐通共銀五十四萬七
千七百三十七兩六錢七分八釐內正稅銀三十八萬五千九百九十七
兩八錢五分六釐已按正額銀四萬兩銅斤水腳銀三千五百六十四
兩照例歸布政司庫查收應照遞解者按正項盈餘銀五十
四萬二千四百三十五兩八錢五分六釐又收剩耗擔頭規以及平餘
罰料截曠等項共銀二十六萬一千七百三十九兩八錢五分二釐除支
採辦

三一七　粵海關監督德魁奏折

報告關稅盈餘銀兩(乾隆三十四年十月二十八日)

貢品傳辦方物通關經費部飯銀部餉水腳錢鋪折耗並在關員
役養廉工食共支用銀廿一萬九千八百五十五兩二錢四分尚存稅
項盈餘銀一十四萬五千八百八十四兩四錢八分二釐連正項盈餘通共
存銀三十八萬四千三百一十八兩三錢三分八釐除照例具疏
題報撥款分批造冊委員解部查核外其通關稅衙與上屆比較
以備查核今粵海關乾隆三十三年分共徵收銀五十四萬七千七
百三十七兩六錢七分八釐與上屆三十二年分收銀五十四萬六千九
百三十兩六錢九釐三毫較與比較計多收銀八百七兩六分九毫查
粵海關每年徵收稅銀向以隨關番舶洋船多寡以定盈絀
乾隆三十二年分共洋船二十隻第三十三年分因抑商積聞有在
隨關以前進口到洋船四隻連上年滿關以後到洋船十九
隻共到洋船廿三隻較之三十二年分多到洋船三隻是以稅

三一七 粵海關監督德魁奏折

報告關稅盈餘銀兩(乾隆三十四年十月二十八日)

數較多。再查本年經管關務者只據到洋船二十一隻，應俟下年
核徵，俟辦理，合併附奏摺
奏。所有再照各關耗羨錢糧按照歸還正項飯食等銀兩，理宜節
省。欽奉今粵海關耗羨乾隆三十三年分盈餘等銀，送部查
照，向係歸於正項銀一萬五千七百五十八兩七錢五分二釐，除支
辦經費及各役工食，並各役飯食加增書吏等項，並回粵路費，共銀
二千一百七十七兩一錢七釐，實存節省正項銀一萬三千五百八十六
兩七錢三分九釐，現據造冊送部查核，合併陳明。伏乞
皇上睿鑒，敕部核覆施行。謹
奏。
乾隆三十四年十月二十八日
硃批：該部議奏。欽此。

十月二十八日

三一八 署理福建巡撫崔應階奏折

遵旨查禁絲綢出洋(乾隆三十四年十一月十五日)

署福建巡撫閩浙總督革職留任臣崔應階跪

奏為遵例具奏事案准部咨絲斤私出外洋令各
省督撫嚴行查禁倘有違例出洋其失察之汛
口文武各官照失察米石出洋例分別議處並
令各該督撫每於年底將有無拏獲奸商私販
出洋之案專摺奏
聞又准戶部咨開綢緞等物總由絲斤所成嗣後綢
緞綿絹等物一體嚴禁出洋嗣於乾隆二十九
年又准部咨議覆海洋內外商船每年許配土
絲一千斤二蠶粗絲一千斤俟三年後內地不
致絲少價昂再請酌增斤數其綢緞紗羅及絲
綿等項照舊禁止各等因先後轉行遵照在案

三一八 署理福建巡撫崔應階奏折

遵旨查禁絲綢出洋(乾隆三十四年十一月十五日)

兹屆年底行據布政使錢琦會同署按察使司事糧驛道達明詳稱乾隆三十四年分閩省所轄沿海之福州興化泉州漳州福寧臺灣等府屬汛口文武員弁均各寔力嚴查凡出口船隻除照部定斤数許配土絲及二蠶粗絲外此外並無奸商串謀私販頭蠶絲斤及綢綿緞疋出洋情事詳請具

奏前来臣覆查無異理合恭摺具

奏伏乞

皇上睿鑒再閩浙總督係臣本任毋庸會銜合併陳

明謹

奏

知道了

乾隆三十四年十一月 十五 日

三一九　兩廣總督李侍堯奏折

請恩準外洋夷船攜帶黃紫兩色緞匹出口（乾隆三十五年四月初二日）

奴才李侍堯
奴才德魁　跪

奏爲
奏明請
旨事竊照外洋各國夷船貿易粵東荷蒙
皇上閫澤覃敷莫不咸趨樂利故遞年以來夷航雲
集較昔倍加踴躍惟是該夷等所置內地絲觔
綢緞等項內黃紫二色海關相沿不准攜帶由
來已久但查黃紫二色例禁民間僭用至禁止
出洋律無明文復就海關現在卷宗逐一檢查

三一九　兩廣總督李侍堯奏折

請恩準外洋夷船携帶黄紫兩色緞匹出口(乾隆三十五年四月初二日)

並無因何立禁案據查從前每有
傳辦外洋黄地金銀緞疋且各夷船俱有黄紫大
絨羽緞裝載進口是黄紫等色外國原能染造
總以内地緞綢顏色鮮明爭相寶貴奴才等愚
昧之見可否仰懇
天恩請嗣後外洋夷船置買疋頭出口準其配帶黄
紫二色俾外海遠夷得邀
恩澤益感
天朝懷柔之至意是否有當理合恭摺會

三一九　兩廣總督李侍堯奏折

請恩準外洋夷船携帶黄紫兩色緞匹出口（乾隆三十五年四月初二日）

奏請

旨伏乞

皇上睿鑒訓示遵行謹

奏

知道了

乾隆三十五年四月　　初二　　日

三二〇　署理福建巡撫鍾音奏折　遵旨查禁絲綢出洋(乾隆三十五年十一月二十八日)

署理福建巡撫臣鍾音謹

奏爲遵例具奏事案准部咨絲斤私出外洋令各
省督撫嚴行查禁倘有違例出洋其失察之汛
口文武各官照失察米石出洋例分别議處並
令各該督撫每於年底將有無拏獲奸商私販
出洋之案專摺奏
聞又准户部咨開紬緞等物總由絲斤所成嗣後紬
緞綿絹等物一體嚴禁出洋嗣於乾隆二十九
年又准部咨議覆海洋内外商船每年許配土
絲一千斤二蠶粗絲一千斤俟三年後内地不
致絲少價昂再請酌增斤數其紬緞紗羅及絲
綿等項照舊禁止各等因先後轉行遵照在案

三二〇 署理福建巡撫鐘音奏折

遵旨查禁絲綢出洋(乾隆三十五年十一月二十八日)

茲屆年底據布政使錢琦會同按察使張鎮詳
稱乾隆三十五年分閩省所轄沿海之福州興
化泉州漳州福寧臺灣等府屬汎口文武員弁
均各實力嚴查凡出口船隻除照部定斤數許
配土絲及二蠶粗絲外此外並無奸商串謀私
販頭蠶絲斤及紬綿緞匹出洋情事詳請具
奏前來臣覆查無異理合恭摺具
奏伏祈
皇上睿鑒再閩浙總督係臣暫署毋庸會銜合併陳
明謹
乙 奏
乾隆三十五年十一月 二十八 日

三二一 兩廣總督李侍堯奏折

報告粤海關通年征收關税總數

(乾隆三十六年二月初九日)

奴才李侍堯
奴才德魁跪

奏爲

奏明通年徵收關税總數仰祈

睿鑒事竊照粤海關徵收盈餘例應扣足一年期滿

先將徵收總數

奏明俟各口將餉銀彙解齊全通查支銷各數造

冊委員解部仍分别

題奏歷經遵照辦理兹奴才等查得乾隆三十四

年分粤海關所收正雜盈餘共銀五十四萬八

三二一　兩廣總督李侍堯奏折　報告粤海關通年征收關税總數（乾隆三十六年二月初九日）

千三百六兩零業經會同查核照例解部令復
查粤海關自乾隆三十四年五月二十六日起
扣至乾隆三十五年五月二十五日止一年期
滿通關各口共報收正雜等銀五十九萬六十
三兩零比較乾隆三十四年分計多收銀四萬
一千七百五十七兩零查粤海關每年徵收税
數向以滿關截算視洋船多寡以定盈絀乾隆
三十四年分共到洋船二十三隻兹乾隆三十
五年分共到洋船二十九隻較之乾隆三十四

年分多到洋船六隻是以税數較多至乾隆三
十五年分滿關後計到洋船二十五隻應歸下
年報解除俟各口税銀彚解齊全核明支銷確
數照例分款造冊解部查核另行
題報外所有乾隆三十五年分一年期滿徵收總
數合先恭摺會
奏伏乞
皇上睿鑒謹
奏

三二一　兩廣總督李侍堯奏折

報告粵海關通年征收關税總數

（乾隆三十六年二月初九日）

知道了

乾隆三十六年二月　初九　日

三二二　兩廣總督李侍堯奏折
報告粤海關通年征收關税總數
(乾隆三十六年十月十八日)

奴才李侍堯
奴才德魁跪
奏爲
奏明通年徵收關税總數仰祈
睿鑒事竊照粤海關徵收盈餘銀兩例應扣足一年
期滿先將徵收總數
奏明俟各口將餉銀彙解齊全通查支銷各數造
册委員解部仍分别
題奏歷經遵照辦理茲奴才等查得乾隆三十五
年分粤海關所收正襍盈餘共銀五十九萬六
十三兩零業經會同查核照例解部今復查粤

海關自乾隆三十五年五月二十六日起連閏
扣至乾隆三十六年四月二十五日止一年期
滿通關各口共報收正雜等銀五十七萬八千
六十六兩零比較乾隆三十五年分計少收銀
一萬一千九百九十六兩零查粵海關每年徵
收稅數向以滿關截算視洋船多寡以定盈絀
乾隆三十五年分共到洋船二十九隻茲乾隆
三十六年分共到洋船二十六隻較之乾隆三
十五年分少到洋船三隻是以比上届稅銀較
少至乾隆三十六年分滿關後計到洋船三十

三二二　兩廣總督李侍堯奏折　報告粵海關通年征收關稅總數（乾隆三十六年十月十八日）

覆應歸下年報解除俟各口稅銀彙解齊全核
明支銷確數照例分款造冊解部查核另行
題報外所有乾隆三十六年分一年期滿徵收總
數合先恭摺會
奏伏乞
皇上睿鑒謹
奏

覽

乾隆三十六年十月　十八　日

三二二三　署理福建巡撫鐘音奏折

遵旨查禁絲綢出洋(乾隆三十六年十一月初六日)

閩浙總督臣鐘音
福建巡撫臣余文儀謹

奏為遵例具奏事案准部咨絲斤私出外洋令各省督撫嚴行查禁倘有違例出洋其失察之汛口文武各官照失察米石出洋例分别議處並令各該督撫每於年底將有無拿獲奸商私販出洋之案專摺奏

聞又准户部咨開紬緞等物總由絲斤所成嗣後紬緞綿絹等物一體嚴禁出洋嗣於乾隆二十九年又准部咨議覆海洋内外商船每年許配土絲一千斤二蠶粗絲一千斤俟三年後内地不致絲少價昂再請酌增斤數其紬緞紗羅及絲綿等項照舊禁止各等因先後轉行遵照在案

三二三　署理福建巡撫鐘音奏折

遵旨查禁絲綢出洋(乾隆三十六年十一月初六日)

該據布政使錢琦會同按察使張鎮詳稱乾隆三十六年分閩省所轄沿海之福州興化泉州漳州福寧臺灣等府屬汛口文武員弁均各實力嚴查凡出口船隻除照部定斤數許配土絲及二蠶粗絲外此外並無奸商串謀私販頭蠶絲斤及細綿緞疋出洋情事詳請具

奏前來臣等覆查無異謹合詞恭摺會

奏伏祈

皇上聖鑒謹

奏

了

乾隆三十六年十一月　初六　日

三二四　兩廣總督李侍堯奏折

粵海關支解備貢銀兩事宜

(乾隆三十七年四月二十七日)

奴才李侍堯 德魁跪

奏為請

旨事竊照粵海關每年例於担槺項下撥支備貢銀五
萬五千兩除裁存二萬五千兩外其留粵承辦貢
品方物共銀三萬兩如有節省統於該年

奏銷之前先行請

旨解交郗查粵海關 乾隆三　五年 五月二十一日起
連閏扣至三十六　四月二十五日止一年期滿承

辦

貢品四次及傳辦方物并解京沿途各關納稅
運費等項共實支過銀三萬六千四百七十七兩
零俱經遵例按次造冊咨送造辦處查核

三二四　兩廣總督李侍堯奏折

粵海關支解備貢銀兩事宜

（乾隆三十七年四月二十七日）

在按除將通年核減賠補銀一千四百九十六
兩零另行按數解交外所有支過辦
貢銀兩核之應支三萬兩之數計不敷銀六千四
百七十七兩零照例在於粵海關經徵担耗項
下支用俟
奏銷該年稅餉造冊呈報户部核銷理合恭摺
奏明至裁存備貢銀二萬五千兩是否仍解交福
隆安查收之處合併附摺具
奏請
旨伏乞
皇上睿鑒訓示遵行謹
奏

三二一四　兩廣總督李侍堯奏折

粵海關支解備貢銀兩事宜

（乾隆三十七年四月二十七日）

乾隆三十七年六月初七日奉

硃批覽欽此

四月廿七日

三二五　兩廣總督李侍堯奏折

查禁出洋販運銅斤船隻
（乾隆三十七年六月初七日）

兩廣總督昭信伯臣李侍堯跪

奏為遵

旨查明覆

奏事竊臣於乾隆三十七年五月二十一日接准
戶部咨據蘇州巡撫薩載查奏閩商採辦洋銅
有碍蘇商案內訊據蘇商龔繼勝等供稱前在
東洋經倭地通事告知有閩人林承和一船於
乾隆三十五年六月由安南發到東洋販運銅
觔行查閩浙兩省海關出口進口冊籍並無該
船名色部臣以安南通洋之路經由粵東海口
或自粵省給照販銅回棹在粵售賣奏明請
旨命臣詳細確查據實具奏再行核議等因行知到

三三二五　兩廣總督李侍堯奏折　查禁出洋販運銅斤船隻

（乾隆三十七年六月初七日）

臣伏查粵東各屬沿海口岸在在通洋向來本港商船出洋貿易由地方官開報舵水名數年貌籍貫詳明粵海關給照填註一面造冊申送臣衙門備查進口回棹時一體查驗如有人照不符即行審究間有閩浙等省商船因風飄泊來廣由守口文武員弁報明海關查驗起貨輸稅仍聽其自行置貨給照掛驗出口咨明原籍省分知照若係遭風損失貨物空船收口者如願就地變賣船隻呈明海關聽其覓主出售將本商遞回安插船照咨回原給衙門查銷均有冊籍案卷可稽茲准部咨行查隨檢閱臣衙門歷年冊卷并照會粵海關監督德魁將乾隆三

三二二五　兩廣總督李侍堯奏折

查禁出洋販運銅斤船隻
(乾隆三十七年六月初七日)

十五年至今商船出口進口冊籍詳加核對本
港出口船隻並無林承和商名即外省被風飄
入粵省之船亦無林承和字號除飭行沿海各
口加意稽查如有林承和字號船隻收泊到口
立即報明查辦另行奏
聞所有粵省查無林承和船隻緣由理合恭摺
奏伏乞
皇上聖鑒謹
奏
該部知道
乾隆三十七年六月　初七　日

三二六　兩廣總督李侍堯奏折
報告通年征收粵海關關稅總數
（乾隆三十七年十一月初三日）

奴才李侍堯
奴才德魁跪

奏爲
奏明通年徵收關稅總數仰祈
睿鑒事竊照粵海關徵收盈餘銀兩例應扣足一年
期滿先將徵收總數
奏明俟各口將餉銀彙解齊全通查支銷各數造
冊委員解部仍分別
題奏歷經遵照辦理茲奴才等查得乾隆三十六
年分粵海關所收正雜盈餘共銀五十七萬八

三二六　兩廣總督李侍堯奏折　報告通年征收粤海關關税總數（乾隆三十七年十一月初三日）

千六十六兩零業經會同查核照例解部今復查粤海關自乾隆三十六年四月二十六日起至乾隆三十七年四月二十五日止一年期滿通關各口共報収正雜等銀五十九萬一千九百九十七兩零比較乾隆三十六年分計多収銀一萬三千九百三十兩零查粤海關每年徵収税數向以滿關截算視洋船多寡以定盈絀乾隆三十六年分共到洋船二十六隻兹乾隆三十七年分共到洋船三十隻較之乾隆三十

三二六　兩廣總督李侍堯奏折

報告通年征收粤海關關税總數

(乾隆三十七年十一月初三日)

六年分多到洋船四隻是以比上屆税銀較多至乾隆三十七年分滿關後計到洋船二十八隻應歸下年報解除俟各口税銀彙解齊全核明支銷確數照例分款造冊解部查核另行題報外所有乾隆三十七年分一年期滿徵収總數合先恭摺會奏伏乞

皇上睿鑒謹

奏

乾隆三十七年十一月　初三　日

三二一七 粤海關監督德魁奏折

報解關稅盈餘銀兩(乾隆三十八年六月二十四日)

德魁 關稅盈餘銀兩

奏 覽○

十月初四日

粤海關監督臣德魁跪

奏為報解關稅盈餘銀兩事竊照粤海關徵收正雜盈餘銀兩例應具摺

奏報茲臣會同兩廣總督臣李侍堯查臣德魁管關任內自乾

隆三十六年四月廿六日起至乾隆三十七年四月廿五日止一年期

滿共徵收正雜等銀五十九萬三千八伯六十九兩七錢七分七厘內稅鈔正項銀

三十萬四千三十兩二錢八分三厘歸公耗担分規雜項銀二十八萬七千九百四十七兩二錢三分八厘節存養廉平餘罰料截曠銀一千八伯七十二兩一錢八分六厘除支出正額稅銀四萬兩銅斤水腳銀三千五伯八十四兩照例移交布政司庫取有庫收送部查核又於雜項銀內支出採辦

貢品通關經費養廉工食以及鎔銷折耗等銀六萬七千二伯九兩三錢四分一厘又支出解交造辦處裁存備貢銀二萬五千兩又支出節存水腳銀解部飯食等銀三萬七伯五十兩三錢五分五厘外尚存正項盈餘銀二十六萬四伯四十六兩二錢八分三厘雜項盈餘銀一十六萬五千七兩五錢四分二厘節存養廉平餘罰料截曠銀一千八伯七十二兩一錢八分六厘節存水腳銀一萬五千一伯九十兩五錢八分二厘四共實存盈餘等銀四十四萬二千五伯三十六兩五錢九分三厘除照例具疏

三二一七 粵海關監督德魁奏折 報解關稅盈餘銀兩(乾隆三十八年六月二十四日)

題報按數分批造册委員解部查核外再照關稅盈餘應與上届比較以備考核今乾隆三十七年分共徵收銀五十九萬三千八伯十九兩七分七厘乾隆三十六年分收銀五十七萬九千九伯三十五兩九分六卜七厘按照比較之數共乾隆三十七年分計多收銀一萬三千九伯三十三兩七分四卜查粵海關每年徵收税數向視洋船多寡以定盈絀今乾隆三十七年分共到洋船三十隻較之乾隆三十六年分所到洋船二十六隻計多到洋船四隻是税數比上年較多至乾隆三十七年分隨閣後續到洋船二十八隻應歸入乾隆三十八年分核徵報解理合循例恭摺

奏明至以後核年餉銀現于乾隆三十八年六月廿四日自粵起程所有收支兩糧數目理合隨同餉銀恭摺

三二七　粤海關監督德魁奏折　報解關稅盈餘銀兩（乾隆三十八年六月二十四日）

奏報合并陳明伏乞
皇上睿鑒勅部核覆施行謹
奏
乾隆三十八年十月初九日奉
硃批該部議奏欽此

六月廿四日

三二八　兩廣總督李侍堯奏折

報告通年征收關税數目
(乾隆三十八年八月十五日)

奴才李侍堯
奴才德魁跪

奏爲

奏明通年徵収税數仰祈

睿鑒事竊照粤海關徵収正雜盈餘銀兩例應扣足

一年期滿先將總數

奏明俟查核支銷確數分款造册委員解部仍具

題奏報歴經遵照辦理兹奴才等查乾隆三十七

年分共収正雜盈餘等銀五十九萬一千九百

九十七兩零業經會同查核分款解部訖今自

乾隆三十七年四月二十六日起至乾隆三十

三二八　兩廣總督李侍堯奏折

報告通年征收關稅數目

(乾隆三十八年八月十五日)

八年閏三月二十五日止一年期滿通關各口共徵收正雜盈餘等銀五十五萬三千八百二十六兩零比較乾隆三十七年分計少收銀三萬八千一百七十一兩零查每年徵收稅數向以滿關截算視洋船之多寡稅貨之重輕以定盈絀乾隆三十七年分共到洋船三十隻茲乾隆三十八年分計到洋船二十七隻續有⿰口賀囒國夷船一隻來粤駛至陽江縣屬洋面遭風打沉以致進口稅餉無收該國住粤大班因已置

三二八　兩廣總督李侍堯奏折
報告通年征收關稅數目
(乾隆三十八年八月十五日)

就出口貨物船隻不敷裝載設法于墺門買得
墺夷船一隻空船進口分載茶葉瓷器等貨回
國連此一船統計洋船二十八隻較之乾隆三
十七年分仍少洋船二隻復檢查各洋船進口
貨簿内如税重之大絨羽緞等項比上兩年帶
到數目短少其税輕之棉花椒錫等貨比上年
進口亦有不敷是以本年盈餘比少銀三萬餘
兩謹將短少情節確查據實陳明至乾隆三十
八年分滿關後現到洋船三十隻應歸於乾隆

三十九年分報解除俟核明支銷確數照例分
款造冊解部查核另具
題奏報外所有乾隆三十八年分一年期滿徵收
總數合先恭摺會
奏伏乞
皇上睿鑒謹
奏
知道了
乾隆三十八年八月　十五　日

三二一九　粤海關監督李文照奏折

報解關税盈餘銀兩(乾隆三十九年七月初七日)

粤海關監督奴才李文照跪

奏爲報解關税盈餘銀兩事竊照粤海關徵收正
雜盈餘銀兩例應具摺
奏報茲奴才會同大學士仍管兩廣總督臣李侍
堯查粤海關前任監督德魁管理任内自乾隆
三十七年四月二十六日起至三十八年閏三
月二十五日止一年期滿共徵收正雜等銀五
十五萬三千八百二十六兩零又節存平餘罰
料截曠等銀一千七十六兩零共銀五十五萬
四千九百三兩零内税鈔正項銀二十七萬一
千六百二十九兩零歸公耗担分規雜項銀二
十八萬二千一百九十六兩零除將正額税銀

四萬兩銅觔水脚銀三千五百六十四兩照例移交布政司庫取有庫收送部查核又於雜項銀内支出採辦

貢品通關經費養廉工食以及鎔銷折耗等銀六萬五千四百八十兩零又支解交造辦處裁存偹貢銀二萬五千兩又支出節存水脚解部飯食等銀二萬八千四百六兩零尚存正項盈餘銀二十二萬八千六十五兩零雜項盈餘銀十六萬三千三百八兩零節存養廉平餘罰料截曠銀一千七十六兩零節存水脚銀一萬三千九百二十三兩零四共實存盈餘等銀四十萬六千三百七十四兩零除照例具疏

三二九　粵海關監督李文照奏折

報解關稅盈餘銀兩（乾隆三十九年七月初七日）

題報按款分批造冊委員解部查核外再照關稅盈餘應與上届比較以備考核今粵海關三十八年分共徵收銀五十五萬四千九百三兩零與上届三十七年分收銀五十九萬三千八百六十九兩零按數比較三十八年分計少收銀三萬八千九百六十六兩零查每年徵收稅數向視洋船之多寡以定盈絀其三十七年分共到洋船三十隻三十八年分計到洋船二十七隻續有賀蘭國夷船一隻來粵駛至陽江縣屬遭風打沉以致進口稅餉無收該國住粵大班因已置就出口貨物設法於墨門買得夷船一

三二九 粤海關監督李文照奏折

報解關税盈餘銀兩(乾隆三十九年七月初七日)

隻空船進口分載茶葉磁器等貨回國連此一

船統計二十八隻較之乾隆三十七年仍少洋

船二隻復又確查各船進口貨物如税重之大

絨羽緞等項即税輕之椒錫等貨比上年進口

均有不敷是以比上届税銀較少至三十八年

分滿關後續到洋船三十隻應歸入乾隆三十

九年分核徵報解理合循例恭摺具

奏至該年餉銀業於乾隆三十九年七月初七日

自粤起程解運赴京合併陳明伏乞

聖主睿鑒勅部核覆施行謹

奏

乾隆三十九年七月　　初七　　日

三三〇　兩廣總督李侍堯奏折

報告通年征收關稅數目

（乾隆三十九年十月初五日）

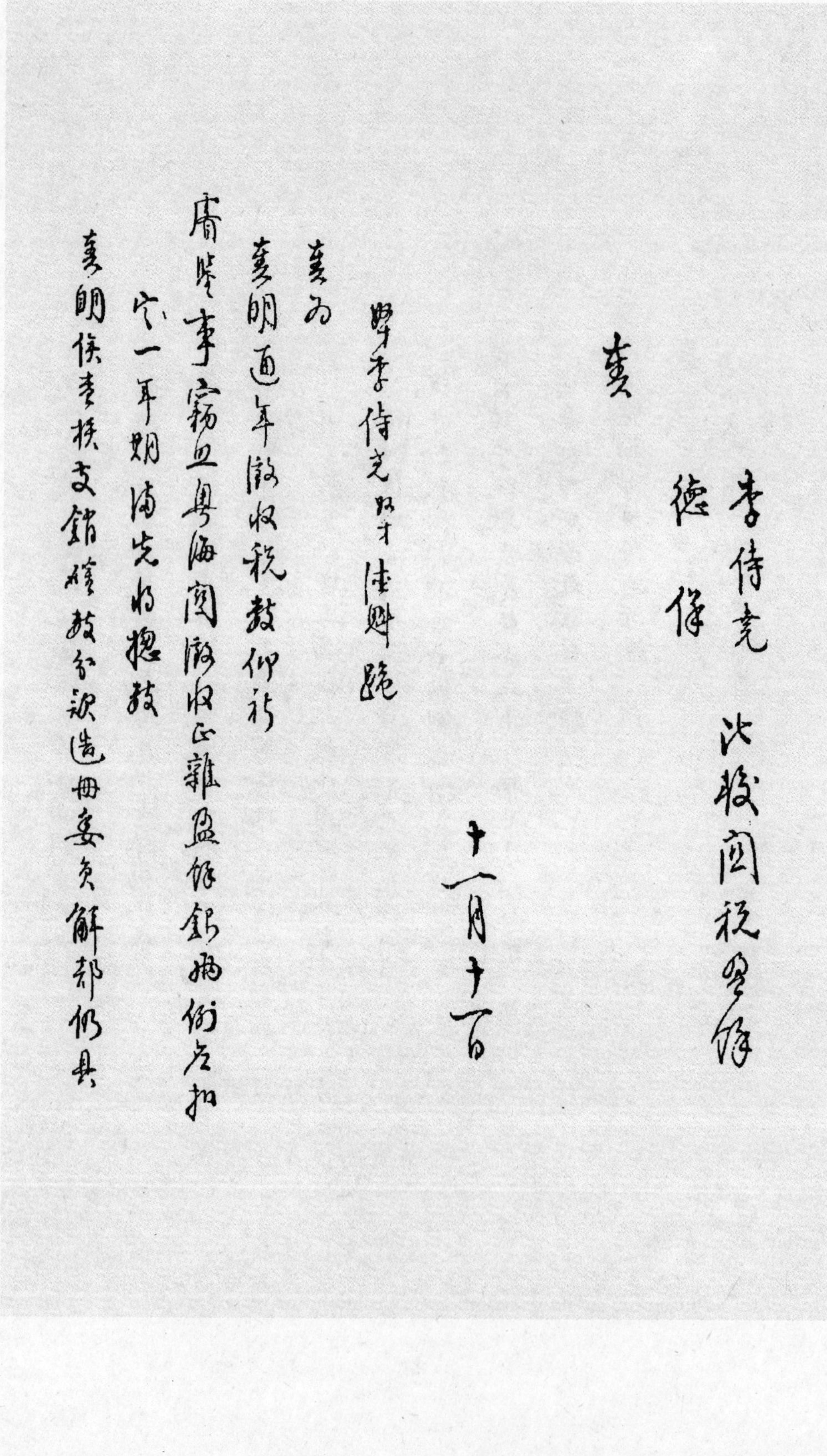
奏

李侍堯　徵收關稅數目

德保

十一月十日

奴才李侍堯、奴才德保跪

奏為

奏明通年徵收稅數仰祈

睿鑒事。竊照粵海關徵收正雜盈餘銀兩，例應扣

定一年期滿，先將總數

奏明，俟查核支銷確數，分款造冊委員解部，仍具

三三三〇　兩廣總督李侍堯奏折

報告通年征收關稅數目

（乾隆三十九年十月初五日）

查奏報歷經遵照，並經在案。前奴才等奏乾隆三十八年分共收正雜盈餘等銀五十五萬三千八百二十六兩零，業經前監督臣李文照會同臣李侍堯查核分款解部訖。今自乾隆三十八年閏三月二十六日起至乾隆三十九年三月二十五日止一年期滿，通關各口共徵收正雜盈餘等銀五十四萬一千五百五十三兩零，比較乾隆三十八年分計少收銀一萬二千二百七十三兩零。查每年徵收稅數，向以滿關截算，視洋船之多寡、稅貨之重輕以定盈絀。乾隆三十八年分共到洋船二十八隻，茲乾隆三十九年分計到洋船三十一隻，較之三十八年分多

三三〇　兩廣總督李侍堯奏折

報告通年征收關税數目

(乾隆三十九年十月初五日)

到洋船三隻，復據查貨簿內進口之羽緞、羽紗、小絨、
嗶嘰等貨較上年雖多十分之二，而鉛、錫、胡椒、檀
香等貨較上年少至三分之一，且內有港腳船七
隻所載俱係稅輕之棉花、沙藤、火石等貨，是以
本年貿易比較稅少，盈餘一筆雖兩，謹將稅少情
形確查核實陳明。至乾隆三十九年分滿關後
現到洋船三十三隻，應歸於乾隆四十年分撥解。除
俟核明支銷確數，照例分款造冊解部查核
另行具
奏報，所有乾隆三十九年分一年期滿徵收總
數合先奏聞。

奏伏乞

皇上睿鑒謹

奏

乾隆三十九年十月初一日奏

硃批知道了欽此

十月初五日

三三一 兩廣總督李侍堯奏折

復審香山縣葉昌違例攬築澳夷臺基等事（乾隆四十年四月二十四日）

李侍堯

覆審香山縣民葉昌
違例攬築澳夷臺基
等由

覆○奏

五月二十四

大學士仍管兩廣總督臣李侍堯跪
奏為查明覆
奏事乾隆四十年三月二十五日准刑部咨開署督臣德保審
擬香山縣民葉昌違例攬築澳夷臺基并廳書王超受
賄致令捏窠一案粵省澳門夷人居住之處因何設立砲

三三一　兩廣總督李侍堯奏折　復審香山縣葉昌違例攬築澳夷臺基等事(乾隆四十年四月二十四日)

基該署督未經聲明且舊有砲臺如何夷人復欲添建新
臺情節亦未確訊詳報至夷人味噹究係何國夷人其在
內地擅行添築砲臺生事亦應咨明該國按罪未便聽其
外夷無庸置議且味噹果係外番民人則葉昌之爲圖重
利商之歷書王趙受賄捏報築臺其滋事不法自應從重
定罪亦未便比照代替外國人收買違禁貨物例問擬此等
案件理應奏
聞定奪未便咨部完結
奏明交臣作速詳細查明妥議具奏到日再議等
旨依議欽此欽遵移知到粵臣查澳門夷人始於前明嘉靖年間
爲大西洋寄居並無他國夷人雜處舊設砲臺六座載在香
山縣志建自何年實無可考本案先於上年六月內據澳門同
知宋清源稟報訪聞夷人於舊砲臺之外另築臺基飭往查
勘貼連舊臺之前築高二尺七寸究出書辦王趙以職員誘

三三一　兩廣總督李侍堯奏折

復審香山縣葉昌違例攬築澳夷臺基等事（乾隆四十年四月二十四日）

等情。當查澳夷驕悍不已，控馭宜嚴，無端添築砲臺，不可不
防微杜漸，隨飭委廣糧通判永威、香山縣知縣孟永葉前往
嚴查確勘。旋據該委員等覆稱：該處舊有南環砲臺一座，西臨
大海，迤西一帶築有堤岸，上年潮水沖刷，貼近臺腳坍塌六
丈有餘，該夷乘修復之便，將堤岸幫闊，舊臺加展寬大，現已
築就臺基二尺七寸等語。臣思澳夷寄住之處，堤岸坍塌，雖應
准其修復，未便任由加展砲臺，飭令澳門同知押令拆毀。匠人
葉昌串通書辦王超，以賊捏報，秉械包攬，殊屬玩法，自應從
重究治。復又檄飭兩司提犯赴省，委員確審，擬解未及審辦，
臣即
陛見赴京，接任臣德保署撫篆，經臬使泰鐄於前署按察使任內
審擬解勘，咨部核結，部臣援案指駁，
奏請交臣覆查。臣檢查全案，所稱舊臺之外添建新臺，與前此
所查幫闊堤岸加展舊臺之語，情節懸殊，當日如何定案，必

三三一　兩廣總督李侍堯奏折

復審香山縣葉昌違例攬築澳夷臺基等事(乾隆四十年四月二十四日)

需覆委大員勘訊明確，方可核擬。隨委糧驛道吳九齡會同
署按察使秦鐶親詣澳門逐一履勘，並令署臬司將因何互
異緣由切實登覆。茲據詳稱：勘得澳夷南環砲臺建於東塞
正南，面臨大海。臺西石砌堤岸一帶，計長三十餘丈，西寬六尺
五寸。上年接近臺邊坍塌六丈有餘，該夷人糾衆修復，乃便
即將堤岸幫闊，舊臺加展寬大，業在沙灘上築基二尺七寸，
即業經查押拆毀，現經拆毀淨盡，其幫鑲痕跡猶存。訊之夷人味
囒，據供：舊有砲臺建自前明嘉靖年間，
國朝從無續請增建之事。提訊匠人葉昌，據供：實止幫闊加展，因
堤岸接連砲臺，故此呼為臺基，原供添建新臺，即指幫闊
臺基而言，並非另築砲臺。反覆究詰，委無別情。承審府縣
未曾目擊情形，錄供又不詳晰，但稱貼連舊臺加築新基，遂
因誤以為叙入詳稿，如舊臺之外添建新基一座，致奉部駁，
實屬疏忽，擬合詳覆等因到臣。臣核之前勘委員所稟亦屬
第今據藩臬兩司覆提研訊，加展舊有砲臺，並無另築新臺

三三一　兩廣總督李侍堯奏折

復審香山縣葉昌違例攬築澳夷臺基等事（乾隆四十年四月二十四日）

之要義伏思本案乃是嚴切行查之後以悉知原委現奉部駁
實由香山縣知縣以其已核其所叙案情尚有情節不符之處查無別
匠人葉昌應書王超吐供照原擬充軍情先另設夷人嘩
澳夷將此圖加展以墨一併行查覆並將毀去房屋作為
知夷亦請免設所有香山縣知縣之案果按察使等轉遵照奉鎮番
署廣州府香山縣知縣吳兆振南海縣知縣常德番禺縣知
縣張天植均應附案請交部議以謹案擬覆
奏伏乞
皇上睿鑒勅部核覆施行謹
奏　乾隆四十年五月二十五日奉
硃批該部議奏欽此
四月二十四日

三三二　兩廣總督李侍堯奏折

報告征收稅銀數目

(乾隆四十年七月十九日)

奴才李侍堯
奴才德魁　跪

奏爲

奏明一年期滿徵收稅數仰祈

睿鑒事竊照粵海關徵收正雜盈餘銀兩例應扣足

年滿先將總數

奏明俟查核支銷確數分款造册委員解部仍具

題奏報歷經遵照辦理茲奴才等查乾隆三十九

年分共徵收正雜盈餘等銀五十四萬一千五

百五十三兩零業經奴才等查核分款委員解

三三二　兩廣總督李侍堯奏折　報告征收税銀數目
（乾隆四十年七月十九日）

部訖令自乾隆三十九年三月二十六日起至
乾隆四十年三月二十五日止一年通關各口
共徵收正雜盈餘等銀五十四萬一千八百六
十三兩零比較乾隆三十九年分計多銀三百
一十兩零查每年徵收税數向以滿關截算視
洋船之多寡税貨之重輕以定盈絀乾隆三十
九年分共到洋船三十一隻内有港脚船七隻
兹乾隆四十年分計到洋船三十四隻較之三
十九年分多到洋船三隻内有港脚船十五隻
且所載俱係税輕之棉花胡椒沙藤番錫等貨

較之三十九年分雖多洋船三隻而盈餘比較
僅多銀三百一十兩零所有查明船隻多寡比
較盈絀據實陳
奏至乾隆四十年分滿關後現到洋船七隻應歸
於四十一年分報解除俟核明支銷確數照例
分款造冊解部查核另行具
題奏報外所有乾隆四十年分一年期滿徵收總
數合先恭摺會
奏伏乞

皇上睿鑒謹

奏

知道了

乾隆四十年七月　十九　日

三三三　兩廣總督李侍堯奏折

查明粵海關稅銀盈餘比較短少緣由(乾隆四十年十二月十九日)

大學士仍管兩廣總督昭信伯臣李侍堯跪
廣東巡撫臣德保

奏為查明關稅盈餘比較短少緣由仰祈
聖鑒事竊臣等接准戶部咨議覆粵海關監督德魁
奏報征收盈餘銀兩比較上屆少收一摺內開乾
隆三十九年分共收稅銀五十四萬一千五百
五十三兩零除額計盈餘銀五十萬一千三百
四十九兩零較上屆少收銀九千九百八十九
兩零據稱乾隆三十八年分共到洋船二十八
隻該年計到洋船三十一隻較多洋船三隻撿

查貨簿内進口之羽緞羽紗等貨較上年雖多十分之二而鉛錫胡椒等貨較上年少至三分之一且内有港脚船七隻所載俱係税輕之貨是以盈餘短少等語查該關乾隆三十八年分比較三十七年少到洋船二隻以致盈餘短少今三十九年分比較三十八年所到洋船計多三隻而征收盈餘反短至九千九百八十餘兩雖據該監督聲明短少緣由係船内貨少之故但查該關征收税項歷來總視洋船進口多寡

三三三　兩廣總督李侍堯奏折

查明粵海關税銀盈餘比較短少緣由(乾隆四十年十二月十九日)

以定税銀盈絀從未有洋船多到而税課轉致短少者未便核定奏明請
旨勅交臣等遴委廉幹大員嚴行核勘徹底清查覆核具奏等因行知到粵臣等當即行委糧驛道吳九齡前赴該關逐一查核務得實在短少情形不得瞻狥草率去後兹據禀稱遵赴粵海關將乾隆三十八九兩年洋船進口出口收税底簿逐一核對查三十九年計到洋船三十一隻内港脚小船七隻共收鈔規貨税銀三十五萬八千六百零四兩五錢六分一厘加以大關各

三三三　兩廣總督李侍堯奏折

查明粤海關税銀盈餘比較短少緣由(乾隆四十年十二月十九日)

口岸税鈔耗担歸公等項銀十八萬二千九百四十八兩六錢二分四厘實共收銀五十四萬一千五百五十三兩一錢八分五厘比較上居三十八年多到港脚小船三隻少收銀九千九百八十九兩四錢零八厘以洋船多到而論誠如部議不應轉致短少傳訊關書沈鑑等據供遞年征收税項固視洋船進口之多寡以定盈絀但税從貨出貨物有多少貴賤之殊收餉有輕重之别今三十九年雖較三十八年多到洋船三隻實緣貨物較少且有夷商們船一隻進

口起貨未完失火被燒約少收稅三千餘兩故此貨稅不及上屆之多並無別情等語查對各洋船進出貨稅按則計算均屬相符其夷商門船於八月初十日船内失火亦有報案可據復將兩年貨稅逐一比核如三十九年進口各船所到羽緞大絨小絨嗶嘰乳香等貨比之三十八年雖多收稅銀一萬二十五兩零而鉛錫胡椒紫檀檀香烏木沒藥等貨較少收稅銀一萬九千八百一十六兩零通關牽算盈少絀多比較不敷實由於此並無征多報少侵隱情弊出

三三三　兩廣總督李侍堯奏折

查明粵海關税銀盈餘比較短少緣由(乾隆四十年十二月十九日)

具印結申繳前來臣等覆加查核乾隆三十九
年分粵海關征收税餉除正税足額外計盈餘
銀五十萬一千三百四十九兩零比較上屆少
收盈餘銀九千九百八十餘兩監督德魁原奏
聲將進口羽緞等貨較多十分之二鉛錫胡椒
較少三分之一於摺内聲明而前項各貨征收
税數多寡未經切實指陳因致部臣以船多税
少議駁現據糧驛道吳九齡澈底查明該年盈
餘比較上屆短少盖緣洋船貨物較少所致自
屬實情且查該關歷屆

奏報稅數即如乾隆三十六年到關洋船二十六
隻通共收銀五十七萬八千有奇而三十八年
多到洋船二隻僅收銀五十五萬三千八百二
十餘兩是船多稅少不獨三十九年為然尤有
明證所有臣等查明盈餘短少緣由理合恭摺
覆
奏伏乞
皇上睿鑒勅部查核施行謹
奏
該部議奏
乾隆四十年十二月　十九　日

三三三　兩廣總督李侍堯奏折　查明粤海關稅銀盈餘比較短少緣由(乾隆四十年十二月十九日)

三三四　兩廣總督李侍堯等奏折

報告征收關税數目(乾隆四十一年三月二十三日)

奴才李侍堯
奴才德　魁跪

奏爲

奏明年滿徵收税數仰祈

睿鑒事竊照粤海關徵收正雜盈餘銀兩例應扣足

年滿先將總數

奏明俟查核支銷確數分款造册委員解部仍具

題奏報歷經遵照辦理茲奴才等查乾隆四十年分共徵收正雜盈餘等銀五十四萬一千八百六十三兩零現經奴才等會同查核分款委員解部外今自乾隆四十年三月二十六日起至

乾隆四十一年二月二十五日止通關各口共
徵收正雜盈餘銀五十三萬三千一百七十八
兩零比較乾隆四十年分計少收銀八千六百
八十五兩零查每年徵收稅數向以滿關截算
視洋船之多寡稅貨之重輕以定盈絀乾隆四
十年分共到洋船三十四隻乾隆四十一年分
計到洋船二十六隻較之四十年分少到洋船
八隻是以比較上屆短少盈餘銀八千六百八
十五兩零除將船隻多寡稅數盈絀先行據實
陳

奏俟核明支銷確數照例分款造冊解部查核另

具

題奏報外所有乾隆四十一年分一年期滿徵收

總數理合恭摺會

奏伏乞

皇上睿鑒謹

奏

乾隆四十一年三月　二十三　日

三三五　閩浙總督鐘音奏折

請議敘赴南洋運米商民
(乾隆四十一年三月二十七日)

閩浙總督臣鐘音謹
奏爲循例
奏請議敘以示鼓勵事竊照閩省地窄人稠歲產
米穀不敷民食內地商民有自備資本領照赴
暹邏等國運米回閩糶濟者按照米數之多寡
分別議敘案經
奏准遵行玆據福建布政使錢琦詳稱乾隆三十
九年分往返南洋各船帶回米石除數在一千
五百石以內者仍照例在外奬賞外所有同安
縣船户萬青年運到米一千六百石係同安縣
商民鄭佳宏備資帶往六崑購回於乾隆四十
年九月初七日入口經照時價糶賣以濟民食

三三三五　閩浙總督鐘音奏折

請議叙赴南洋運米商民（乾隆四十一年三月二十七日）

查該商鄭佳宏身家清白並無過犯例得仰邀
議叙等情前來臣查定例運米一千五百石至
二千石者給予九品頂帶令商民鄭佳宏購米
一千六百石相應
奏請照例議叙如蒙
俞允另取冊結咨部給照庶商民益加感奮急公販
運於邊海民食實有裨益臣謹會同福建撫臣
余文儀恭摺具
奏伏乞
皇上睿鑒
勅部議覆施行謹
奏
該部議奏
乾隆四十一年三月　二十七　日

三三二六　粵海關監督德魁奏折
報解關稅盈餘銀兩數目
（乾隆四十一年八月二十四日）

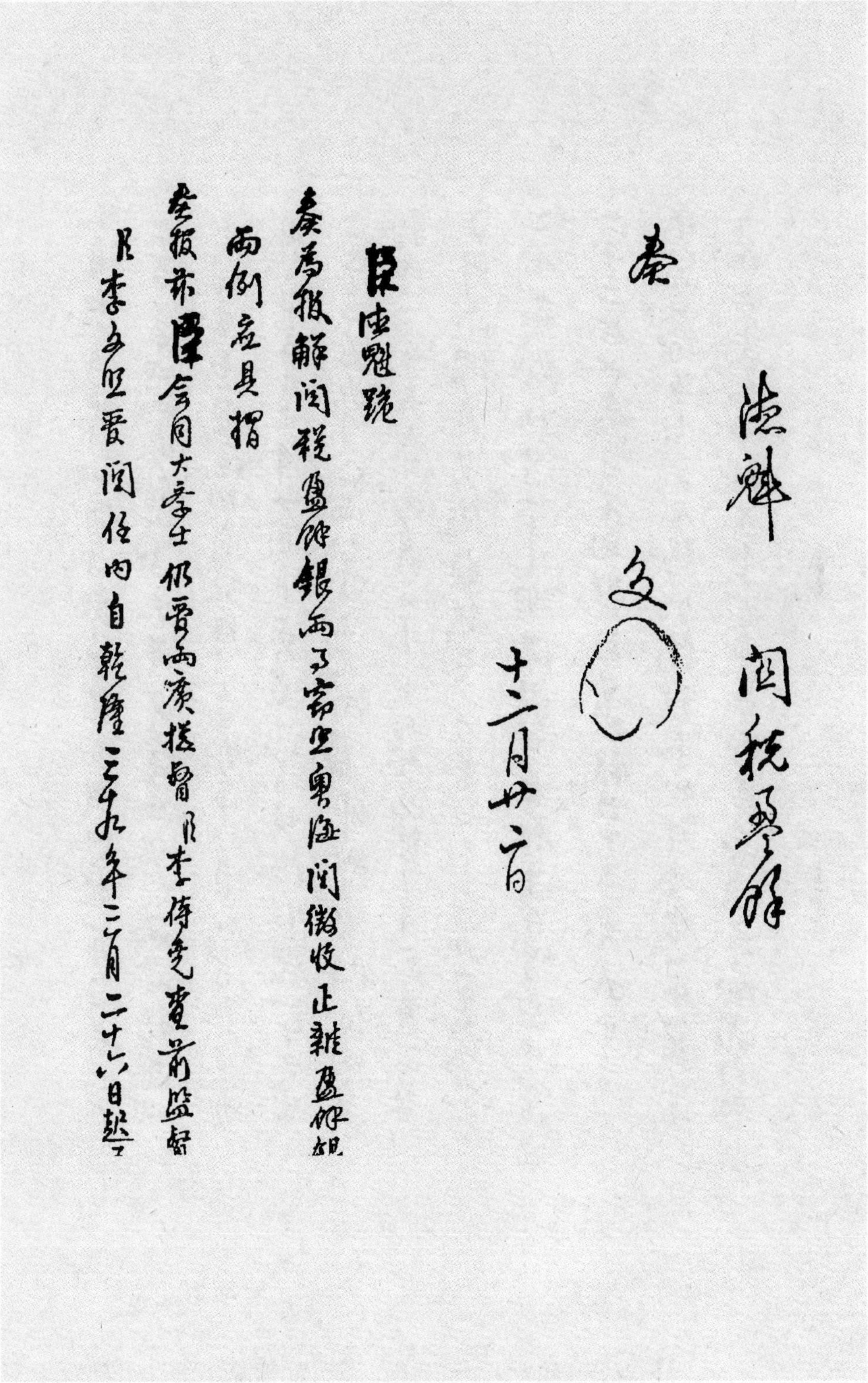
奏
德魁　關稅盈餘
文
十二月廿六日

臣德魁跪
奏為報解關稅盈餘銀兩事竊照粵海關徵收正雜盈餘銀
兩例應具摺
奏報部臣會同大學士兩廣總督臣李侍堯查前監督
臣李文照管關任內自乾隆三十九年二月二十六日起

三三六　粵海關監督德魁奏折

報解關稅盈餘銀兩數目
(乾隆四十一年八月二十四日)

旨起日止計四個月零十二日共徵收銀一十二萬二千
二百五十四兩九錢一分九厘又本年仍署兩廣總督兼
李侍堯兼署任內自乾隆三十九年八月初四日起至九
月二十五日止計一個月零二十一日共徵收銀一十五萬
二千三百九十二兩八分二厘又奴才德魁署關任內自
乾隆三十九年九月二十六日起至四十年三月二十五日
止計六個月共徵收銀二十五萬七千二百一十[illegible]
二厘前經扣足一年期滿通共收銀五十四萬一千八百
六十三兩七錢三厘內稅餉正項銀二十五萬九千一百
十八兩二錢五分三厘歸公耗擔分頭雜項銀二十八萬二千
六百九十五兩四錢五分又通年節存養廉平餘罰料盈

三三三六　粵海關監督德魁奏折

報解關稅盈餘銀兩數目

(乾隆四十一年八月二十四日)

贖等銀一千七百九十七兩八錢五分五厘除支出正額稅
銀四萬兩銅觔水腳銀三千五百六十四兩照例移交
東布政司庫取有庫收送部查核外於雜項下支
出辦
貢並關經費養廉工食以及鎔銷折耗等銀六萬九千
三百一十九兩一錢四分七厘并支出解交造辦處裁存
備貢銀二萬五千兩又支出節存水腳解部飯食銀
二萬四千五百七十一兩一錢三分七厘尚存正項盈餘銀
二十一萬五千六百四十兩二錢五分三厘雜項盈餘銀一十
六萬二千八百五十兩一錢六分六厘並節存養廉平
餘罰料截曠銀一千七百九十七兩八錢五分五厘並
存水腳銀一萬三千五百一十六兩一錢二分六厘實存解

三三二六　粵海關監督德魁奏折

報解關稅盈餘銀兩數目

（乾隆四十一年八月二十四日）

盈餘等銀三十九萬四千七百二十三兩四錢，隨照例具疏
題報，接欽分批造冊委員解部查核，并照關稅
盈餘隨比較，雍正十三年征收稅數有盈無絀，仍各
與上屆比較，以備考核。今乾隆四十年分共徵收正雜
盈餘銀五十四萬一千八百六十二兩七錢三分五釐，存
養廉、平餘、罰料、截曠等銀一千七百九十七兩八錢五分
五厘。又乾隆三十九年分共徵收正雜盈餘銀五十四萬
一千五百五十三兩一錢八分五厘五毫，存養廉、平餘、罰
料、截曠等銀三千三百六十兩四錢九分一厘，查節存養廉、
平餘、罰料、截曠等銀每年多寡不同，原無一定額，
按照正雜盈餘項內比較，四十年分計多收銀二百一十
兩五錢一分八厘，連養廉、平餘、罰料、截曠等項通共

三三二六　粤海關監督德魁奏折

報解關税盈餘銀兩數目

(乾隆四十一年八月二十四日)

核計比較少收銀一千二百五十二兩一錢一分八厘查粤
海關每年徵收税數向視洋船之多寡稅貨之重輕
以定盈絀茲乾隆四十年分共到洋船三十四隻較之
乾隆三十九年分止到洋船二十一隻計多到洋船三
隻但此内有港腳船十五隻且所載係税輕之棉花胡
椒沙藤番錫等貨較之三十九年分雖多洋船三
隻而盈餘比較僅多銀三百一十兩五錢一分八厘當經
奴才會同大學士仍管兩廣總督臣李侍堯於乾隆四
十年七月十九日具摺
奏明旋於本年十月十六日奉到
硃批知道了欽此欽遵在案至乾隆四十年分粤海關收續到

三三二六　粵海關監督德魁奏折

報解關稅盈餘銀兩數目

（乾隆四十一年八月二十四日）

洋船二十六隻，應歸入四十一年分核徵報解，理合備

御覽摺

奏明。至該年餉銀於乾隆四十一年八月二十四日自粵

起程，所有收支錢糧數目，理合隨同餉銀案摺

奏報，合併陳明。伏乞

皇上睿鑒，敕部核覆施行。謹

奏

乾隆四十一年十二月廿一日奉

硃批：該部議奏。欽此。

八月廿四日

三三三七　内閣奉上諭　著追還粤商倪宏文欠英商債款并申斥辦案不利之員(乾隆四十一年十一月二十六日)

乾隆四十一年十一月二十六日内閣奉
上諭刑部奏駁李質穎咨稱革監倪宏文賒欠暎咭唎國夷
商噸哱貨銀萬餘兩無還議將倪宏文改擬杖流監追一
摺已依議行矣此案李質穎辦理甚屬錯謬外國夷商販
貨來售内地民人與之交易自應將價值照數清還若因
拖欠控告到官尤宜上緊嚴追給領並將拖欠之人從重
究治庶免夷人羈滯中華而奸徒知所懲儆今倪宏文拖
欠夷商貨銀盈萬寔屬有心誆騙遠人非内地錢債之案
可比至所供落價虧本及賒與客販身覆貨沉等語均係
狡詞文飾豈可憑信乃該撫僅將倪宏文減等擬徒援赦
杖責殊屬寬縱又令該犯戚屬至結保領在外設法措繳
是倪宏文仍可藉端延宕徒使夷商旅居守候而貲本終
歸無着豈為平允幸而部臣議駁改擬監追若竟朦朧照

三三七 内閣奉上諭

著追還粤商倪宏文欠英商債款并申斥辦案不利之員(乾隆四十一年十一月二十六日)

覆則是地方官徇護奸商而令外夷受累屈抑難伸其事
實乖乎允殊非體恤遠人之道李質穎久任封疆於撫馭邊
夷事宜辦理向為妥善此等賒欠夷商貨本之案自應督
撫會同訊辦以期允協乃竟置若罔聞惟任李質穎草率
定案咨部完結殊屬非是李侍堯著傳旨申飭至李質穎
平日尚能認真辦事何以審擬此案疏虞若此著交部察
議並著速飭承追之員先將倪宏文監追並轉飭原籍查
產變抵照數給與夷商收領其不敷之數勒限一年追清
如限滿不能全完即令該省督撫司道及承審此案之府
州縣官於養廉内按數攤賠即傳旨賞給該夷商清賬歸
國勿使向隅其各員所賠之數俟倪宏文名下追出抵還
仍將倪宏文照部擬發配并將遵照辦理緣由即行具摺
覆奏欽此

三三三八　直隸總督周元理奏折

遵旨將欠英商債款之廣州行商倪宏文從重治罪(乾隆四十一年十二月初七日)

周元理

覆奏接奉

諭旨將倪宏文改擬由

十二月初九日

奏

直隸總督臣周元理謹

奏爲欽奉

上諭事本年十二月初二日承准大學士舒赫德字寄內閣

奉乾隆四十一年十一月二十四日奉

上諭刑部奏駁李質穎審擬革監倪宏文賒欠㖊咭唎國夷

商噶等貨銀萬餘兩未還問擬杖責未協云云欽此欽遵

三三八　直隸總督周元理奏折

遵旨將欠英商債款之廣州行商倪宏文從重治罪(乾隆四十一年十二月初七日)

跪讀之下仰見我
皇上柔遠綏邇之至計
聖慮最為深遠伏思外國商人遠來貿易凡有一切交涉事
件皆為內地政體所關今蒙
聖明詳細指示開導具仰
睿謨廣運無微不照寔為
臨御萬禩所宜永遠敬謹奉行而勿替者也臣即移行粵
文武衙門令其交代永遠遵行並直隸天津海關
廣商人洋船貿易之所臣另札天津道府將此案漢
咦唎夷商在粵貨物被欠領本
諭旨追繳并將賠欠之倪宏文從重治罪緣由傳示各商俾得
來往海洋宣揚

德意並仰
聖主撫馭之仁于無既矣理合恭摺覆
奏伏乞
皇上睿鑒謹
奏
乾隆四十一年十二月初九日奉
十二月初七日
硃批覽欽此

三三三八　直隸總督周元理奏折

遵旨將欠英商債款之廣州行商倪宏文從重治罪（乾隆四十一年十二月初七日）

三三九 各省督撫奉上諭著接奉倪宏文賒欠英商貨銀案諭旨謹貯署中不必宣示遠近(乾隆四十一年十二月初十日)

大學士舒 于 字寄

各省督撫 乾隆四十一年十二月初十日奉

上諭據周元理奏稱准廷寄粵省審擬草監倪宏文賒欠夷商貨銀一案諭旨遵即移行大小文武衙門入於交代遵行並另札天津道府將此案傳示各商俾伊等來往海洋宣揚德意等語所辦未為妥協此案李質穎辦理不合之處已降旨將伊交部察議各省俱可一體恪遵至傳寄諭旨一道其中有統論中國撫馭遠人之道止宜將軍督撫留心

三三三九　各省督撫奉上諭

著接奉倪宏文賒欠英商貨銀案諭旨謹貯署中不必宣示遠近(乾隆四十一年十二月初十日)

經理不便宣示外夷是以未經明發而令各將軍督撫入於
交代俾各後任永遠遵行該督接奉後惟當謹貯署中列入
交代冊檔並毋庸移行大小文武衙門至於海口夷商即
欲宣揚德意亦只可將明旨通傳其延寄內之語豈宜傳
示況將軍督撫辦理此等事務惟在實心妥辦又何藉文
告虛詞周元理所辦未免有誤會前旨著傳諭周元理如
尚未通行即為停止若已行文仍速撤回直隸一省如此
恐他省亦有似此者並著再諭各將軍督撫接奉前此傳寫

三三九　各省督撫奉上諭著接奉倪宏文賒欠英商貨銀案諭旨謹貯署中不必宣示遠近(乾隆四十一年十二月初十日)

諭旨止存貯入于交代不必宣示遠近欽此遵
旨寄信前来

三四〇　兩廣總督李侍堯致軍機處咨文

查明法國人席道明并無過犯可令住省城（乾隆四十一年十二月十八日）

咨

太子太保內閣大學士武英殿大學士兼兵部尚書總督兩廣等處地方軍務兼理糧餉加三級隨帶加二級留任昭信伯李　為

札知事據廣東布政使司布政使姚成烈會同

廣東按察使司按察使陳用敷詳稱奉大學士

三四〇　兩廣總督李侍堯致軍機處咨文

查明法國人席道明并無過犯可令住省城(乾隆四十一年十二月十八日)

仍管兩廣總督李　札開准

軍機處抄寄兵部尚書忠勇公福

奏摺内開據天主堂西洋人汪大洪賀清泰等呈

稱乾隆三十三年蒙

皇上天恩准令西洋人鄧類斯住居廣東省城料理

本國新來聽用之人並一切事務大洪等得以

在京專心効力今鄧類斯病老回國無人接管

現有西洋人席道明在廣東居住若令席道明

長住省城接管一切寔爲妥便等語查西洋新
來人等事務廣東省城亦須有人管理令汪大
洪等既稱現有西洋人席道明可以接管應請
行文兩廣總督李　令其查看席道明可否繼
鄧類斯管理一切即令其在省居住辦理等因
乾隆四十一年十月十四日奉
旨知道了欽此抄寄到本閣部堂札司確查等因又
奉准

三四〇　兩廣總督李侍堯致軍機處咨文

查明法國人席道明并無過犯可令住省城（乾隆四十一年十二月十八日）

三四〇 兩廣總督李侍堯致軍機處咨文

查明法國人席道明并無過犯可令住省城(乾隆四十一年十二月十八日)

軍機處抄寄兵部尚書忠勇公福

奏摺內開前經西安門內天主堂西洋人汪大洪

賀清泰等呈請保舉在廣居住之西洋人席道

明駐省管事經奴才福 據情轉

奏交兩廣總督李 查明可否令席道明駐省管

事之處照例辦理等因在案今又據西洋人艾

啓蒙高慎思安國寧等呈稱席道明係自澳逃

至廣省曾有過犯之人令其管事恐有未協且

三四〇　兩廣總督李侍堯致軍機處咨文

查明法國人席道明并無過犯可令住省城(乾隆四十一年十二月十八日)

係管理三堂往來書信事件汪大洪等未便獨
選等語随傳唤傳作霖詢問據稱席道明實係
自澳遷居廣省並無潛逃情弊至其駐省管事
原係汪大洪等一堂自行安設之人與別堂並
無干涉或别堂間有往來書信煩伊接發並非
專責應聽汪大洪等本堂自行選擇安設别堂
無從干預等語查汪大洪等係舉管事之人艾
啓蒙等復具呈爭執及詢之傳作霖又與艾啓

三四〇　兩廣總督李侍堯致軍機處咨文

查明法國人席道明并無過犯可令住省城(乾隆四十一年十二月十八日)

蒙等所稱情節不符顯係伊等彼此意見不和
以致各執一説至席道明自澳至廣是否在此
有無過犯及是否專管汪大洪一堂事件必須
查明辦理應將此行知李　將席道明果否自
澳逃至廣東省城及有無別項過犯其人可否
令其駐省管事之處查明妥酌辦理謹
奏乾隆四十一年十月二十四日奉

三四〇　兩廣總督李侍堯致軍機處咨文

查明法國人席道明并無過犯可令住省城(乾隆四十一年十二月十八日)

旨知道了欽此欽此寄到本閣部堂札司會同查明稟覆等因奉此
依經轉行廣州府督同香山縣遵照查覆去後兹據廣州
府詳稱卑府遵即督同香山縣傳唤西洋人席道明查詢通
事林禧傳據席道明回稱伊番名哂嚀咧哋係拂郎
濟亞國人于乾隆三十八年搭夷商吱吐洋船到澳
門小三巴寺居住因從前住省辦理往來書信

三四〇　兩廣總督李侍堯致軍機處咨文

查明法國人席道明并無過犯可令往省城(乾隆四十一年十二月十八日)

之鄧類斯畨名嘐咈吡病老回國今本國有信
着伊上省接辦鄧類斯事務伊於乾隆四十一
年七月到省現寓陳廣順行内並無過犯
亦非潛逃至省等語并據行商陳廣順遞具甘
結又據香山縣取具夷目嘜嚟哆甘結呈送前
來查席道明既係伊國令其接辦鄧類斯事務
今查詢又無過犯似可聽其接辦理合詳候會

三四〇 兩廣總督李侍堯致軍機處咨文

查明法國人席道明并無過犯可令住省城(乾隆四十一年十二月十八日)

核轉奪等由到司據此該廣東布政使司布政
使姚成烈會同廣東按察使司按察使陳用敷
查看得在京西洋人汪大洪等保舉在廣居住
之西洋人席道明駐省管事一案奉院臺札行
查明稟覆等因依經轉行廣州府督同香山縣
查覆去後茲據該府督同香山縣查詢通事林
禧傳據席道明回稱伊番名哂嘩唎吔係拂郎
濟亞國人于乾隆三十八年搭夷商吱吐洋船

三四〇　兩廣總督李侍堯致軍機處咨文

查明法國人席道明并無過犯可令住省城（乾隆四十一年十二月十八日）

到澳門小三巴寺居住因從前住省辦理往來
書信之鄧類斯番名哮啡吡病老回國今本國
有信着伊上省接辦鄧類斯事務伊于乾隆四
十一年七月到省現寓陳廣順行内平日並無
過犯亦非潛逃至省等語併據行商陳廣順遞
具甘結又據香山縣取具夷目嘍嚟哆甘結呈
送前來本司等伏查西洋人席道明自該國搭

三四〇　兩廣總督李侍堯致軍機處咨文

查明法國人席道明并無過犯可令住省城（乾隆四十一年十二月十八日）

船來至澳門及自澳赴省現在詳查明確取有
行商夷目甘結　其非犯罪潛逃自屬可信既經
在京効力之汪大洪等選舉似可令其繼鄧類
斯駐省管事仍責令寓居行商保領約束毋許
縱令與漢奸往來勾結及任聽番厮出入滋事

是否允協理合詳候察核會
奏等由到本閣部堂據此覆查無異除恭摺具
奏外相應咨達為此合咨

三四〇　兩廣總督李侍堯致軍機處咨文

查明法國人席道明并無過犯可令住省城(乾隆四十一年十二月十八日)

察照施行須至咨者

右咨

軍機處

乾隆四十一年十二月十八日

三四一　廣東巡撫李質穎奏折
辦理倪宏文清賠英商貨銀一案
（乾隆四十二年三月初三日）

李質穎

奏　單一

清賠夷商銀兩及將
倪宏文即行發配由

四月初六日

廣東巡撫臣李質穎謹
奏爲粵商賒欠夷商貨銀遵
旨辦理完結恭摺覆
奏事。竊照革監倪宏文賒欠暎咭唎國夷商啲哋等貨銀一萬一千
餘兩，監追無還，臣將該犯向攬滿限減徒，援
赦減爲杖責，飭令該犯親屬保領在外設法措繳，給與夷商收領等

三四一　廣東巡撫李質穎奏折

辦理倪宏文清賠英商貨銀一案
(乾隆四十二年三月初三日)

回咨明刑部部經刑部
奏駁，奉
上諭：著先將倪宏文監追，并飭該犯原籍查產變抵，准數之數勒限
一年追清，如限滿不能全完，即令該督撫司道及承審此案之府州縣
官於養廉內按數攤賠，即傳宣旨賞給該夷商清繳歸國，免
向隅。其各員所賠之數，俟倪宏文名下追出撥還，仍將倪宏文照部議
發配。欽此。隨即遵
旨飭知將倪宏文監禁，勒限比追，并將遵辦緣由恭摺具
奏在案。茲據署南海縣知縣全保詳稱：遵將倪宏文屢次比追，
經手按項，研訊倪宏業、蔡文觀，呈稱：宏業係倪宏文胞弟，
文觀係倪宏文外甥。宏業與胞兄宏文分居已久，各自營生。宏文前
賒英商貨物，拖欠關稅一千一百餘兩，已蒙前縣將伊房屋估變銀
六百兩，尚少銀五百餘兩，無力完繳，經宏業代為完庫。隨經把棟

三四一　廣東巡撫李質穎奏折

辦理倪宏文清賠英商貨銀一案

(乾隆四十二年三月初三日)

國貿易，令始回粵。蔡文觀向隨洋船貿易，今自洋回家，因倪宏文賒欠英商貨銀無還，監禁嚴追，實係無力。宏業、文觀代為設法還項。今宏業念切同胞，徧向親友借貸，并將自己貲運之貲湊銀五千兩，情願代兄完繳；文觀念自幼蒙母舅撫養，不忍坐視，情願措助銀一千兩，幫助還項，此外再無可設措，叩乞少寬嚴比等情。隨據繳銀六千兩，呈繳貯庫等情，由廣州府具稟，兩司會轉詳前來。臣照英夷倪宏文名下欠貨，查多門后無著，嗣後倪宏文已貨賠，自認於有住房一所，已經變價完繳關稅，別無隱寄貲財。惟其原籍福建晉江縣有無財產，已咨行該省查覆，未據覆到。但倪宏文曾祖倪朝選流寓廣東以來，已經四代，原籍即有遺產，諒亦有限。查倪宏文共欠英商貨銀一萬一千七百二十五兩七錢五分，除倪宏業、蔡文觀代完銀六千兩外，其不敷銀五千七百二十五兩七錢五分，臣等捐廉賠還。

諭旨將弟產內照數攤足存貯藩庫。查英商嘛等前於
控追後即已回國，詢問住省大班，據稱嘛等本年秋間仍
來廣貿易，俟伊到時，即傳喚責令當堂
恩旨當給收領。如秋間不來，即傳齊眾英商當堂
恩旨，將銀兩交給大班寄回嘆咭唎國，交嘛等領收，俾各英商
皆仰知
聖主惠恤深仁，倍加感
恩向化，益遠邦至矣。至倪宏文一犯，本身既不能復措完欠，且
俟一年限滿照例起解，今安坐囹圄，無以示懲，應請即從
部議發配，庶粵省行商咸知儆惕，與外夷公平交易，斷
不敢復蹈覆轍矣。今將有關人等分擬及銀兩數目另繕清單
敬呈

三四一　廣東巡撫李質穎奏折

辦理倪宏文清賠英商貨銀一案（乾隆四十二年三月初三日）

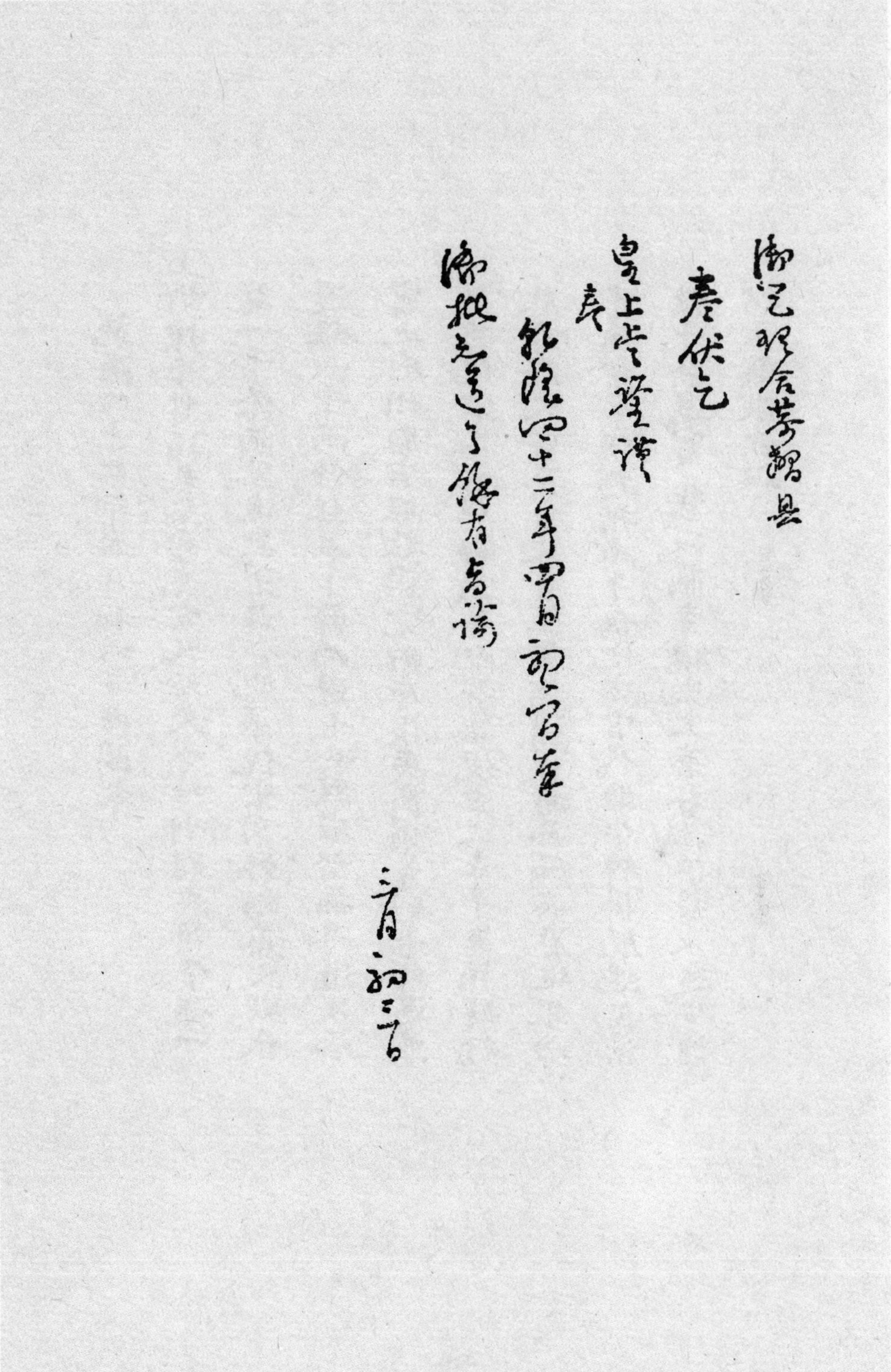

御覽。理合恭摺具

奏。伏乞

皇上睿鑒。謹

奏。

乾隆四十二年四月初四日

御批：知道了。餘有旨諭。

三月初三日

三四二 内閣奉上諭

英商貨銀照數賠完著將賒欠之人倪宏文發往伊犁以示懲儆(乾隆四十二年四月初六日)

乾隆四十二年四月初六日内閣奉

上諭據李質穎奏革監倪宏文賒欠嘆咭唎國夷商貨銀一萬一千餘兩監追無著經伊胞弟倪宏業外甥蔡文觀代還銀六千兩餘銀五千餘兩遵旨於該省督撫司道及承審之府州縣官照數賠完貯庫俟夷商嗡等到粵給還並請將倪宏文即照部議發配等語倪宏文赤手無賴肆行欺詐賒欠夷商貨銀多至累萬情殊可惡而其應追銀兩半係伊弟伊甥措繳半係地方官代賠伊轉得脱然無累僅予發遣實不足以蔽辜倪宏文著發往伊犁永遠安插以示懲儆欽此

三四三 廣東巡撫李質穎奏折

報告年滿征收稅銀總數

（乾隆四十二年四月初六日）

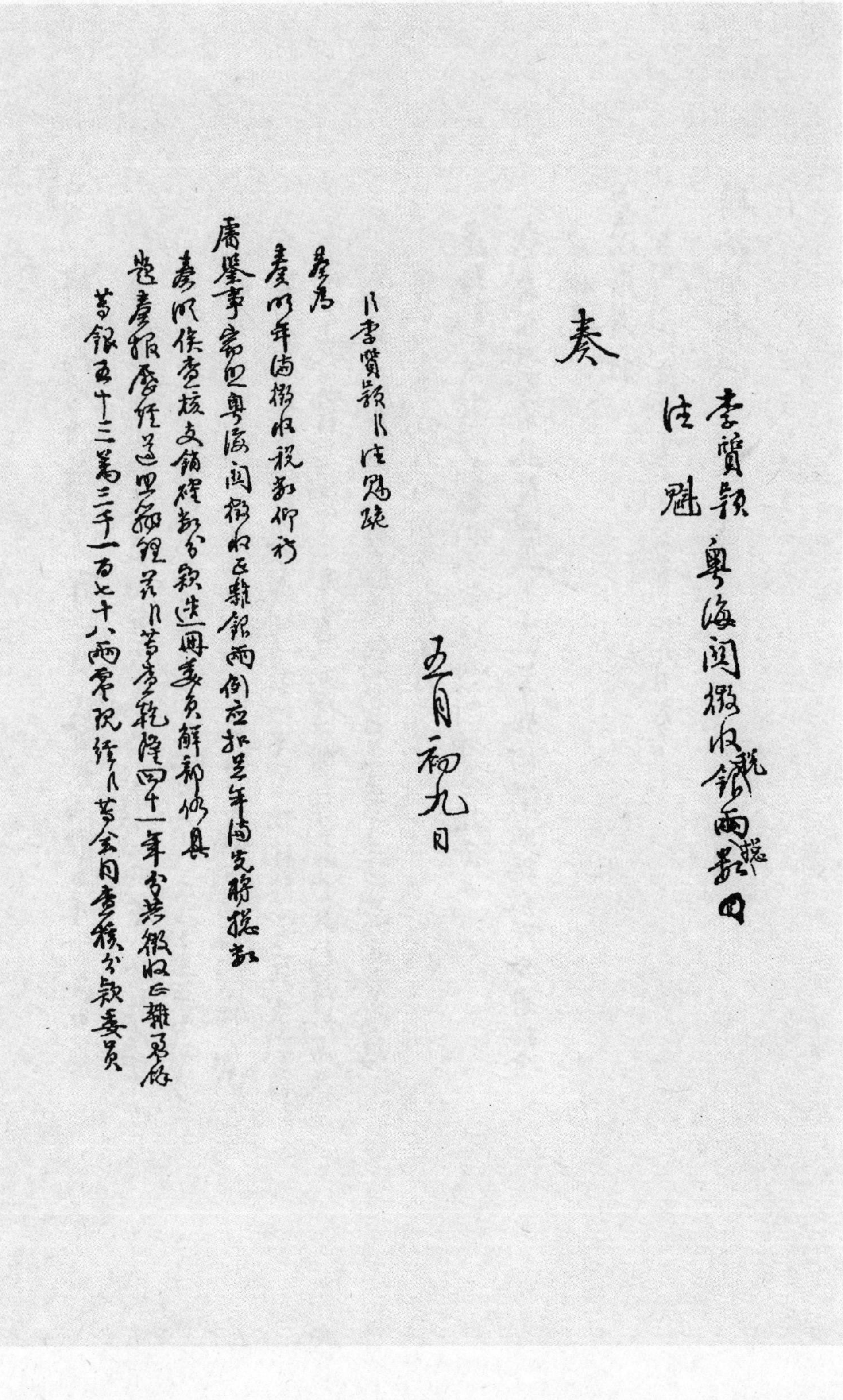

李質穎
德魁　粵海關撥收稅銀兩總數由

奏

五月初九日

奴才李質穎、奴才德魁跪奏

奏為

奏明年滿撥收稅數仰祈

睿鑒事。竊照粵海關撥收正雜銀兩，例應扣足年滿，先將總數

奏明，俟查核支銷確數，分款造冊，委員解部，仍具

題奏報，歷經遵照在案。今奴才等查乾隆四十一年分共徵收正雜各項

等銀五十二萬三千一百七十八兩零，現經奴才等會同查核，分款委員

三四三　廣東巡撫李質穎奏折

報告年滿征收稅銀總數

（乾隆四十二年四月初六日）

解部外，今自乾隆四十一年二月二十六日起至四十二年二月廿五日止，
通關各口共徵收正雜盈餘銀五十八萬八千四百七兩零，比較乾隆四十
一年分計多收銀五萬五千二百二十九兩零，比較雍正十三年分計多
收銀三十一萬六千四百五十四兩零。查每年徵收稅餉，向以通關
算，祇洋船之多寡、稅貨之重輕，以定盈絀。乾隆四十一年分共到洋
船二十六隻，乾隆四十二年分共到洋船三十九隻，多到洋船十三
隻，比較上屆稅數計多收盈餘銀五萬五千二百廿九兩零。除將
船隻多寡、稅數盈絀先行據實
奏明，俟核明支銷確數，照例分款造冊解部查核，另具
題報外，所有乾隆四十二年分一年期滿徵收總數，理合恭摺會
奏，伏乞
皇上睿鑒。謹
奏。　乾隆四十二年五月初九日奉
硃批：覽。欽此。

四月初六日

三四四　粵海關監督德魁奏折　報解關稅盈餘銀兩(乾隆四十二年六月初二日)

德魁　關稅盈餘

奏　多

九月初四日

奴才德魁跪

奏為報解關稅盈餘銀兩事竊照粵海關徵收正雜盈餘銀兩例

應具摺

奏報茲准前管關廣東巡撫李質穎查德魁管關任內自乾隆

四十年三月二十六日起連閏扣至乾隆四十一年二月二十五日止一年期滿

三四四　粵海關監督德魁奏折

報解關稅盈餘銀兩（乾隆四十二年六月初二日）

通關各口共收正耗盈餘銀四十八萬三千一百七十八兩四錢一分五厘內
稅鈔正項銀二十七萬五千四百五十一兩五錢九分九厘歸公耗擔分規
雜項銀二十萬七千七百二十六兩八錢一分三厘又通年節存養廉
平餘罰料截曠銀二千二十兩一錢三分七厘除支出正額稅銀
四萬兩銅斤水腳銀三千五百六十四兩照例移交廣東布政司
庫所有庫收送部查核外於雜項銀內支出採辦
貢品通關經費養廉工食以及鎔銷折耗等銀六萬七千二百五十
兩五錢八分又支出解交造辦處裁存備貢銀一萬五千兩又支出
節存水腳解部飯食銀二萬四千二百七十八兩六錢六分一厘外存
正項盈餘銀二十三萬一千八百八十七兩五錢九分九厘雜項盈餘銀
一十四萬一千一百五十六兩五錢七分二厘節存養廉平餘罰料
截曠銀二千二十兩一錢三分七厘節省水腳銀一萬二千四百一兩

三四四 粵海關監督德魁奏折

報解關稅盈餘銀兩(乾隆四十二年六月初二日)

七錢九分六釐，共實存盈餘等銀三十六萬八千四百六十六兩一錢四釐。

除照例具疏

題報撥款外，另批造冊委員解部查核外，再照關稅盈餘應與上屆

比較，以備考核。除比較雍正十三年分計多收銀二十六萬三千

二百四十五兩零外，乾隆四十一年分共收銀五十三萬五千一百九十六兩

五錢四分九釐，其乾隆四十年分共收銀五十四萬三千六百六十一兩五錢

五分八釐。按照比較之數，乾隆四十一年分計少收銀八千四百六十三兩九

釐。查粵海關每年徵收稅數，向視洋船多寡，稅貨之重輕以定

盈絀。乾隆四十一年分計到洋船二十六隻，較之乾隆四十年分計到

洋船三十四隻，少到洋船八隻，是以比較上屆短少盈餘銀八千四百

六十三兩九釐。先經臣會同大學士仍管兩廣總督臣李侍堯於乾

三四四　粵海關監督德魁奏折　報解關稅盈餘銀兩(乾隆四十二年六月初二日)

隆四十一年三月二十三日具摺
奏報將本年六月二十日奉到
硃批知道了欽此欽遵在案至乾隆四十一年分海關外續到洋船
三十九隻應歸入乾隆四十二年分核徵報部理合循例恭摺
奏明至該年稅餉現於乾隆四十二年六月初二日自粵西起程所有
錢糧收支數目理合隨同餉銀恭摺
奏報合併陳明伏乞
皇上睿鑒勑部核覆施行謹
奏
乾隆四十二年九月初四日奉
硃批該部議奏欽此
六月初二日

三四五　兩廣總督楊景素奏折

暹羅國鄭昭來稟并解送花肚番人到粤
（乾隆四十二年七月二十三日）

奏

楊景素

摺到暹羅鄭昭來稟
解送花肚番人并詢取
夷使各供由

第二
原奏一

七月廿三日

兩廣總督臣楊景素跪
奏為奏
聞請
旨事本年六月二十九日據左翼鎮遊擊陳大楊稟
報有船商柯寶自暹羅貿易回廣載有暹羅國
夷使三名捧祿貴稟來廣叩請進
貢帶有滇投十五名押解花肚番六名等情臣據

三四五　兩廣總督楊景素奏折

暹羅國鄭昭來稟并解送花肚番人到粵
（乾隆四十二年七月二十三日）

派委標弁前至海口照料，旋押進省，即於七月
初旬接該使投送該國頭目鄭昭稟帖一函，
拆閱一函之意，稱李覽穎前至，畧將鄭昭遣
來之丕雅逸吞亞排哪嘜等之人，傳至書堂詳細
會詢，據稱鄭昭欲爲故主復讎，必得仰藉
大皇帝天威追匪
朝貢方可歸台，鄭昭協力擊賊，是以復遣伊等
來廣懇求精
並因上年擒獲緬匪擒獲花肚番三名，解名陰陸
續死亡，現存曹霞呵霞，左係阿瓦前長之親隨霞
撒等四人係霞呵等從下之人，現值洋船回廣之時，
是以將此六人解送來廣，皆為等語。等察其詞
氣頗覺真誠，惟是向例外番各國必須奉有

三四五　兩廣總督楊景素奏折

暹羅國鄭昭來禀并解送花肚番人到粵
（乾隆四十二年七月二十三日）

天朝符命方許奉
表納貢今鄭昭自辦國事以來尚未奉有
封錫則其屢次求通
朝貢即係意在邀請
封貢然例須閱鄭以匿先是以節經會督臣李侍堯奏
明檄敕在案但伊既能為故主復讎尚知大義
又節次解獻所獲緬匪亦屬恭順此時詔氏
子孫現已無人而
天朝原頒
敕印詢之來使又稱於暹羅殘破時即已遺失無存
仰蒙指飭伏查臣前於五月初五日欽奉
諭旨發到軍機大臣代擬李侍堯檄稿一道臣照繕檄

三四五　兩廣總督楊景素奏折

暹羅國鄭昭來稟并解送花肚番人到粤

（乾隆四十二年七月二十三日）

諭鄭昭附交誠實洋船帶往與鄭昭接奉要求之事
即迅速歸奏以便歸籌度辦理飭行遵將檄稿
繕清近有暹商人劉四和欲往暹羅貿易正欲
交與寄往適鄭昭遣使齎稟到廣隨將來使
并跟役人等安置驛館派撥誠謹員弁小心照
料防護務其應如何檢覆并前檄應否仍行寄
往之處臣未敢擅便相應照錄鄭昭來稟漢譯
臣謹繕單會同撫臣李質穎
先由驛遞四百里恭摺馳
奏伏候
聖裁再臣等查訊解到花肚番內霞呵霞老二名既係
阿瓦酋長之親隨又係管鏢鎗手多人未必不知緬匪
頭目又皆住居阿瓦城外自必熟悉該處情形是以

三四五　兩廣總督楊景素奏折

暹羅國鄭昭來禀并解送花肚番人到粤
（乾隆四十二年七月二十三日）

即日遴委同知守備二員迅速解京以備查
訊并恭繳書簇及此次暹羅來人內有通曉緬
匪之語者為粵東通事亦無有通曉暹羅之語之
人故仍取具供列呈進
覽合并陳明伏祈
皇上睿鑒訓示謹
奏
乾隆四十二年七月廿三日奉
硃批已有旨了欽此

三四六　廣東巡撫李質穎奉上諭著詳查粵海關短缺盈餘稅銀情形并據實奏聞(乾隆四十三年二月初五日)

大學士公阿　大學士于　字寄
廣東巡撫李　傳諭粵海關監督圖明阿　乾隆四十
三年二月初五日奉
上諭前據楊景素查奏粵海關徵收盈餘稅銀數目比較前
三年短少二萬餘兩應責令前任監督德魁賠補一摺現
交戶部內務府會同核議據奏稱前此洋船少到之年亦
有與此次相同者而稅項較多此次虧缺自係辦理不善
不得以貨物粗多細少為詞應請在德魁名下追賠等語
固屬照例核議第念德魁兩任粵海關監督其平日辦事
較之他人尚為奮勉人亦頗有良心所有短少盈餘數目

三四六　廣東巡撫李質穎奉上諭著詳查粵海關短缺盈餘稅銀情形并據實奏聞(乾隆四十三年二月初五日)

朕信其斷無侵蝕情弊況德魁現已身故是以加恩免其
賠補但洋船少到數目上屆亦有相同何以稅課盈虧頓
異或因德魁查察未周其家人長隨與該關胥役通同作
弊侵漁中飽亦未可定朕所欲加恩者惟在德魁若果有
此等情弊不可不切實究追從重辦治李質穎本係兼管
關務圖明阿現係接任之員如伊家人胥役輩果有情弊
無難察訪況該關存有經徵底簿更易核查著傳諭李質
穎等即行詳細稽核嚴密察訪若查出弊端即一面具奏
一面查拏究審務使水落石出不可顢頇了事若實無情
弊及因何盈餘缺少之故亦即據實奏聞將此由四百里
諭令知之欽此遵
旨寄信前來

三四七 廣東巡撫李質穎奏折

交代粵海關關務(乾隆四十三年三月初九日)

李質穎 交代粵海關印務

奏 片一

三月初九日

奴才李質穎謹

奏為奏

聞事竊奴才欽奉

諭旨暫行兼署粵海關印務當將上年十二月廿七日欽遵暫署緣

由恭摺

奏明在案今新任監督圖明阿於本年二月初一日到粵奴才隨將

三四七　廣東巡撫李質穎奏折

交代粵海關關務(乾隆四十三年三月初九日)

粵海關關防一顆委員齎送圖明阿接署奴才謹將任內征收關稅並其稅款暨庫存銀兩清冊一併移交接收

除循例

題報外所有奴才交代關務日期恭摺

奏

聞伏乞

皇上睿鑒謹

奏

乾隆四十三年三月初九日奉

硃批覽欽此

片一

伏查奴才暫行兼署粵海關印務自乾隆四十二年十一月十七日起至四十三年正月三十日計兩個月零十四

三四七　廣東巡撫李質穎奏折　交代粤海關關務(乾隆四十三年三月初九日)

共征稅銀四萬七千三百二十一兩五錢零比較上屆此月日
多收銀二萬六百九十九兩四錢零合併奏
聞
同日奉
硃批覽欽此

三四八　廣東巡撫李質穎奏折

查明關稅盈餘短少緣由

（乾隆四十三年三月十八日）

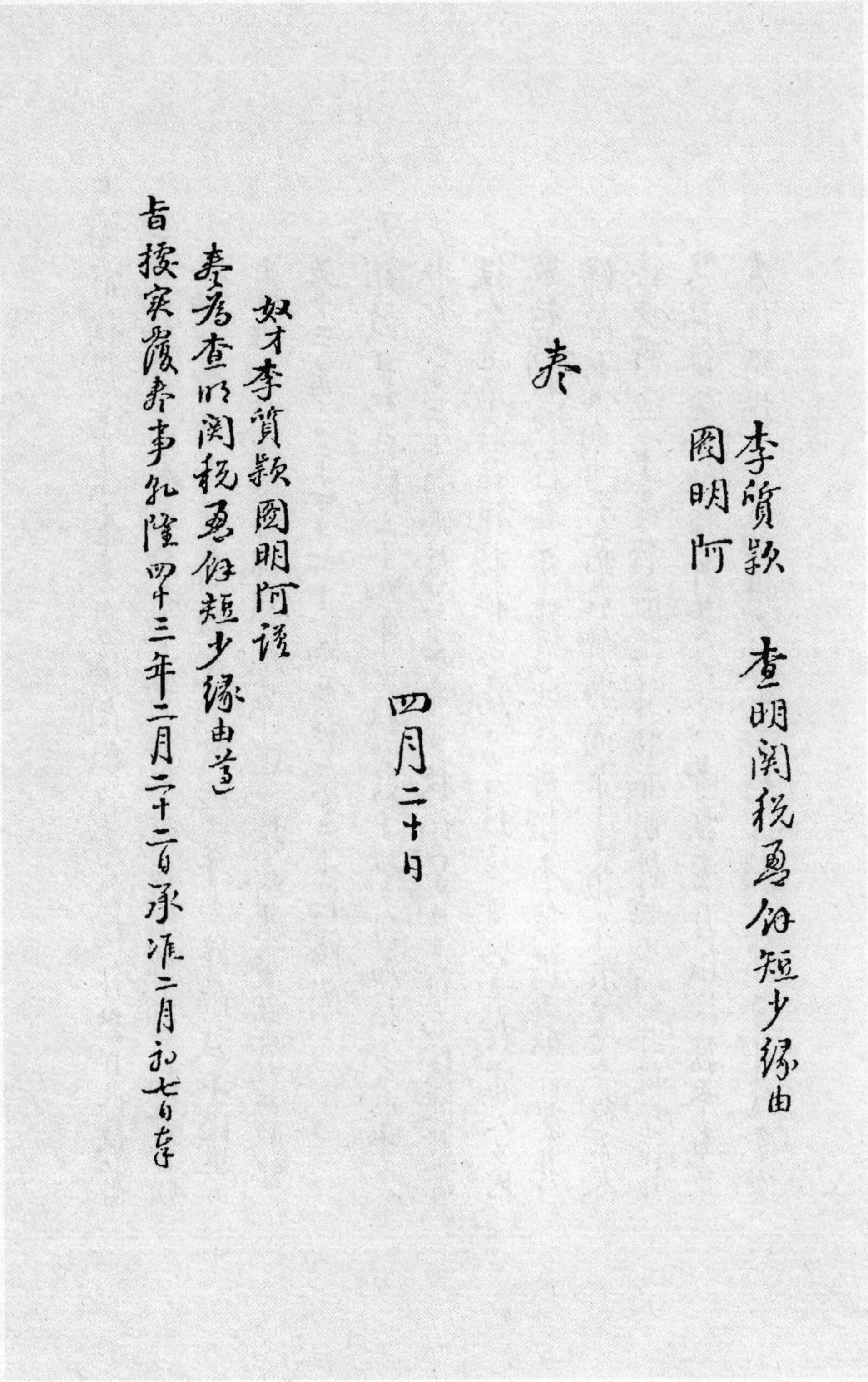

李質穎
圖明阿　查明關稅盈餘短少緣由

奏

四月二十日

奴才李質穎圖明阿謹
奏爲查明關稅盈餘短少緣由遵
旨據實覆奏事。乾隆四十三年二月二十二日承准二月初七日奉

三四八　廣東巡撫李質穎奏折

查明關稅盈餘短少緣由

(乾隆四十三年三月十八日)

上諭前據楊景素奏查粵海關徵收盈餘稅銀數目比較前
三年短少二萬餘兩應責令前任監督德魁賠補一摺等因欽
此奴才等隨即逐將該關乾隆四十年分洋船及本港進口
出口經徵底簿并原報底單逐一檢齊悉心核算共收銀
五十三萬三千一百七十八兩五錢一分二厘與該關
奏銷數目相符較三十九年少收銀八千六百餘兩較三十八年少
收銀八千三百餘兩較三十七年少收銀二萬六千五百餘兩隨將書
役人等嚴行詰訊據供各處口岸經過貨物書役家人公同
驗秤所收錢糧每年按月比較冊報查核俱不敢作弊其
洋船到口向由行商將貨物開單呈報本處差書役家人
與夷商通事等將所報貨物眼同秤驗出則算稅登記印
簿收銀實不能作弊等語奴才等核查月報稅簿本省口
岸稅銀按月交納俱不短少至於洋船稅銀每年皆不盡

三四八　廣東巡撫李質穎奏折

查明關稅盈餘短少緣由

(乾隆四十三年三月十八日)

一種船有多寡揆以船之大小貨之粗細以定税項之盈絀
奴才等將四十年分并上三年經征底簿所開船隻來貨
物粗細逐一核對其款項與征收錢粮數目相符並無弊
竇又恐行商或有勾串夷商欺隱侵蝕亦未可定密提行商
等各自存記之交易底簿與報收單票詳細查對其貨物
名色并斤兩數目毫無舛錯明查暗訪胥役家人以及各商實
無侵漁中飽情弊奴才等仰蒙
聖訓諄諄不敢稍有隱飾謹據實恭摺覆
奏伏乞
皇上睿鑒謹
奏
乾隆四十三年四月二十日奉

三四八　廣東巡撫李質穎奏折　查明關稅盈餘短少緣由
（乾隆四十三年三月十八日）

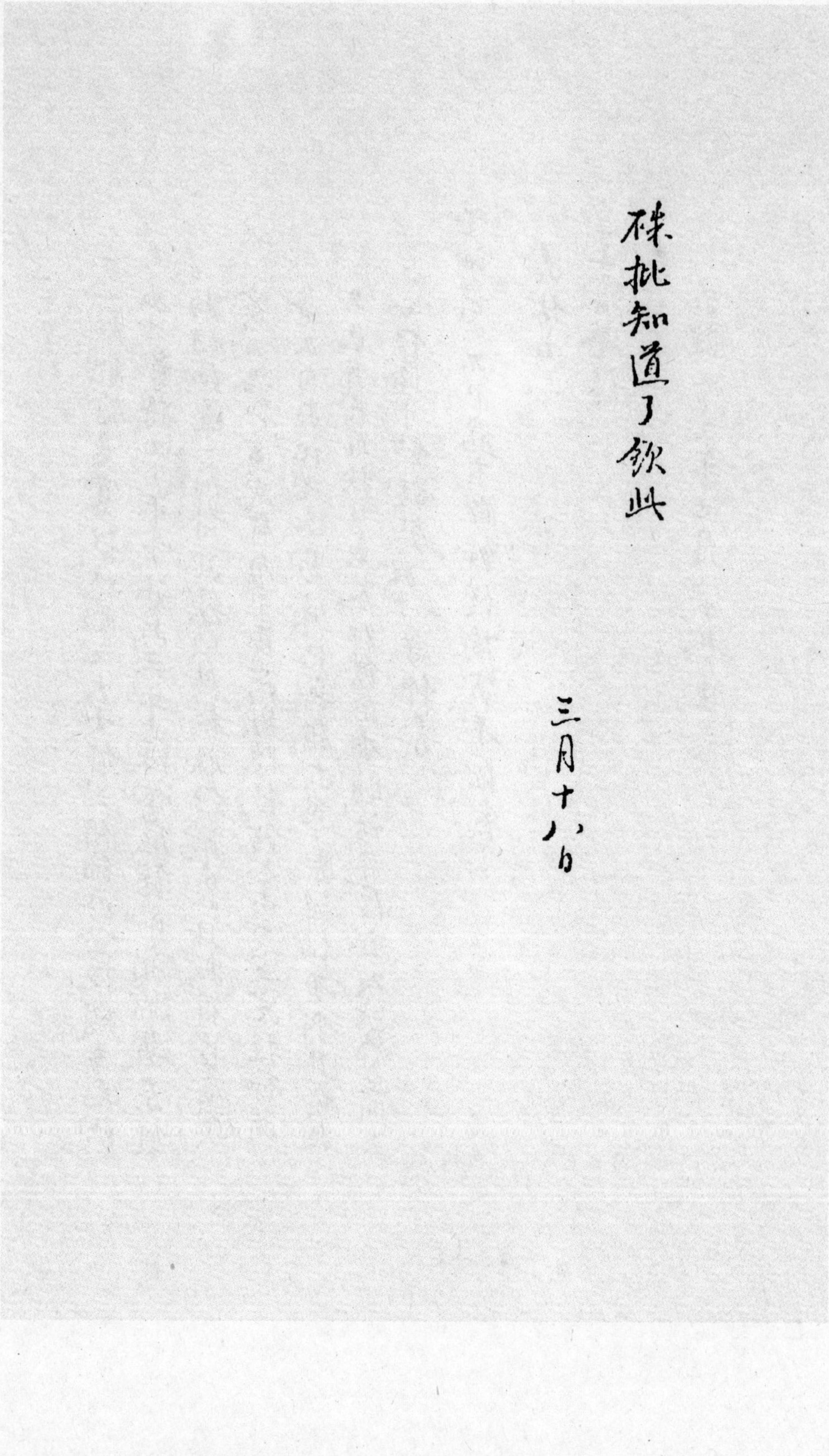
硃批知道了欽此

三月十八日

三四九　廣東巡撫李質穎奏折

報告粤海關通年征收關稅總數
(乾隆四十五年四月十二日)

奴才李質穎
奴才圖明阿跪

奏爲

奏明通年徵収關稅總數仰祈

睿鑒事竊照粤海關徵収正雜盈餘銀兩例應一年

期滿先將總數

奏明俟查核支銷確數分款造冊委員解部仍具

題奏報歷經遵照辦理茲乾隆四十四年分正雜

盈餘等銀除經奴才等查核分款解部外其自

乾隆四十四年正月二十六日起至四十五年

三四九　廣東巡撫李質穎奏折

報告粤海關通年征收關稅總數
(乾隆四十五年四月十二日)

正月二十五日止一年期内通關各口共収正雜盈餘等銀五十五萬六千二百三十三兩九錢三分七厘查粤海關稅銀向以洋船之多寡税貨之重輕以定盈絀嗣于乾隆四十二年九月二十一日承准户部行文奉
旨嗣後各關徵収盈餘數目較上届短少者俱着與再上兩年比較如能較前無缺即可核准若比上三年均有短少再責令管關之員賠補彼亦無辭等因欽遵在案茲查乾隆四十五年分共到洋船二十五隻通關各口共収銀五十五萬六千

三四九　廣東巡撫李質穎奏折
報告粵海關通年征收關稅總數
(乾隆四十五年四月十二日)

二百三十三兩九錢三分七厘内有[口乾]嗯哐夷
船一隻並非來自外洋亦無進口出口貨物緣
𠸄咭唎國夷商吐咭因船身滲漏不能重載就
墺門購買小洋船一隻分載出口及船買就而
貨色風帆均不及期隨留粵壓冬理合聲明以
之比較乾隆四十四年分共到洋船二十八隻
通關各口共収銀五十五萬六千一百八十五
兩一錢計少到洋船三隻多収銀四十八兩八
錢三分七厘比較乾隆四十三年分共到洋船

三十三隻通關各口共収銀五十八萬八千四
百五十三兩九錢七分計少到洋船八隻少収
銀三萬二千二百二十兩三分三厘比較乾隆
四十二年分共到洋船三十九隻通關各口共
収銀五十八萬八千四百七兩九錢六分五厘
計少到洋船十四隻少収銀三萬二千一百七
十四兩二分八厘除俟核明支銷確數照例分
欵造冊解部查核另
題奏報外所有乾隆四十五年分一年期滿徵収
總數並比較多寡緣由理合會摺恭

三四九　廣東巡撫李質穎奏折
報告粵海關通年征收關稅總數
（乾隆四十五年四月十二日）

奏伏乞
皇上睿鑒謹
奏

乾隆四十五年四月　　十二　　日

三五〇 兩廣總督巴延三奏折

審明廣東洋行商人顔時瑛等藉欠英人銀兩一案并追繳清還(乾隆四十五年十月二十六日)

兩廣總督臣覺羅巴延三
粤海關監督臣圖明阿跪

奏為查議具
奏事竊照廣東洋行商人顔時瑛張天球借欠唉
咭唎國港脚夷人銀兩一案經調任撫臣李質
穎會同臣圖明阿審明顔時瑛等共欠夷人銀
三十萬兩零因自二十三年起該夷人等將利
作本層層滚算是以據開有一百數十餘萬兩
議將顔時瑛張天球革去職銜依例從重發伊
犁當差所欠夷人銀兩按其原本照律加一倍

三五〇　兩廣總督巴延三奏折

審明廣東洋行商人顏時瑛等藉欠英人銀兩一案并追繳清還(乾隆四十五年十月二十六日)

追還所有該二商資財房産查明估變除扣繳
餉鈔外俱付夷人收領不數銀兩著落聯名具
保商人潘文巖等分作十年清還並請嚴立科
條自本年爲始洋船賣買貨物俱令各行商照
時定價代賣代買選派廉幹之員監看稽查務
令交易公平盡除弊竇等因於乾隆四十五年
四月十二日恭摺具
奏在案七月二十六日奉准部咨顏時瑛張天球
應均照交結外國誆騙財物擬軍例從重發往
伊犂當差以示懲儆至顏時瑛等所供原欠夷

三五〇　兩廣總督巴延三奏折

審明廣東洋行商人顔時瑛等藉欠英人銀兩一案并追繳清還(乾隆四十五年十月二十六日)

人銀兩既係自二十三年起陸續所欠是否例

禁以後有無續行借過應查明分别酌辦其連

名具保之潘文巖等共有幾人顔時瑛等家産

估變若干除提餉鈔外餘剩銀兩給付夷人其

不敷若干如何攤派分扣之處摺内均未分晰

聲明再所請派員監看稽查立法之初或無他

故久之保無官吏需索擾累且串通作弊更難

究詰不可不防其如何整飭行規使内外商民

公平貿易官役不致於中滋事於裕課通商兩

三五〇　兩廣總督巴延三奏折

審明廣東洋行商人顔時瑛等藉欠英人銀兩一案并追繳清還（乾隆四十五年十月二十六日）

有裨益之處應令該督巴延三監督圖明阿一
并查明妥議具奏到日再議等因
奏奉
諭旨依議欽此欽遵移咨前來除檄行按察司會同
布政司欽遵查照將顔時瑛張天球造具年貌
箕斗詳請給發咨牌僉差起解外臣等伏查二
十四年前督臣李侍堯奏准定例内地行商人
等有向外夷違禁借貸者照例問擬所借之銀
查追入官久經出示通行在案顔時瑛等所欠

三五〇　兩廣總督巴延三奏折

審明廣東洋行商人顔時瑛等藉欠英人銀兩一案并追繳清還（乾隆四十五年十月二十六日）

夷人銀兩既稱自二十三年起陸續所借例禁
以後有無續行借過之處誠如部咨自應查明
分别酌辦隨飭令行商通事傳問該夷人等據
稱顔時瑛等所欠銀兩實係二十三年以前陸
續所借二十五年蒙出示曉諭後夷人等共知
違例放債本銀都要追出入官何肯再行借給
惟因與顔時瑛等交易多年還指望他陸續償
還是以示禁時未經截清欠數呈追今因歷年
總不能還始行具禀等語質訊顔時瑛等據稱

自二十五年示禁以後夷人並不肯再行通那
伊等因所欠既多不能償還是以任憑滚算等
語是顏時瑛等所借夷人銀兩並非在例禁以
後之處似屬無疑應請仍照原議照律加一倍
追還以仰副
皇上綏柔遠人至意至顏時瑛等家產原議估變除
提餉鈔外餘剩銀兩給付夷人不敷銀兩著落
原保商人潘文巖等分作十年還完今查顏時
瑛等所欠餉鈔顏時瑛名下三萬四千餘兩張
天球名下二萬二千五百餘兩除家產估變抵

三五〇 兩廣總督巴延三奏折

審明廣東洋行商人顔時瑛等藉欠英人銀兩一案并追繳清還（乾隆四十五年十月二十六日）

補外尚有不敷並無餘剩可以給付夷人此項應還夷人銀兩照原議一本一利計算應銀六十餘萬兩分限十年每年應完銀六萬餘兩自應著落連名具保之潘文巖等名下攤派還完查連名具保行商共有六家潘文巖陳文擴蔡世文蔡昭復石夢鯨陳世積雖俱身家殷實而其行業之大小獲利之多寡每年應如何攤派自應令其公同酌議以免偏枯當即飭令該商等公議去後據六行商人潘文巖等公稟稱商等與顔時瑛張天球誼屬行友今伊等負欠夷

人銀兩力不能償商等情願遵照定限十年代
為完繳每年應完銀六萬餘兩商等公同酌議
各行與夷人交易所得行用原係行中火足家
口養贍之需今情願將各行每年所得行用盡
數歸入公所存貯公櫃先儘代賠夷欠及公費
所有餘剩再行按股均分交回各行以為行中
火足之用俟夷欠還完之日然後將每年行用
仍歸各行等語臣等查行業之大小總視行用
之多少今以行用盡數存公先儘還完夷欠再
將餘利按股均分不必按行攤派致有不均亦

三五〇　兩廣總督巴延三奏折

審明廣東洋行商人顔時瑛等藉欠英人銀兩一案并追繳清還(乾隆四十五年十月二十六日)

可免紛紛扣繳之弊似應俯如該商等所議以完積逋再查原議請自本年爲始洋船載貨來廣時仍聽夷人各投熟識之行居住惟帶來貨物令各行商公同照時定價銷售所置回國貨物亦各行商公同照時定價代買選派廉幹之員監看稽查務使交易公平盡除弊竇奉准部咨以派員監看稽查恐行之既久官吏需索擾累且串通作弊不可不防行令將如何整飭行規使内外商民公平貿易官役不致於中滋事查明妥議到日再議等因臣等查不肖行商心

存詭譎衹圖目前可以賒欠多方取悦夷人買
貴賣賤不顧後累漸至虧本折耗勾結借貸從
此而生大抵皆因貨價並無一定得以任意高
下所致顔時瑛張天球即其明驗臣圖明阿到
任二年餘細心體察確有所見臣巴延三自管
關以來留心訪查與圖明阿面加商論亦深知
其弊原議夷人買賣貨物俱令各行公同照時
定價俾一律買賣庶夷人共知貨之貴賤不致
受欺而行商等亦無從任情高下勾結滋弊是
亦整飭行規之法至夷商之有無勾串評價之

三五〇　兩廣總督巴延三奏折　審明廣東洋行商人顔時瑛等藉欠英人銀兩一案并追繳清還(乾隆四十五年十月二十六日)

是否公平不得不委員監看稽察而官役需索擾累串通作弊誠不可不防臣等竊思立法難保無弊委用惟在擇人若選派得人而又嚴加查察自可不憂滋弊大關向設委官一員常查走私漏税月給工費銀十五兩現今委員鑲藍旂防禦李淳已委管二年為人謹慎顧惜顔面即飭令就近稽查務使商夷人等公平貿易毋許暗中增減價值私相受售拖欠挪移歸公行用務令實貯存公不得虚填掛欠倘該委員及

吏役人等有偏徇營私需索勾串等弊察出即
行嚴參治罪並許各商等據實禀首仍定限一
年選派誠謹廉幹之員即時更換以杜日久生
弊似此設法防閑庶官役人等不致於中滋事
内外商夷均可相安而闢餉與夷欠總歸有著
於裕課通商均有裨益矣是否有當臣等謹恭
摺具
奏伏乞
皇上睿鑒勅部議覆施行謹

三五〇　兩廣總督巴延三奏折　審明廣東洋行商人顔時瑛等藉欠英人銀兩一案并追繳清還(乾隆四十五年十月二十六日)

三五〇　兩廣總督巴延三奏折

審明廣東洋行商人顏時瑛等藉欠英人銀兩一案并追繳清還(乾隆四十五年十月二十六日)

奏

該部議奏

乾隆四十五年十月二十六日

三五一　粵海關監督伊齡阿奏折

定限完繳商欠稅餉(乾隆四十六年四月十五日)

奴才伊齡阿跪

奏為酌定限期完繳商欠稅餉以清年款以昭慎

重事竊奴才荷蒙

天恩管理粵海關稅務到任後查知該關向來徵收

稅課因係夷人貿易貨物較內地各關則例甚

輕仰見

聖主加惠外夷柔遠懷來之至意是以按則科稅商

夷無不感戴

皇仁輸將恐後凡夷商應輸稅銀皆係各行商代為

報納其進口出口錢糧自當隨徵隨收及時報
解豈容任意懸宕卷查行商顔時瑛等欠抵餉
鈔未清經部臣
奏明查取歷任各監督踈漏職名叅處在案查各
行商未完餉鈔除顔時瑛張天球二犯變産抵
餉尚有不敷銀兩業經圖明阿着落連環具保
之各商攤賠外其商人潘文巖等名下尚有未
繳乾隆四十五四十六并四十七年分春季稅
課為數較多未便聽其延挨隨飭各商通行酌

三五一 粤海關監督伊齡阿奏折 定限完繳商欠税餉(乾隆四十六年四月十五日)

議作速清完毋得躭延貽誤致干罪譴正在上緊設法催繳間於三月二十五日接奉部劄以粤海關四十五年分錢糧報解遲延與例不符將監督圖明阿照例議處降二級留任紀録抵銷等因具奏奉旨圖明阿著銷去紀録八次免其降級欽此欽遵劄知到關奴才查該關餉銀不能依限起解皆由各行商拖延税課至於輾轉稽遲竟成相沿流

弊勢難遷就因循當即傳集各商諭以限期緊要不容再緩飭將所欠各年税銀勒限清完反復明白曉諭去後茲據該行商總潘文巖等稟稱商等每年承辦税項因外洋各夷所帶貨物繁多或一時銷售稽遲所有税銀先填入商等名下認保至於進口貨餉均係於出口之時始行完納實緣歷年因循拖欠以致兩年尚未清繳實屬有干例禁茲奉訓示商等公同酌議情願將未完四十五年餉銀限本年五月内全完四十六年課餉限本年十二月内全完其四十

七年餉項限至壬寅年九月內按限全完庚年
清年款商力得抒等語並出具遵依稟結前來
奴才伏查關稅錢糧例應逐日徵收貯庫原不
應任聽行商拖欠致有分年追繳之事即謂因
地制宜而錢糧重務亦當定以限制揆厥所由
從前或因該商等代銷夷人貨物一時不能全
銷畧為寬其期限乃仍仍相因遂爾習以為常
年復一年將無底止若不明立期限亟為釐剔
必至日久弊生難保無挪掩侵漁之事更恐不
肖書役從中藉端滋擾通同包庇愈久彌難清

理奴才再四酌籌並叅之輿論該商等所稟代
夷售貨不能一時全行完繳之處語雖支飾尚
屬有因且銀數既多似應俯如所請將四十五
年分未完稅銀十二萬六千二百兩七錢零一
經催齊遴員於五月内起解四十六年分未完
稅銀四十三萬一千九百六兩三錢零本年十
二月繳齊於明年正月起解四十七年分稅銀
於明春陸續完繳之處應聽現任監督嚴催務
於限内繳齊遴員起解如此酌定章程約計一
年之後便可年清年款在各商夷等得免拖累
之虞自必爭先完納而稅項一經整頓清釐不

三五一　粵海關監督伊齡阿奏折　定限完繳商欠税餉(乾隆四十六年四月十五日)

特舊欠得以清完并將来新收之項亦不致再
滋拖延之弊實與關務錢糧有裨除當堂取具
各該商連名稟結備案外理合將奴才現在酌
辦緣由據實恭摺具
奏是否有當伏乞
皇上聖鑒訓示
勅部議覆施行謹
奏
該部議奏
乾隆四十六年四月十五日

三五二　兩廣總督巴延三奉上諭如遇有西洋人情願來京當差者著隨時奏聞送京(乾隆四十六年五月初三日)

尚書額駙公福　字寄

兩廣總督巴　乾隆四十六年五月初三日奉

上諭向來西洋人有情願赴京當差者該督隨時奏聞近年來此等人到京者絶少曾經傳諭該督如遇有此等西洋人情愿來京即行奏聞遣令赴京當差勿為阻拒嗣據該督覆奏因近年並無此等呈請赴京者是以未經奏送到京等因但現在堂中如艾啓蒙傅作霖等俱相繼物故所有西洋人在京者漸少著再傳諭巴延三令其留心體察如有該處人來粵即行訪問奏聞送京將此遇便諭令知之欽此遵

三五三　上諭

粵海關征收稅餉前後奏報互异著監督李質穎將錯誤緣由據實奏明(乾隆四十六年八月二十七日)

乾隆四十六年八月二十七日奉
上諭據户部奏駁乾隆四十五年分粵海關征收稅餉前後
奏報互異請將該監督李質穎及調任兩淮鹽政圖明阿
交部分別議處一摺已依議行矣各關征收稅餉全憑奏
報實數比較盈絀以為定準乃此項稅餉銀兩前次李質
穎奏報時既列入該年征收數內何以尚有未經開徵之
項是則奏報不足為憑而考核竟成故套是以前經部駁
即降旨勅令明白回奏乃監督並不將辦理錯誤緣由據
實陳明復以洋行堆貯貨物尚未發賣交稅為詞並聲叙
寔因赶辦錢糧起見前後並無自相矛盾此事乃李質穎
巧詞以虛數為寔收何乃反以部臣誤認虛數為寔收乎
飾詞巧辯尤屬不合所有李質穎此次含混掩飾具奏情
節仍著其據寔明白回奏欽此

三五四 粵海關監督李質穎奏折

粵海關恭辦貢品工料應於所收稅銀內開報(乾隆四十六年九月十九日)

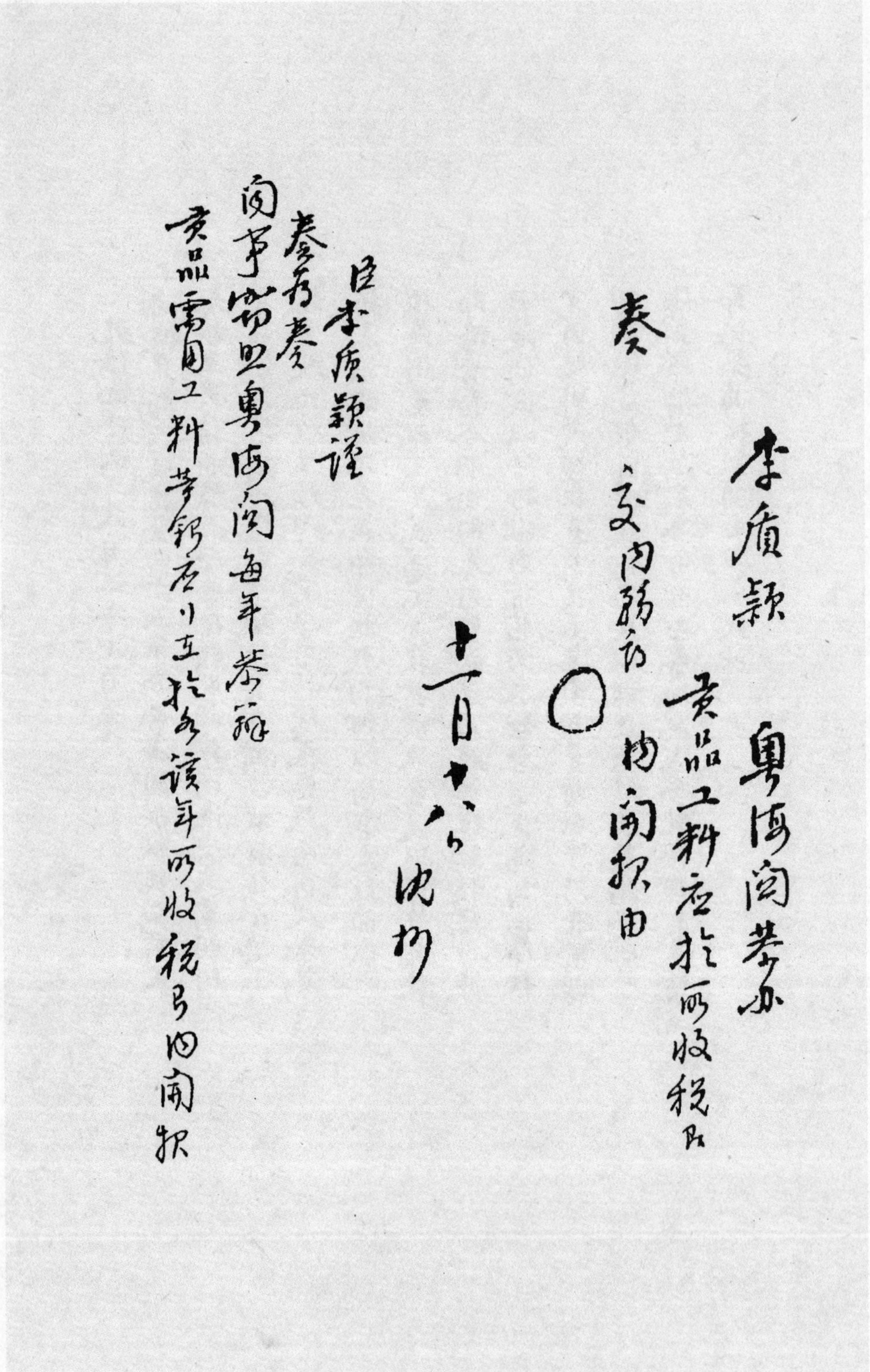
李質穎
奏
粵海關恭辦
貢品工料應於所收稅銀
內開報由
交內務府
○
十一月十八日
沈初

臣李質穎謹
奏爲奏
聞事竊照粵海關每年恭辦
貢品需用工料等銀應行在於該年所收稅銀內開報

三五四　粤海關監督李質穎奏折

粤海關恭辦貢品工料應於所收税銀內開報(乾隆四十六年九月十九日)

惟查關稅錢糧定例扣足十二箇月爲一年
奏銷每逢閏月則趲前
一年粵海關因歷年逢閏積趲現今乾隆四十六年
分稅餉只於乾隆四十六年正月二十五日一年期滿日
署到任後即將四十五年分稅餉徵收全完於閏
五月初八日委員領解赴部交納現在勒限上緊催
交四十六年分稅餉定于十二月全完以期年清年款
奏經恭摺
奏明在案所有四十六年分
貢品惟諭賜
萬壽二貢工料銀兩及

三五四　粤海關監督李質穎奏折

粤海關恭辦貢品工料應於所收税銀内開報(乾隆四十六年九月十九日)

備辦紫檀傢伙等項俱有實數業於四十六年分所收銀内支發可以歸于四十六年分册報銷至於年燈貢品所用工料銀兩以及運送進京沿途關税若干於
進
呈後有無核減之處均不能預定難以入册開銷乃蒙
撫諭將四十六年分年燈
貢品俟備
進後將沿途關税暨實用銀若干并有無核減之處
確數入于四十七年分册報
貢品仍照期備進而册報均係實用實銷之數理合恭

三五四　粵海關監督李質穎奏折

粵海關恭辦貢品工料應於所收稅銀內開報(乾隆四十六年九月十九日)

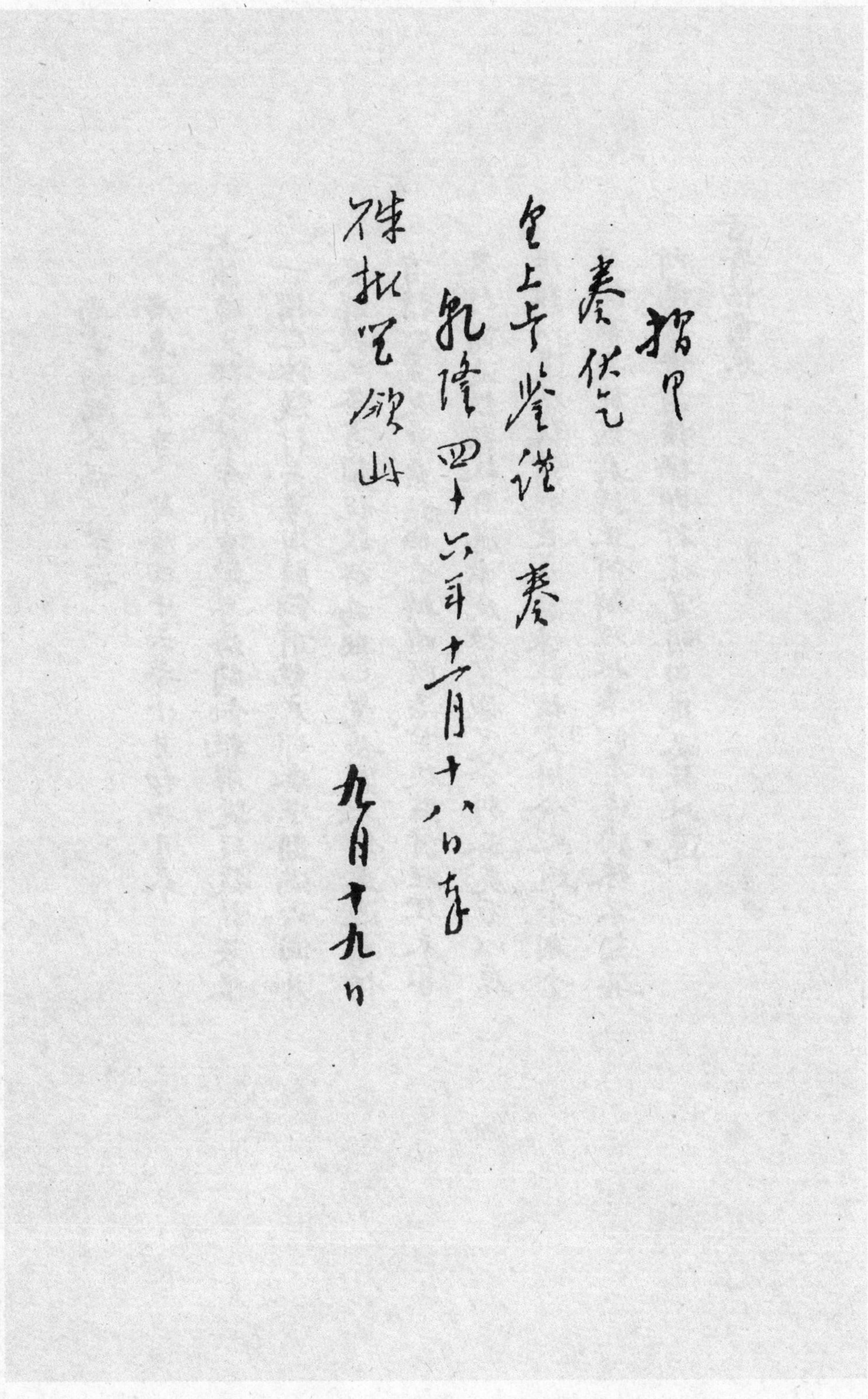

摺具

奏伏乞

皇上睿鑒謹　奏

乾隆四十六年十一月十八日奉

硃批覽欽此

九月十九日

三五五　廣東巡撫李湖奉上諭著據實奏明查辦粵海關關餉報解遲延緣由(乾隆四十六年十月初二日)

尚書額駙公福　字寄

廣東巡撫李　乾隆四十六年十月初二日奉

上諭據户部奏駁李湖查辦粵海關餉報解遲延復請展限一摺已依議行矣粵海關餉前經户部奏准期滿六個月奏解較之各省關稅報解為期已覺甚寬又何至逾年仍有積壓商欠纍纍該撫查辦時既悉前後監督經理未善及行商遲誤之故自應徹底根究據實分别參處乃以原限難以遵循復請加展奏解殊非核實辦公之道李湖平日諸事尚能認真持正何辦理此案似有瞻徇殊不類其所為著傳諭該撫即行據實明白覆奏欽此遵

旨寄信前來

三五六　兩廣總督巴延三奏折

報解通年應征關稅總數
（乾隆四十七年二月初十日）

通年應征關稅總數

巴延三
李質穎

奏

○文

三月十七日

奴才覺羅巴延三臣李質穎謹
奏為
奏明通年應征關稅總數仰祈
聖鑒事竊照粵海關應征正雜銀兩例應一年期滿先將
總數

三五六　兩廣總督巴延三奏折

報解通年應征關稅總數
（乾隆四十七年二月初十日）

奏明俟查核支銷確數分款造冊委員解部仍具
題奏報歷經遵照辦理茲自乾隆四十六年正月二十
旨起至三月十四日止計一個月零十九日臣巴延三兼署任內
通關各口共報應征正雜等銀七萬四千一百二十三兩零
又自三月十五日起至四月十四日止計一個月前監督伊
齡阿任內通關各口共報應征正雜等銀一萬二千七百
四十七兩零又自四月十五日起連閏扣至十二月二十五日止
計九個月零十一日臣李質穎任內通關各口共報應征正
雜等銀四十六萬二千一十七兩零前後三任扣足一年期滿
通關各口共報應征正雜等銀五十四萬八千八百八十七

三五六　兩廣總督巴延三奏折

報解通年應征關稅總數

（乾隆四十七年二月初十日）

兩零。查乾隆四十二年二月十六日准戶部劄行奉

旨粵海關經征課稅向來原視洋船之多少貨物之粗細以定

盈絀非湖墅等關征收內地貨物者可比所有圖明阿短

少銀三萬二千二百餘兩據稱係船小貨粗尚屬有因著寬

免其賠補嗣後該部查核粵海關征收課稅即以該年之船

隻貨物核實考察毋庸照各關例將上三屆比較餘依議欽

此欽遵在案查乾隆四十六年分共到洋船三十五隻通關

各口共稅銀五十八萬一千八百二兩零茲乾隆四十七年分共

到洋船二十四隻通關各口共稅銀五十四萬八千八百六十三

兩零合併陳明所有內地各口稅銀俱陸續解貯關庫

其洋貨稅銀現在嚴催各行商上緊交納務遵部限掃

三五六　兩廣總督巴延三奏折

報解通年應征關稅總數
（乾隆四十七年二月初十日）

關後六個月內起解不敢稍遲除俟核明支銷確數照例分
數造冊解部查核另行具
題奏報外所有乾隆四十七年分一年期滿應征稅餉總數理合恭
摺具
奏伏乞
皇上睿鑒謹
奏
乾隆四十七年二月十五日奉
硃批知道了欽此

二月初十日

三五七　粵海關監督李質穎奏折

請將乾隆四十七年貢品價值緩至次年報銷緣由(乾隆四十七年四月初四日)

奏

李質穎　貢品價值請緩至次年報銷由

交內務府

○

五月初四日

李質穎謹

奏為奏

聞事竊照粵海關每年恭辦

貢品需用工料等銀應行在於各該年所收稅銀

內用報惟查關稅錢糧定例扣足十二個月為一

年

三五七　粵海關監督李質穎奏折

請將乾隆四十七年貢品價值緩至次年報銷緣由(乾隆四十七年四月初四日)

奏銷每逢閏月則趲前一個月經十二個閏月即趲
前一年粵海關因歷年逢閏積趲已以乾隆四十六
年分關稅已於四十六年正月二十五日届滿十二月
報解稅餉維時該年年終
貢品運送進京沿途關稅盤費及所用工料查覈
核減之處不能悉定難以入冊開銷經、酌擬
請將四十六年分年終
貢品俟恭
進後照有准銷確數入於四十七年分冊報恭摺具
奏奉
硃批覽欽此遵在案、伏查乾隆四十七年分關稅
已於四十六年十二月二十五日届滿本年六月即

三五七 粤海關監督李質穎奏折

請將乾隆四十七年貢品價值緩至次年報銷緣由(乾隆四十七年四月初四日)

應遵照部限報解稅餉惟時端陽
貢品運送進京人役尚未回粵貨沿途關稅等
項以及有無核減均難遽定至
萬壽貢并年貢甫經啓運出境關口俱未有
實用之數是四十七年分
貢品價值該年均不能列冊報銷應請入於四十
八年分核實冊報庶免參差舛錯嗣後關期報
滿每年月分扣因再運關期更復趲前報滿
所有各該年
貢品均請恭候運
呈之後有無核減準確數入於次年造冊報銷
則每年
貢品必歸案

造冊報銷俾實用實銷之數合併陳恭摺具
奏伏乞
皇上睿鑒
奏
乾隆四十七年五月初四日奉
硃批覽欽此
四月初四日

三五八　東閣大學士英廉奏折

粤海關各年短少銀兩應否著各該監督賠補(乾隆四十七年四月二十八日)

此件發抄登檔後即行徵還

奏

東閣大學士兼管刑部事暫管户部事務臣英廉等謹

奏爲奏明請

旨事臣等於乾隆肆拾伍年拾貳月内議覆原任粤

三五八　東閣大學士英廉奏折

粤海關各年短少銀兩應否著各該監督賠補(乾隆四十七年四月二十八日)

海關監督圖明阿奏報肆拾叁年分赢餘短収案内欽奉

諭旨粤海關經徵税課向來原視洋船之多少貨物之粗細以定盈絀非滸墅等關徵収内地貨物者可比所有圖明阿短少銀叁萬貳千貳百餘兩據稱係船小貨粗尚屬有因著加恩免其賠補嗣後該部查核粤海關徵収課税即以該年之船隻貨物核實考察毋庸照各關例将上三屆比較欽此嗣該關奏報肆拾肆年分赢餘時經臣部奏請

勅交廣東廵撫李湖赴關確查船隻大小貨物粗細
造冊送部以憑核定旋據兩廣總督兼署廣東
廵撫覺羅巴延三造冊到部臣部按冊核算雖
船隻貨物與所徵稅銀數目相符第較之肆拾
壹貳兩年贏餘仍短少銀叁萬餘兩臣部正在
核議間續據該監督將肆拾伍陸兩年贏餘先
後奏報到部臣等查得肆拾伍年雖比肆拾叁
肆虧絀之年多銀貳萬餘兩而較之肆拾壹貳
兩年亦短銀陸千餘兩肆拾陸年則比肆拾壹

三五八　東閣大學士英廉奏折　粵海關各年短少銀兩應否著各該監督賠補(乾隆四十七年四月二十八日)

貳兩年更短至肆萬餘兩之多伏思該監督等
身膺榷務自應悉心經理實力稽徵以期無負
委任乃自欽奉
恩旨毋庸與上三屆比較以後該關所收稅課雖盈
縮不齊然總不及肆拾壹貳兩年贏餘之數臣
部若遽照該關送到原冊查對船隻貨物相符
即予考核不將實在短收數目據實奏明誠恐
年復一年藉此逐漸虧絀殊於
國課大有關礙且恐將來吏役人等借端侵隱保

三五八　東閣大學士英廉奏折

粵海關各年短少銀兩應否著各該監督賠補(乾隆四十七年四月二十八日)

無徵多報少之弊所有該關各年短少銀兩應

否著落各該監督賠補之處相應奏明請

旨遵行爲此謹

奏請

旨

乾隆肆拾柒年肆月　貳拾捌　日東閣大學士兼管刑部事暫管户部事務臣英　廉

户　部　尚　書臣梁國治

户　部　左　侍　郎臣金　簡

三五八　東閣大學士英廉奏折

粵海關各年短少銀兩應否著各該監督賠補(乾隆四十七年四月二十八日)

戶部左侍郎臣董誥

戶部右侍郎臣福長安

署戶部右侍郎臣曹文埴

乾隆四十七年四月二十八日奉

旨粵海關各年短少稅課著查明各該監督任內

應賠銀兩數目著令賠補一半餘著加

恩寬免欽此

三五九　粵海關監督李質穎奏折

報解關稅盈餘銀兩（乾隆四十七年六月十九日）

李質穎報解關稅盈

餘銀兩

奏　交〇

十月十八日

奴才李質穎謹

奏為報解關稅盈餘銀兩事。竊照粵海關每年征收

正雜等銀例應具摺

奏報。茲與會同兩廣總督臣巴延三查自乾隆四十六年

三五九 粵海關監督李質穎奏折

報解關稅盈餘銀兩(乾隆四十七年六月十九日)

正月廿六日起至三月十四日止計個月零十八日前督臣巴
延三泰任內共收銀七萬四千一百二十三兩六錢五分
四厘又自三月十五日起至四月十四日止計一個月前
監督臣伊齡阿任內共收銀一萬二千七百四十二兩
九錢五厘又自四月十五日起連閏扣至十二月
二十五日止計九個月零十日臣李質穎任內
共收銀四十六萬二千一十六兩七錢四分三厘前後
三任扣足一年期滿共收銀五十四萬八千九百八十
三兩二錢一分六厘內商稅額鈔正項銀二十六萬

三五九　粤海關監督李質穎奏折　報解關税盈餘銀兩(乾隆四十七年六月十九日)

七千二百八十五兩三錢一分內支出正額銀四萬兩銅觔
水腳銀三千五百五十四兩照例移交布政使藩
庫收送部查核在案又耗担分頭雜費盈餘
銀二十六萬一千五百九十八兩六厘內支出採辦
貢品以及關役養廉工食以及鎔銷折耗等銀六
萬七千四百三十九兩一錢九分九厘又支平解公費
照案截存銀二萬五千兩又支出節存水腳解部
飯食銀二萬五千七百三十二兩一分三厘實存正項盈
餘銀二十四萬三千七百二十二兩三錢四分雜項盈餘
銀一十四萬三千四百二十六兩七錢九分四厘又節存水

三五九　粵海關監督李質穎奏折

報解關稅盈餘銀兩(乾隆四十七年六月十九日)

脚銀一萬四千四百五十三兩七錢八分五厘，共存解
銀四十五萬一千六百一十兩八分五厘，另解節存平
餘罰料等銀一千七百五十二兩三錢五厘。查此項
節存平餘罰料等銀，據經查照戶部
奏准於關稅盈餘摺內照數剔除，另於本案報銷，
不歸併盈餘項下，茲照例具疏
題報撥款，分批委員解部。再案照乾隆四十六年一月
十二月奉
上諭：粵海關經征稅課，向來係視洋船之多寡、
貨物之粗細以定盈絀，非滸墅關征收內地貨物者

三五九 粵海關監督李質穎奏折

報解關稅盈餘銀兩(乾隆四十七年六月十九日)

可比所有圖明阿短少銀三萬二千二百餘兩據稱係船
小貨粗尚屬有因蒙加恩免其賠補嗣經該部查
核粵海關征收課稅即以該年之船隻貨物核
實考察毋庸照各關例將上三屆比較餘依議欽此
欽遵在案茲乾隆四十七年分共到洋船二十四隻通
關各口共收銀五十四萬八千七百八十三兩三錢一分六釐
理合循例恭摺
奏明所有稅餉現於乾隆四十七年六月十九日自
粵起程謹將收支數目隨同餉銀恭摺
奏報伏乞
皇上睿鑒勅部核覆施行謹

三五九　粵海關監督李質穎奏折

報解關稅盈餘銀兩（乾隆四十七年六月十九日）

奏

乾隆四十七年六月十六日奉

硃批該部議奏欽此

六月十九

三六〇 粵海關監督李質穎奏折

酌辦洋船稅餉（乾隆四十七年八月初二日）

李質穎 洋船稅餉分別先後征
收以副解限

奏 ○

八月初二日

奴才李質穎謹

奏為酌辦洋船稅餉分別先後征收以副解限仰祈

聖鑒事竊照粵海關稅餉內地各口俱係隨時驗貨收銀

並無拖欠惟外洋夷船到廣俱先投稅行認保將載來

貨物起貯行內行商又代為買貨回國所有進口出口各貨俱由行商報驗核明稅額填单登薄俟洋船全數出口之後始行立限開征每歲相沿行商因以代銷洋貨稅從貨出為詞逐漸拖延以致起解遲滯奴才上年四月到任距乾隆四十五年分滿關已逾十五個月洋稅尚未征完奴才赶緊催交於閏五月初八日收清起解當即嚴立限期將四十六年分稅餉於十二月二十四日征完起解已遵部限六個月奴才伏思各關稅餉俱係隨貨征收交庫滿關後即可傾銷彈兑造冊報解粵海關情形雖有不同但內部定限滿關六個月以內起解為期已屬寬餘何致遲年逾限是係行商積習疲緩奴才當經嚴諭嗣後洋船

三六〇 粵海關監督李質穎奏折 酌辦洋船稅餉(乾隆四十七年八月初二日)

到関時照各口定例每船查驗進口洋貨完畢即將應輸
稅銀先行交納其置買内地貨物下船全後亦即照数
交稅給牌出口不許仍前延滯隨據行商潘文嚴等禀
稱洋船進口將洋貨起卸各行商算給商等代賣完稅甫經
起貨之後商等一時不能代為垫交其出口貨物係保商代夷人
置辦所有稅項可以隨貨扣清先行完解繳俾其領牌
出口并赶緊將進口洋貨代賣交納稅餉務遵部限之
内全数交清不敢稍遲等情出具遵依甘結存案又據
各國大班罷喇嘘吧咩吵喻等禀稱夷等年年前赴

三六〇　粵海關監督李質穎奏折

酌辦洋船稅餉（乾隆四十七年八月初二日）

天朝貿易屢蒙体恤各國夷人甚是感激所有出口貨稅應聽
行商先行完交至進口貨稅夷等不能即時措辦
照依從前各船回帆之時夷等將貨物按照應交稅數交
明行商工繳代賣輸納沾恩不淺等情懇仰体
皇上
綏柔遠人至意俯順夷情洋船進口貨稅准其照常辦
理至於出口稅餉商等既係隨貨交納務飭逐船征完方行
給牌出口伏查每年洋船到廣多寡不等進口出口稅
數約計各半如此立定章程則洋船出口之先已收一半
稅銀在庫滿關後祇餘一半稅銀六個月内商等辦納
甚易不致藉詞拖延再逾部限自可永遠奉行現今
四十七年分稅餉即照此辦理已遵部限於滿關後六個月内

三六〇　粵海關監督李質穎奏折

酌辦洋船稅餉(乾隆四十七年八月初二日)

起解資謹將酌辦緣由恭摺
奏明伏乞
皇上睿鑒訓示謹
奏
乾隆四十七年八月初二日奉
硃批該部議奏欽此

三六一　兩廣總督巴延三奏折

通曉天文醫學西洋人到粵情願赴京效力派員護送(乾隆四十七年八月初二日)

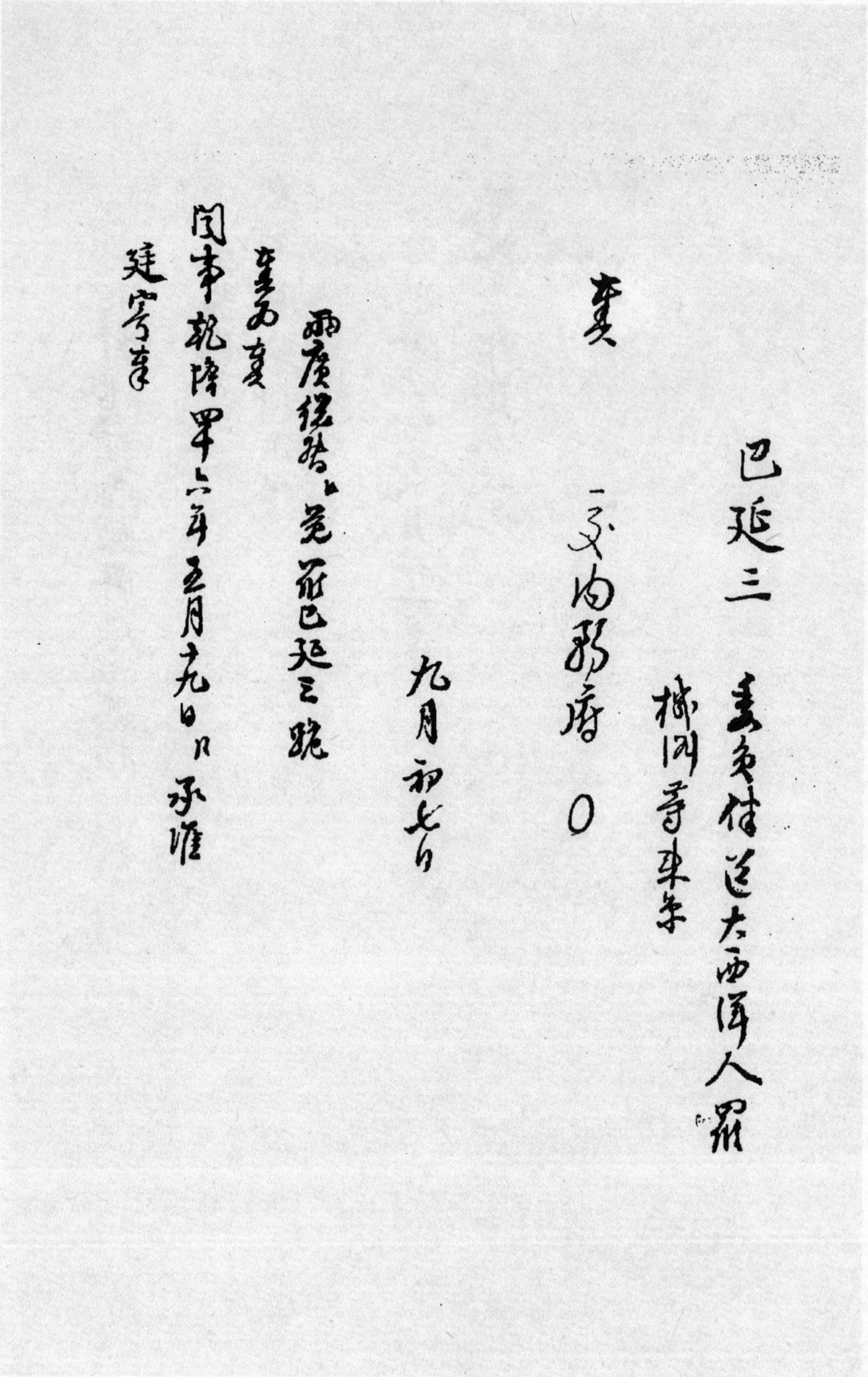

巴延三

奏爲傳送大西洋人羅

機洲等來京

奏

一咨內務府　○

九月初七日

兩廣總督臣巴延三跪

奏爲

聞事乾隆四十六年五月二十九日承准

廷寄奉

三六一 兩廣總督巴延三奏折

通曉天文醫學西洋人到粵情願赴京效力派員護送(乾隆四十七年八月初二日)

上諭向來西洋人有情願赴京當差者該督隨時奏聞近
年來此等人到京者絕少曾經傳諭該督如遇有此等
西洋人情願來京即行奏聞遣令赴京當差勿為阻
抑嗣據該督覆奏因近年並無此等呈請赴京者是
以未經奏送等因但現在京中如艾啟蒙傅作霖等
俱相繼物故所有西洋人在京者漸少著再傳諭巴延三
令其留心體察如有該處人來粵即行詢問奏聞送京
毋得遲悮等因欽此欽遵
旨寄信到日時因並無西洋遠人在粵經臣一面覆奏一面
傳令各洋行通事大班等留心體察並將嶴門同

知曉醫理等務之兵頭等處廣為傳諭如有夷人
情願自效即行稟報茲據廣東布政使鄭源璹詳
據南海縣轉據洋行商潘文巖等禀稱有大西洋
夷人羅機洲年三十三歲明白天文麦守德年[illegible]歲
諳曉醫理上年搭大西洋夷船到廣據稱在京夷人住
達此信報知伊國王著伊等前來赴京效力是以
搭附嘆咭唎國夷船來廣懇請代
奏等情除委員伴送赴京外謹先恭摺奏
聞伏乞
皇上睿鑒再仍不時諭飭洋行商一有此等夷人來粵即當
據奏
同委員伴送入都合併陳明謹

三六一　兩廣總督巴延三奏折

通曉天文醫學西洋人到粤情願赴京效力派員護送(乾隆四十七年八月初二日)

三六一　兩廣總督巴延三奏折

通曉天文醫學西洋人到粵情願赴京效力派員護送（乾隆四十七年八月初二日）

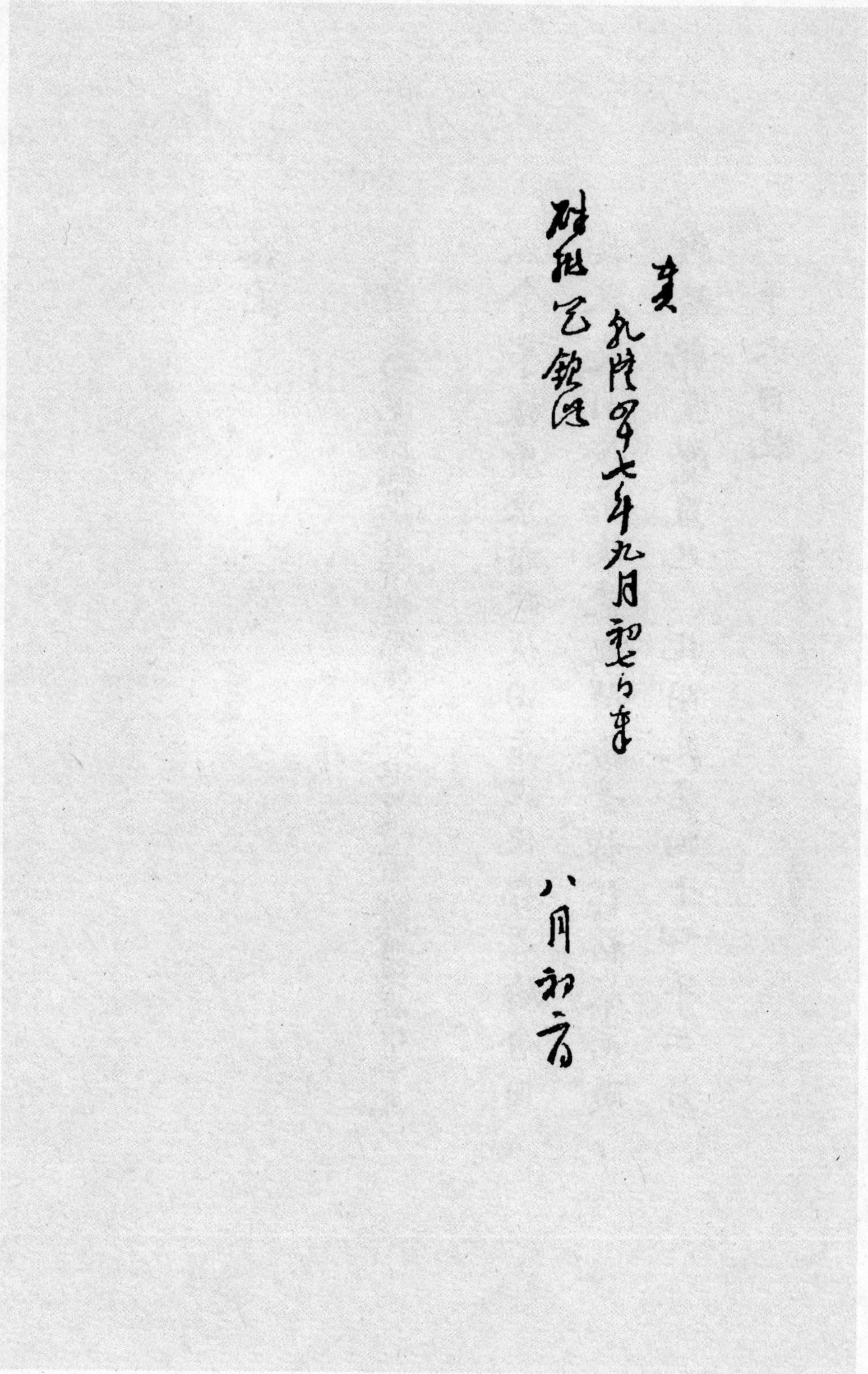

三六二　兩廣總督巴延三致軍機處咨呈西洋人多羅馬記諾二人在廣東居住并料理法國事務(乾隆四十七年)

咨呈

兵部尚書兼都察院右都御史總督廣東廣西等處地方軍務兼理糧餉革職留任覺羅巴　為

咨會事據廣東布政使司布政使鄭源璹會同

按察使司按察使兼理驛務景祿詳稱奉兩廣

總督部堂覺羅巴　札開乾隆四十七年二月

二十六日准

三六二　兩廣總督巴延三致軍機處咨呈　西洋人多羅馬記諾二人在廣東居住并料理法國事務(乾隆四十七年)

兵部火票遞到
辦理軍機處咨照得西洋人多羅馬記諾應令
在廣東省城居住接管西洋新來聽用之人等
因一摺本部堂和　於本月十四日具
奏奉
旨知道了欽此相應抄錄原奏行知貴將軍遵照辦理
內粘單一紙內開臣和　謹
奏據天主堂西洋人汪達洪賀清泰等呈稱乾隆
四十一年蒙
皇上天恩准令西洋人蕭道明住居廣東省城料理

三六二　兩廣總督巴延三致軍機處咨呈

西洋人多羅馬記諾二人在廣東居住并料理法國事務(乾隆四十七年)

本國新来聽用之人並一切事務達洪等得以在京專心効力今蓆道明病故無人接管現有西洋人多羅馬記諾二人在廣東居住若令多羅馬記諾長住省城接管一切實爲安便等語查西洋人等在京當差廣東省城向有西洋人住居料理一切今汪達洪等既稱現有西洋人多羅馬記諾可以接管應請行文兩廣總督巴令其查看多羅馬記諾如可接替蓆道明管理一切即令其在省居住辦理是否有當伏候

訓示謹

三六二　兩廣總督巴延三致軍機處咨呈　西洋人多羅馬記諾二人在廣東居住并料理法國事務(乾隆四十七年)

奏乾隆四十七年二月十四日奉
旨知道了欽此等因咨院札司奉此依經轉飭廣州
府遵照去後茲據該府詳據南海縣詳據洋行
商人潘文巖蔡世文陳文擴石夢鯨蔡昭復稟
稱商等遵查西洋國夷商多羅馬記諾二人於
乾隆四十六年八月内附搭西洋船来粤現
在省城外晋元夷館居住查該夷自到廣以来
因蕭道明病故該夷接替代辦一切事務均屬
妥協茲奉飭查可否着其接替蕭道明管理事
務并准其在省居住之處統候詳奪等情據此

三六二　兩廣總督巴延三致軍機處咨呈
西洋人多羅馬記諾二人在廣東居住并料理法國事務(乾隆四十七年)

卑職覆查無異理合據情詳覆伏候核轉等由
具詳到府據此卑府覆查無異理合據由詳覆
伏候核轉等由到司據此該廣東布政使司布
政使鄭源璹會同按察使司按察使兼理驛務
景祿查看得西洋人多羅馬記諾接替蓆道明
管理一切事務一案奉准
辦理軍機處扎錄原奏咨行飭令查看多羅馬
記諾如可接替管理即令其在省居住辦理等
因依經轉行遵照去後茲據廣州府詳據南海
縣詳據洋行商人潘文巖等稟稱查西洋國夷

三六二　兩廣總督巴延三致軍機處咨呈

西洋人多羅馬記諾二人在廣東居住并料理法國事務(乾隆四十七年)

商多羅馬記諾二人於乾隆四十六年八月内
附搭西洋夐船来粤現在省城外晋元夷館居
住該夷自到廣以来因蒂道明病故接替代辦
一切事務均属安㘈等由前来本司等伏查西洋
夷人多羅馬記諾二人既據該縣府查明自到
廣以来因蒂道明病故接替代辦一切事務均
属安㘈應請即令多羅馬記諾二人在省居住
接管一切事務理合會詳伏候核咨等由到本
部堂據此覆查無異相應咨呈為此咨呈
察照施行須至咨呈者

三六二　兩廣總督巴延三致軍機處咨呈西洋人多羅馬記諾二人在廣東居住并料理法國事務(乾隆四十七年)

右咨呈

軍機處